消费函数理论

A Theory of the Consumption Function

经科文库

Milton Friedman

[美]
米尔顿·弗里德曼
——著——

贾拥民
——译——

东方出版中心有限公司

图书在版编目（CIP）数据

消费函数理论 /（美）米尔顿 · 弗里德曼著；贾拥民译. —上海：东方出版中心, 2021.5
ISBN 978-7-5473-1828-7

Ⅰ. ①消… Ⅱ. ①米… ②贾… Ⅲ. ①消费理论 Ⅳ. ①F014.5

中国版本图书馆CIP数据核字（2021）第096686号

消费函数理论

著　　者　[美] 米尔顿 · 弗里德曼
译　　者　贾拥民
责任编辑　韦晨晔　江彦懿
封面设计　人马艺术设计 · 储平

出版发行　东方出版中心有限公司
地　　址　上海市仙霞路345号
邮政编码　200336
电　　话　021- 62417400
印 刷 者　山东韵杰文化科技有限公司

开　　本　890mm × 1240mm　1/32
印　　张　11.875
字　　数　234千字
版　　次　2021年6月第1版
印　　次　2021年6月第1次印刷
定　　价　68.00元

献给珍尼特(Janet)和大卫(David)

目　录

第三章 永久性收入假说

第四章 永久性收入假说与关于消费和收入之间的关系的现有证据的一致性：预算研究提供的证据

第五章 | 永久性收入假说与关于消费和收入之间的关系的现有证据的一致性:时间序列数据

第九章 | 全书摘要及结论

前　言

我在这本书中提出的消费函数理论经过了许多年的发展。在此期间的大部分时间里，我并没有从事消费方面的实证研究。事实上，在写作这本书之前，我只是在1935—1937年参与过一个关于消费者购买行为的研究计划，在那之后就再也没有涉足这方面的实证工作了。尽管如此，由于我妻子时不时也会对这个领域产生兴趣，同时得益于与我们夫妇的共同朋友多萝西·布雷迪（Dorothy Brady）的交往，我一直都与从事消费实证研究的经济学家保持着密切联系。布雷迪女士对家庭预算数据的经验证据有着无可比拟的广博知识，她对相关数据的解释特别深入，对分析中涉及的科学问题也有着深刻的理解，她的见解引发了一系列关于消费数据解释的对话。不久之后，玛格丽特·里德（Margaret Reid）也加入了这些讨论。里德以她特有的热情、坚毅和匠心，对我从这些讨论中总结出来的假说设计了一个至关重要的检验（见本书第七章）。[1] 当事实证明，这个假说非

[1] 我能在我的档案中找到的最早的假说书面版本是1951年6月8日的一份四页的打字稿。

常出色地通过了检验之后，里德又催促我将更基础的理论推理写下来，以便她在一篇论文的结论部分引用。结果就是读者现在看到的这本书。虽然本书出自我的笔下，我要对书中的所有疏漏不当之处负完全责任，但是我仍然要说它代表的是我们这个团队的共同成果。团队的每个成员不仅参与了本书所提出的理论的构建和发展，而且在本书写作的每个阶段，都仔细阅读了书稿并提出了中肯的批评和建议。

这本书的这种源起，或许可以解释它的某些特点，尤其是，它在很大程度上依赖于二手数据，而且几乎没有进行关于显著性的统计检验。像本书中将要给出的这种类型的假说，通常是第一手的实证研究的副产品——事实上，我们这个假说也是如此，但是，第一手的实证研究是布雷迪女士和里德女士完成的，而不是我自己完成的。我自己也进行过系统性的实证研究，不过那是在这个假说提出之后，而不是在那之前；而且我的目的是收集尽可能多的各种类型的数据来检验这个假说。不过，我极少使用客观的统计显著性检验这个工具，这可能是我这种检验的一个缺点。我之所以要忍受这个缺点，有几个原因。首先，许多数据本身并不容易用于这类检验。例如，在某些情况下，有必要重新回过头去细究“单个观察点”，而不是像我一直所做的那样，仅满足于运用群体方法。其次，在我看来，抽样波动只是一个很小的误差来源——特别是，在针对相当大的样本解释家庭预算数据的时候，与样本中的偏差和为了我的特定研究目的而定义和收集的信息类型方面的不足相比。因此，我更倾向于把重点放在源于不同研究的结果的一致性上，并力图涵盖更广泛范围的证据，而不是只集中细究有限的几项研究。

在这里，我要感谢菲利普·卡甘（Phillip Cagan），他审核了总消费函数的计算（如本书第五章第三节b所述），并帮助决定了用什么来计算。同时还要感谢加里·贝克尔（Gary Becker），他审查了本书第四章的一些计算，并对全部书稿提出了很多非常有益的意见和建议。感谢雷蒙德·戈德史密斯（Raymond Goldsmith），他特别慷慨，将他尚未公开发表的对储蓄的开创性研究中的许多材料提供给我，还对本书书稿的早期版本提出了有益的评论。詹姆斯·托宾（James Tobin）阅读了书稿的第六章第四节，更正了其中的几处错误，提供了一些计算结果（现在已经包含在了该节中），还对书稿的其他部分提出了有益的建议。我非常感谢他的帮助，也非常感谢他的科学精神和客观态度。好心的詹姆斯·摩根（James Morgan）提供了本书第五章中使用的一些数据，并提出了一些有价值的意见。朱利叶斯·马戈利斯（Julius Margolis）和劳伦斯·克莱因（Lawrence Klein）在这方面也对我有很大帮助。我还要感谢联邦储备系统理事会的研究与统计部门，特别是荷马·琼斯（Homer Jones）、欧文·施韦格（Irving Schweiger）和约翰·弗雷希特林（John Frechtling），他们为我提供了消费者金融调查（Surveys of Consumer Finances）的数据，并向我解释了这些数据。此外，弗雷希特林（Frechtling）也阅读了全部书稿，并给出了许多有益的批评。

还有其他一些朋友也读过书稿的某个版本，并慷慨地给出了有益的评论。已故的理查德·布伦伯格(Richard Brumberg)通读了书稿的一个早期版本,并对其改进和扩展提出了许多有价值的建议。基于类似的原因,我在这里还要感谢莫里斯·科普兰(Morris Copeland)、所罗门·法布里肯特(Solomon Fabricant)、马尔科姆·费希尔(Malcolm Fisher)、欧文·弗兰德(Irwin Friend)、露丝·麦克(Ruth Mack)、杰弗里·摩尔(Geoffrey Moore)、S. J. 普拉斯(S. J. Prais)、乔治·斯蒂格勒(George Stigler)和弗雷德里克·沃(Frederick Waugh)等人。

感谢国家经济研究局(National Bureau of Economic Research)和普林斯顿大学出版社的编辑们的出色编辑工作。感谢H. 欧文·福尔曼(H. Irving Forman),他制作了书中的插图。

米尔顿·弗里德曼

1956年2月23日

第一章 | 导　论

总消费(或总储蓄)与总收入之间的关系,即通常所称的消费函数,自从凯恩斯在《就业、利息和货币通论》一书中将它作为他的理论结构的基石以来,就一直在经济思想中占据着一个非常重要的位置。凯恩斯认为,以下假设是理所当然的:当期消费支出是当期收入的一个高度可靠和稳定的函数。“总消费量主要取决于总收入(两者都用工资单位来度量)。”他认为,“任何现代社会”都有“一个基本心理规则,那就是,当人们的实际收入增加时,他们的消费不会以相同的绝对数量增加”;然后,他又略微含糊地指出“通常来说……随着实际收入的增加……储蓄会以更大的比例增加”。[1]

理论兴趣激发了实证研究。在估计数值化的消费函数的时候,经济学家所根据的数据主要有两种类型。第一类数据是关于消费、储蓄、收入、价格的时间序列,以及第一次世界大战之后常见的类似

[1] 约翰·梅纳德·凯恩斯(J. M. Keynes),《就业、利息和货币通论》,纽约和伦敦:哈考特-布瑞斯出版社(Harcourt, Brace and Co.),1936年出版,第96、97页。

变量的时间序列。第二类数据是关于个人和家庭的消费、储蓄和收入的预算数据,这类数据主要来自过去一个半世纪的各种各样的抽样调查。[1] 起初,这两个数据来源似乎都证实了凯恩斯的假说——当期消费支出与当期收入高度相关,边际消费倾向小于单位值,边际消费倾向小于平均消费倾向,储蓄占收入的比例随着收入的增加而增大,等等。但是,不久之后就出现了严重的证据冲突。库兹涅茨(Kuznets)提供的估计结果表明,自 1899 年以来,在美国,储蓄占收入的比例在过去半个世纪中一直没有增加,尽管实际收入有了很大的增长。根据他的估计,在这整个时期,储蓄占收入的比例都大致相同。同时,相应的消费支出与收入之比——其稳定性意味着它既可以被视为平均消费倾向,也可以被视为边际消费倾向——则决定性地明显高于从时间序列或预算数据中计算出来的边际倾向。[2] 而且,对更早的历史时期的预算的研究,进一步强化了这种冲突性。在一系列彼此相隔久远的日期之间,尽管在平均实际收入方面存在着巨大差异,但是平均消费倾向却大体上相同。再者,每一组预算研究分别得出的边际倾向,都明显低于平均倾向。最后,第二次世界大战期间的储蓄率,也远低于与两次世界大战之间对收入与储蓄

[1] 参见菲丝 · M. 威廉姆斯(Faith M. Williams)和凯恩 · C. 齐默尔曼(Cane C. Zimmerman),《对美国和其他国家的家庭生活的研究》,美国农业部第 223 号杂项出版物,1935 年;乔治 · J. 斯蒂格勒(George J. Stigler),《消费者行为实证研究的早期历史》,《政治经济学期刊》,第 12 期,1954 年 4 月,第 95—113 页。

[2] 关于库兹涅茨的估计的主要结果以及对它们的影响的分析,见西蒙 · 库兹涅茨,《资本形成占国民生产的比例》,《美国经济评论:会议论文》,第 42 卷,1952 年 5 月,第 507—526 页。

的关系的调查的结果相一致的储蓄率。这些经验结果强烈地凸显出了凯恩斯的消费函数(认为消费或储蓄仅仅与当期收入有关)的不足之处。

在这种证据冲突的激发下,经济学家提出一些更加复杂的假说。布雷迪和罗斯·弗里德曼认为,一个“消费主体”(译者注:“consumer unit”,进行消费的个人、家庭或组织,大体上相当于“消费者”,但范围更广)的消费并不取决于它的绝对收入,而取决于它在所属的“消费主体共同体”的收入分布中所处的位置。他们给出了大量的证据(大部分来自预算数据),来支持这个相对收入假说(relative income hypothesis)。[1] 詹姆斯·S. 杜森贝里(James Stemble Duesenberry)则将相对收入假说建立在如下理论结构的基础之上:强调消费者都有模仿邻居的愿望(邻居对消费者的消费,是对本人以前不知道的或未使用的消费品的质量的证明)。此外,他认为相对收入假说可以用来解释总体数据——只需把消费与收入之比表示为当期收入与先前曾经达到的最高收入之比的一个函数即可。[2] 以此为出发点,杜森贝里对1929—1941年的美国进行了回归计算,并得到了相当不错的结果。莫迪利安尼(Modigliani)也独立地对总量数据分析提出了基本相同的建议,并进行了广泛而详细的统计检验,他得出的结论是,

[1] 多萝西·S. 布雷迪和罗斯·弗里德曼,《储蓄与收入分配》,《收入与财富研究》,第十卷,纽约:国家经济研究局,1947年,第247—265页。

[2] 詹姆斯·S. 杜森贝里,《收入、储蓄与消费者行为理论》,马萨诸塞州剑桥:哈佛大学出版社,1949年。杜森贝里这本书中最关键的一章,在更早的时候曾经发表于《收入、就业和公共政策:阿尔文·汉森纪念论文集结》,纽约:W. W. 诺顿公司,1948年,第54—81页。

这些回归的结果非常好。[1]

最近,托宾检验了相对收入假说和早期的绝对收入假说之间的一致性,不过他所用的只是有限的经验证据。尽管发现这两种假说都不能完全令人满意,但是他得出的结论却是,证据倾向于支持绝对收入假说。他还试探性地提出,财富的变化或许可以解释储蓄占收入的比例为什么在时间流逝中保持了大致恒定。[2] 本书下文还将对托宾的分析进行更细致的考察(见第六章第四节)。

经验证据引发的对于凯恩斯的消费函数的充分性的疑虑,还因围绕着凯恩斯的另一个命题展开的理论争论而进一步强化了,那就是,货币经济中没有什么"自动的力量"能够确保充分就业均衡的存在。许多经济学家,尤其是哈伯勒(Haberler)和庇古(Pigou)[3],已经证明,如果消费支出不仅是收入的函数,而且也是财富的函数——或者换句话说,如果平均消费倾向以某种特定的方式依赖于财富与收入的比率的话——那么这个分析性命题不成立。这种依赖性是通常所称的"庇古效应"所必需的。哈伯勒和庇古这种观点得到了广泛的接受,不仅因为它与一般的经济理论相一致,也因为它似乎为战后

[1] 弗朗科·莫迪利安尼,《储蓄-收入比率的波动:经济预测中的一个重要问题》,《收入与财富研究》,第371—441页,纽约:国家经济研究局,1949年。有关相对收入假说的进一步讨论,见本书下文第六章。

[2] 詹姆斯·托宾,《相对收入、绝对收入和储蓄》,《货币、贸易和经济增长:约翰·亨利·威廉姆斯纪念论文集》,纽约:麦克米伦公司,1951年,第135—156页。

[3] 戈特弗里德·哈伯勒(Gottfried Haberler),《繁荣与萧条》,第三版,日内瓦:国际联盟,1941年,第242、403、498—502页;A. C. 庇古(A. C. Pigou),《古典静态》,《经济学杂志》,第53卷,1943年12月,第343—351页。

时期消费占收入的高比例提供了一个合理的解释。

威廉·汉伯格(William Hamburger)的一项实证研究发现,财富与收入之比与消费与收入之比两者密切相关,他是根据两次世界大战之间和二战后的总量时间序列数据做出这个判断的。[1] 其他一些研究,尤其是克莱因(Klein)的研究,则利用预算数据对某些特定类型的财富的作用进行了考察,尤其是流动资产的作用。[2]

上面简略地勾勒了过去几十年来的消费函数领域的一些进展,应该能够让读者有所体味了。当然,仅凭这样一张简图,无法充分反映这个时期添加到早期材料中的关于消费行为的详尽细致的经验证据的丰富性,也不能恰当地传达围绕这些证据展开的分析研究的大数量和多样化。

本书提出了另一种假说,以便解释所观察到的消费支出与收入之间的关系。我们这样做的理由是,与相对收入假说或财富-收入假说相比,这个新假说不仅可能更有潜力带来丰硕的成果,而且在一定意义上也更具有一般性。它完全融合了财富-收入效应,并解释了为什么相对收入假说只在某些特殊条件下是有效的。这个新假说可以直接从目前广被接受的消费者行为纯理论中推导出来,而且似乎与

---

[1] 威廉·汉伯格,《消费与财富》,芝加哥大学博士论文(未发表);《消费与财富和工资率的关系》,《计量经济学》,第23卷,1955年1月,第1—17页。

[2] 劳伦斯·R. 克莱因(Lawrence R. Klein),《利用抽样调查数据估计储蓄行为模式》,《计量经济学》,第19卷,第4期,1951年10月,第438—454页;乔治·卡托纳(George Katona)、劳伦斯·R. 克莱因、约翰·B. 兰辛(John B. Lansing)和詹姆斯·N. 摩根(James N. Morgan),《利用调查数据对经济关系进行统计估计》,《调查方法对经济学的贡献》,纽约:哥伦比亚大学出版社,1954年,第189—240页。

现有的经验证据相一致,并具有能够用其他证据来反驳的可观察的含义。它的基本思想是,将纯理论思考所指明的消费、财富和收入之间的关系,与我以前提出的对观察到的收入数据的一种解释方法结合起来;尽管我在早前开发这种方法时,出于一个乍一看似乎完全不同的目的,即分析相对收入状况的变化。[1] 当然,这种解释收入数据的方法完全可以扩大到消费数据,而且在这个过程中,可以在相对收入状况的变化问题与消费支出的决定因素问题之间建立起密切的联系。因此,有了这个假说之后,我们就有可能直接利用以往积累起来的关于收入分配的大量统计证据,去解释消费行为了。[2]

---

[1] 米尔顿·弗里德曼(Milton Friedman)和西蒙·库兹涅茨(Simon Kuznets),《独立职业的从业收入》,纽约:国家经济研究局,1945年,第五章。

[2] 在完成本书的初稿后,我发现了两篇研究消费函数的最新论文,出自弗兰科·莫迪利安尼和理查德·布伦伯格(Richard Brumberg)之手,其所体现的方法与本书的方法非常类似,但是却朝着一个完全不同的方向发展。我认为,这种方法的相似性反映了一个共同的知识环境的影响。请参见:莫迪利安尼和布伦伯格,《效用分析与消费函数:对一个截面数据的解释》,收录于肯尼斯·K. 栗原(Kenneth K. Kurihara)主编,《后凯恩斯主义经济学》,新不伦瑞克:罗格斯大学出版社,1954年,第383—436页;以及,莫迪利安尼和布伦伯格,《效用分析和总消费函数:整合的尝试》(见《计量经济学》增刊)。

第二章 | 消费行为纯理论的含义

我认为,在消费研究中所使用的理论结构与通常被认为逼近它们的可观察到的量值之间的关系,没有得到足够的重视。因此,似乎有必要从详细阐述消费者行为纯理论的含义开始我们的讨论,尽管这涉及对某些我们熟悉的材料的重复。

第一节 完全确定情形

首先,让我们考虑一个"消费主体"(a consumer unit,进行消费活动的个人、家庭或组织,即通常所称的"消费者")在完全确定条件下的行为。我们假定,这个"消费主体"肯定地知道,它将在每一个确定的时间段内收到一笔确定的款项;它知道每个时期消费品的价格,以及它借入或借出款项时的利率。在这种情况下,在任何时期,它使自己的消费低于或高于所得(receipts)的动机只有两种。第一种动机是

“理顺”支出流——通过选取适当的借贷时间,该“消费主体”可以保持自己的支出相对稳定(即便它的所得在不同时期之间差别很大)。第二种动机是,如果利率是正的,那么就通过放贷赚取利息;或者如果利率是负的,那么就通过借款来获取收益。当然,在这两种动机的影响下,这个“消费主体”将会做出怎样的行为,还是要取决于它的“口味”(tastes),即它在不同时间点上消费所能得到的相对效用。[1]

为了便于以图示形式说明问题,我们接下来考虑只存在两个离散的时期的特殊情况。不妨将这两个时期称为第1年和第2年。[2]这样一来,该“消费主体”的口味在某个时间点上(比如说,第1年)的相关特性,就可以用一个二维的无差异曲线系统来表示了,如图1所示。纵轴方向上的c_1,表示第1年消费的服务的价格的货币价值;横轴方向上的c_2,表示第2年消费的服务的价格的货币价值。由此,这张图上的任何一个点,都代表了这两年间的一个特定的消费组合。而在每一个这样的点的背后,都隐含着一个“先在”的最大化过程:这两个相互对应的点c_1和c_2所代表的支出,应该就是在给定价格的各种消费服务之间的最优分配。像往常一样,一条无差异曲线就是

[1] 参见欧文·费雪(Irving Fisher),《论利率》,纽约:麦克米伦出版社,1907年版,特别是其中的第六章,第87—116页;《利息理论》,纽约:麦克米伦出版社,1930年,特别是其中的第十章和第十一章。

[2] 本书对这种特殊情况的分析,基本上与费雪在《论利率》一书第387—392页中的分析、肯尼斯·E. 博尔丁(Kenneth E. Boulding)在《经济分析》修订版(纽约:哈珀出版社,1948年)一书第734—741页的分析相同。

该“消费主体”无差异的 c_1 和 c_2 的组合的轨迹——它反映的是从第1年的视角出发“看到”的情况。无差异曲线上任意一个点处的斜率，给出了该“消费主体”愿意用第2年的消费替代第1年的消费的比率。由于众所周知的原因，无差异曲线的斜率可以取负值并凸向原点。

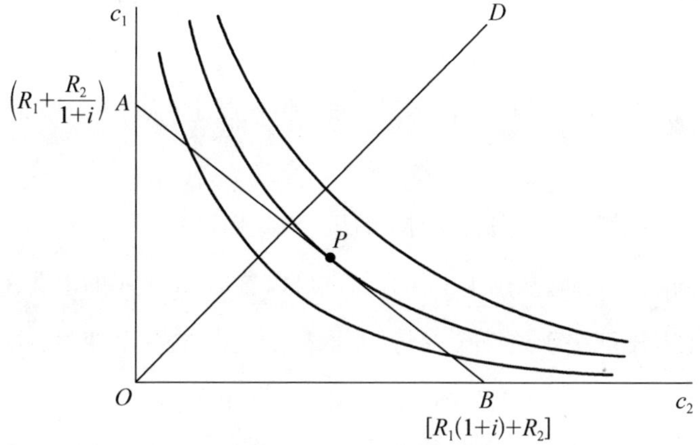

图1 一个“消费主体”在两个时期内的消费的(假想)无差异曲线和预算约束线

令 R_1 和 R_2 分别表示该“消费主体”在第1年和第2年的预期所得，i 表示利率。这个“消费主体”在第2年没有任何支出的情况下，在第1年的最高支出为 $R_1+[R_2/(1+i)]$，即该“消费主体”在第1年的所得加上它在第2年的所得所能偿还的最高贷款。如果它在第1年没有任何支出，那么该“消费主体”在第2年可以花的最高支出为 $R_1(1+i)+R_2$，即它在第1年的所得，加上它如果将第1年的所得全部放贷出去所获得的利息，再加上它在第2年的所得。这样一来，这两个点之间的直线（图1中的 AB），就界定出了这个“消费主体”在这两年内所有可用的消费组合；即，它可以“到达”三角形 OAB 内的任何一点。如果我们假设，这两年就代表了这个“消费主体”所要规划的全部未来，并且它不能因为没有把获得的所有款项全都花掉而得到任何东西，那么它所选中的消费组合将位于预算线 AB 上。当然，最优组合就在无差异曲线与预算线相切的那一点上，如图1中的点 P 所示。

为了描述这个“消费主体”的机会，我们已经引入了三个变量：R_1、R_2 和 i。然而，从图1中很容易就可以看出，第1年的消费在很大程度上并不取决于这三个变量，而取决于另外的两个变量：预算线的斜率及位置。R_1 和 R_2 的变化对该“消费主体”在第1年的消费的影响，只有通过对该“消费主体”在“第1年的财富”发挥影响才能实现，我们把它在“第1年的财富”记为：

$$W_1 = R_1 + \frac{R_2}{1+i} \tag{2.1}$$

R_1 和 R_2 的变化，如果不影响它的财富，那么也就不会影响它的消费。换句话说，在一开始，我们以为，要想确定 c_1，需要有三个已知项，即，R_1、R_2 和 i；然而事实上，我们只需要有两个已知项就足够了，即 R_1、R_2 和 i 的某种特定组合以及 i 本身。当然，我们可以使用的 R_1、R_2 和 i 不同组合有很多种；这也就是说，要让这三个原始变量坍缩为两个变量,我们有很多种不同的方法。其中一种方法是[1],把 W_1 和 i 作为两个变量,然后把消费函数写成如下形式:

$$c_1 = f(W_1, i) \tag{2.2}$$

利用这个基本公式,就已经能够很好地阐明关于消费函数的一些常见观点了。我们在前面所称的第 1 年的"所得"(R_1),此后将统一称为"收入"(income)——两者含义略有不同,后者是一个更常见的术语,在统计预算研究中尤其常用——在方程(2.2)中,它就是消费所依赖的变量。因此很明显,在我们现在讨论的这种简化的情形中,第 1 年的消费不会直接依赖于 R_1;R_1 的变化只能通过它对 W_1 的影响来影响消费;如果同时还伴随了 R_2 的适当的相反变化,那么 R_1 的变化就可能根本不会影响到消费。这个结果显然是非常合乎情理的:如果某个"消费主体"知道,它在某一年获得的高收入是异常的,并且预期随后收入会下降,那么它肯定会倾向于将消费水平调整为与"正常"的收入水平相适应,而不是调整为与当前的收入水平相适

[1] 这就相当于在给定货币收入和其他价格的情况下,将某一特定商品的需求曲线写成其价格的函数。财富的变化使预算线与自身平行,由此产生的切点反映了财富变化对消费的影响。利率的变化围绕着 A 点的预算线,其结果相切点反映了给定财富的利率变化的影响。这一程序有一般需求曲线程序的缺点,即它不能完全将替代效应与一般需求分析中可获得机会的普遍增加或减少的效应(收入效应)分开。另一种可与我在其他地方讨论过的实际收入需求曲线相媲美的方法是定义财富变量。因此,利率的变化使预算线以 P 的初始平衡点为轴。由于我们这里的兴趣主要是 c 与 W 的关系,而不是与 i 的关系,这些问题在文本中被忽略了。参见《马绍尔需求曲线》,《政治经济学期刊》,第 57 卷,1949 年 12 月,第 463—495 页,转载于《积极经济学随笔》,芝加哥:芝加哥大学出版社,1953 年,第 47—99 页。

应。另一方面,如果我们将储蓄定义为当期收入和当期消费之间的差额,那么它们确实是依赖于当期收入的,这是因为,根据方程(2.2),储蓄是由下式给出的:

$$s_1 = R_1 - c_1 = R_1 - f(W_1, i) \tag{2.3}$$

方程(2.3)就是人们经常谈及的储蓄是一个“残差”这种观点的正式表达。

在统计研究中,之所以将当期所得(current receipts)指称为“收入”(income),其实只是迫于数据方面的限制而不得不采取的一个“权宜之计”。在理论层面上,收入一般被定义为某个“消费主体”在保持其财富不变的前提下可以消费(或它认为自己可以消费)的数量。[1] 根据我们的分析,当收入这样定义时,消费确实是收入的函数。在前面考虑的那个简单的例子中,W_1 是那个“消费主体”在第1年的财富,iW_1 则是它在第1年的这种意义上的收入。如果第1年的所得超过了 iW_1,那么就必须将所得与收入两者之间的差额作为“欠收备抵”(“depreciation allowance”)加到第2年的所得之上,以保证第2年的财富与第1年的财富相等。如果第1年的所得没有达到 iW_1,那么两者之间差额就是这个“消费主体”除了本年所得之外还能借入用来支出(并且不会导致第2年的财富低于第1年的水平)

[1] 众所周知,这个定义会带来一些问题,不过它们与本书下面的分析无关。关于其中一些问题的讨论请参见,J. R. 希克斯(J. R. Hicks),《价值与资本》,牛津,1939年,第171—188页。

的数额。[1]

认真思考“消费”一词的含义，也会引出类似的问题。我们一直用“消费”(consumption)这个术语来指称计划在所讨论的时期内消费的服务的价值，在确定情形下，这个价值也就等于实际消费的服务的价值。在统计研究中，这个术语通常用于指在商品和服务上的实际支出。因此，它与计划消费的服务的价值之间是有区别的，这有两个方面的原因：第一是由于消费品库存的增加或减少，第二是由于计划与实现之间的差异。

为此，我们在理论分析中将使用术语“永久性收入”(permanent income)和“永久性消费”(permanent consumption)来指称相关的概念，以避免因频繁地将“收入”(income)等同于当期所得(current receipts)、将消费(consumption)等同于当期支出(current expenditures)而导致混乱。下面，我们将分析用 y_p 和 c_p 表示永久性收入和永久性

---

[1] 在这里使用的是离散时间，这会导致选择时间方面的困难，如果假设所得是连续的，那么这种困难就会消失。要说明离散情形下的相关计算过程，最简单的方法也许是 R_1 和 R_2 是在各自时期开始时收到的，而支出则是各自时期结束时支付的。这样一来，R_1 在第一个时期结束时就会增长为 $R_1(1+i)$。“欠收备抵”则为 $R_1(1+i)-iW_1$，也就是：

$$R_1(1+i)-i\left(R_1+\frac{R_2}{1+i}\right)=R_1-\frac{iR_2}{1+i}$$

第二个时期开始时的财富总额，就等于上述数额再加上第二个时期开始时收到的所得(那就是 R_2)，从而：

$$W_2=R_1-\frac{iR_2}{1+i}+R_2=R_1+\frac{R_2}{1+i}=W_1$$

消费,并用数字下标来表示年份。[1] 这样一来,我们可以把消费函数改写为如下形式:

$$c_{p1}=f\left(\frac{y_{p1}}{i},\ i\right)=g(y_{p1},\ i)=g(iW_1,\ i)\ (\text{因为}\ y_{p1}=iW_1) \quad (2.4)$$

这种方法对于现在这个只有持续两年的简单例子似乎有点过于牵强了。最初的财富会在这两年里全部用于消费支出,而不是用来维持财富。如果将(2.4)视为从这个特殊例子推广到更长的期限的一般化结果,那么将更有意义。[2]

到目前为止,强加于无差异曲线之上的经验限制只有两点。第一,它们的斜率为负(以便与没有任何人会不加选择地放弃他们自己的财富这个观察结果保持一致);第二,它们是凸向原点的(以便与没有任何人会在一个时期内就把所有财富全都花掉这个观察结果保持一致)。对无差异曲线施加的这些限制,只会对方程(2.2)或方程(2.4)所描述的消费函数的形状产生相当温和的影响。

---

[1] 在目前这个语境中,“计划好的”可能比“永久性的”更合适一些。使用“永久性的”这个形容词的理由将在下文第三章中加以说明。

[2] 在 $i=0$ 的情况下,将方程(2.2)转换为方程(2.4)的难度会增加。如果存在一个有限的永久性收入流,那么对于一个“消费主体”来说,财富的价值将会是无限的,因而它可以无限制地满足它对当期消费的欲望——这将会成为一个“经济天堂”,在那里所有经济问题都将消失。如果收入流在持续时间上是有限的,那么财富的价值就是有限的,从而只能在有限的时期内维持在有限的消费水平上,将方程(2.2)隐式一般化为方程(2.4)也是不可能的——后者可以视为永久性的稳定状态,在这种状态下,可以分配恒常的流量而无需指定它们的持续时间。这些都是与零利率相关的常见问题(零利率本可以适用于所有来源的服务)。如果仅仅是某些来源的服务(例如,仅对非人力服务)的利率为零,那么它们就可能不会出现。

因此，为了给出关于消费函数的形状的假说，我们还得进一步深入讨论。

假设这两年内的货币价格相同，那么图 1 中 45 度线 *OD* 上的任何一点都代表了两年内的机会是相等的。再假设我们可以认为那个“消费主体”在这两年内一直保持不变(这样就可以将“老化”以及类似的现象抽象掉)。这样一来，我们就有理由推断，如果在第一年，该“消费主体”对这两年的消费的相对价值的评估是正确的，那么无差异曲线就将是对称的(以直线 *OD* 为对称轴)，而且 c_1 和 c_2 可以互换而不会使无差异曲线发生任何改变——事实上，这可以用作“缺乏时间偏好性”的定义。[1]

这种类型的对称性意味着，所有无差异曲线在与射线 *OD* 相交的地方，都有一个共同的斜率——1——这也就是说，这个“消费主体”愿意用今年的 1 美元消费去替代明年的 1 美元消费，只要这 2 年间这 2 美元可以买下相同的东西，同时这个“消费主体”在这两年消费的实际数额相同。而且，不管消费水平如何，这个结论都成立。无差异曲线的凸性意味着，当这个“消费主体”第 1 年的消费大于第 2 年时，它愿意放弃第 1 年的超过 1 美元的消费去换取的第 2 年的 1 美元消费；而当第 1 年的消费小于第 2 年时，它在第 1 年放弃的 1 美元

---

[1] 这里应该注意的一点是，我们给出特定假设消除了时间偏好的一些常见的原因，尤其是，那个“消费主体”也许“活”不了那么久，因此在接下来的那些年也许根本不可能进行任何消费，或者，同样能够令人满意的消费品可能会因为这样或那样的原因，在未来几年变得不再可得。

消费,就需要第 2 年的超过 1 美元的消费才能补偿。因此可以推知,如果 $R_1 = R_2$(从而初始位置位于 45 度线上),那么当利率为负时,这个"消费主体"在第 1 年的消费将会大于它的所得;当利率为 0 时,在第 1 年的消费将恰好等于所得;当利率为正,消费将小于所得(如图 1 中预算线 AB 表明了这种情况)。

在利率为 0 的情况下,前面给出的这些条件会使得所有财富等级的人的消费占其财富的比例都相同(在我们这个特殊的例子中,该比例为 1/2)。把这种关系推广到其他利率水平上,似乎也是合理的;这也就是说,就像所有无差异曲线在与通过原点的 45 度射线相交的交点上的斜率全都相同一样,它们与通过原点处的任何一条直线的交点上的斜率也全都相同。在数学意义上,这也就是说,该效用函数对于 c_1 和 c_2 不仅是对称的,而且是齐次的。在我们讨论的这个特殊情况中,这就意味着个人愿意用第 2 年的消费代替第 1 年的消费的比率,只取决于这 2 年的消费的比例,而不依赖于消费的绝对水平。比如说,将第 1 年的消费水平翻倍,可能会在某种意义上减少第 1 年的额外消费(相对于第 2 年的消费)的紧迫性,而第 2 年的消费本身又会倾向于降低补偿消费者在第 1 年放弃了 1 美元消费所需的额外消费;然而,如果第 2 年的消费水平同时实现了翻倍,那么就会产生相反的效果,即,减少第 2 年的额外消费(相对于第 1 年的消费)的紧迫性,因此,就其本身而言,倾向于提高补偿消费者在第 1 年放弃了 1 美元消费所需的第 2 年的消费数量。这两种效应不一定能完全抵消;但是,对于为什么第一种效应会系统性地或一般性地倾向于超过第二种效应(或相反),似乎没有什么先验的理由;这里被比较的东西是同一种东西,只是在日期上有所不同;很难找到任何理由说明这种日期上的差异会带来某种不对称的影响。[1] 因此,假定这两种效应正好互相抵消,似乎没有什么不合理的地方,而且肯定是最简单的假设。鉴于此,我们暂且采用这个假设,当然,与往常一样,我们已经对以下可能性做好了准备:如果事实证明,这个假设与经验证据不一致,那样的话就转而采用更加复杂的假设。

对于满足这些假设的无差异曲线,由(2.4)定义的消费函数有一种特别简单的形式,即

$$c_{p1} = k(i, u) \cdot y_{p1} = k(i, u) \cdot iW_1 \tag{2.5}$$

在这里,我们把这个函数写成了适用于无限长的期界(而不是只有两年)的形式。其中,k 不取决于财富水平或永久性收入;但是它显然依赖于利率。同时,它也依赖于决定了无差异曲线的形状

---

[1] 有人认为,如果把收入恰当地定义为一种可以永久地维持下去的流量,那么消费与收入之比就会随着收入的增加而下降。这个推测乍一看似乎相当合理,但是上面这个简单的论述给出了我们质疑它的基本理由。换句话说,消费与永久性收入之比在量纲上(dimensionally)不受任何绝对单位的影响,即便分子和分母被视为商品的实物数量,而不是价值总和,因为分子和分母中的实物单位是相同的。有人也许会认为,这一比率取决于量纲上类似的变量,或者至少取决于不受分子和分母共同的实物单位影响的变量(比如利率,其倒数具有时间单位的量纲)。它为什么会以任何明显的方式依赖于收入的绝对水平这样一个不同量纲的变量呢?请注意,这个论证并不能证明“可以预期一种消费对另一种消费的比率独立于绝对收入水平”这样的结论是正确的。从实物数的角度来看,这样的比率是有量纲的,例如,每磅牛排的草莓的磅数,并且很可能取决于诸如牛排绝对价格与草莓的绝对价格的比值这样的在量纲上可比的变量(也有量纲,即每磅牛排的草莓的磅数),或取决于绝对收入(可以被视为可供消费的草莓的总磅数或牛排的总磅数,因此也有量纲,即草莓或牛排的磅数)。

的任何因素——在方程(2.5)中,用变量 u 表示(表示效用因素)。[1]

如果变量 u 包括了年龄、家庭构成等因素,那么我们就可以放弃前面给出的假设——那两年(或更多年)的“消费主体”是完全相同的,以及因这个假设而来的另一个特殊假设,即,在只有两年的情况下,如果 $i=0$,那么 $c_1=c_2$。这也就是说,可以把前面的分析解释为只针对某种类型的“消费主体”在某一年的情况。

如方程(2.5)所示的这个简单的消费函数,虽然只是从这些最基本的、非常抽象的情况下推导出来的,但是却构成了本书所提出的消费函数理论的基石。我们将会看到,引入不确定性,不会从根本上改变它,而且它与现有的关于消费行为的经验证据也没有矛盾(只要它的变量可以通过可观测的数量级进行适当的识别)。

第二节　不确定性的影响

关于未来的不确定性对前面的分析有两个影响:第一,它会使无差异曲线图的解释变得复杂;第二,它引入了储蓄的另一个原因,这种原因要求对不同类型的财富加以区分。

---

[1] 杜森贝里也得出了同样的结论,即在长期的比较静态分析中,消费是与收入成比例的,尽管他所采用的推理方式略有不同。见杜森贝里,《收入、储蓄与消费者行为理论》,马萨诸塞州剑桥:哈佛大学出版社,1949年,第32—37页。

a. 无差异曲线图

在确定的条件下,对于第1年的每一个消费水平,“消费主体”在第2年中可以选择的备选项只需要用一个数字就可完全描述了,那就是,第2年可以达到的最高实际消费水平,或者说,图1中的预算线 AB 的横坐标。但是,在不确定的情况下,如此简单的描述就不再可能了;我们必须将这个数字替换为第2年实际消费的可能最高水平的概率分布,即各种可能之间的实际消费水平分散程度,它反映了未来所得和未来价格的不确定性的直接影响,以及这种不确定性对贷款或借款的可能性的间接影响。

假设(从现在的角度来看),未来的口味没有不确定性,同时继续用 c_2 轴来表示实际消费。那么引入不确定性不会对无差异曲线产生影响,不过,预算线的含义却因此发生了重大变化。与第1年的每一个消费水平相关联的未来可能消费水平的概率分布,对该“消费主体”来说是有一定效用的;而且一般而言,还存在着具有相同效用的单一的消费值。这种“确定性等价点”的轨迹描绘出来的曲线,在如下意义上与预算线相当:它与无差异曲线相切的点是最优位置。但是,我们没有理由认定这条曲线是一条直线,而且它也无法只根据关于该“消费主体”可用的机会的知识计算出来,因为它这也取决于该“消费主体”的口味。在确定性情况下进行无差异分析时作为核心关注点的口味与机会之间的尖锐对立,在这里被打破了。

另一种方法是将图 1 中的 c_2 轴解释为第 2 年的期望消费(expected consumption),在这里,“期望”一词指的主要是“均值”的意思,而不是“预期”的意思。如果对概率分布没有不同意见,从而预期所得可以按固定利率借入或贷出,那么预算线将不会受到影响,仍然是一条直线。然而,无差异曲线的含义现在却发生了显著的变化。赋予给定期望值上的效用,取决于产生该期望值的概率分布。因此,只有指定了产生每个期望值的概率分布之后,才能绘制出无差异曲线来;再一次,机会和品味之间的任何明显差别都被打破了。

因此,不确定性的引入模糊了前面给出的分析的清晰界限,并预示着可能导致偏离方程(2.5)设定的消费函数形状的其他一些因素。然而,在目前这个分析层面上,似乎没有办法判断,当财富的绝对水平变得更高时,这些因素是否会使得消费占财富的比例变得更大或更小。因此,这种不确定性的影响不会导致我们做出关于消费函数的形状的任何假设,从而也不会使帮助它“脱颖而出”的“简单性”蒙上任何阴影。

b. 持有财富的动机

即便是在完全确定的情形下,也仍然存在持有财富的两个动机,即理顺消费流和赚取利息;引入不确定性又给持有财富增添了一个新的理由。这个新的动机是,为紧急情况提供“储备”——在一方面,是为低得出乎意料的所得做好准备;在另一方面,是为意料之外的高消费做好准备。如果作为紧急情况下的储备,所有形式的财富都是同样令人满意的,那么就可以认为这种动机只是改变了图 1 中的无差异曲线的形状,不然的话就完全可以用图 1 来解释。没有用于当期消费的任一部分财富,都可以作为应急储备。因此,为未来消费准备的"备付项目"的价值,不仅在于其本身,而且还在于它提供了这样一种储备。结果是,无差异曲线在每一点上都比不这样做时更加陡峭一些;这也就是说,"消费主体"愿意放弃比不这样做时更多的当期消费来增加 1 美元的未来消费。

然而,在用作应急储备的时候,并非所有形式的财富都是同样令人满意的。主要的有一般意义的区别出现在人力财富与非人力财富之间。在一个没有奴隶存在的社会里,"人的市场"与非人力资本市场之间没有可比性。一般来说,以有形的实物资产或对有形资产的请求权为"据"借入资金,要比以未来的盈利能力为"据"容易得多。因此,当期的消费可能不仅依赖于永久性收入总额和利率,而且还可能依赖于从非人力财富中获得的永久性收入所占的比例,或者说,非人力财富与永久性收入的比率(对于给定的利率,这两者是等价的)。这个比率越高,对额外储备的需求就越少,从而可以预期当期的消费水平将会更高。[1] 关键的变量是非人力财富与永久性收入的比率,而不是"非人力财富的绝对数量"。意外的发生会威胁计划好的消费水平的实现,也可能使得必须在急切间将消费水平提高到当初计划

[1] 要将这种影响正式地合并到图 1 中,还需要添加另一个轴来表示非人力财富的数量。

的水平之上，为了应对这些情况，需要一笔储备金。非人力财富和永久性收入如果以相同的比例增长，那么就既增加了可用的储备，也提高了需要“保护”的消费水平；这就类似于规模的变化。因此，为什么非人力财富和永久性收入的按共同比例增长，就应该系统性地或一般性地提高储备规模增加（或减少）的重要性呢？似乎没有什么先验的理由。[1] 因此，这种不确定性的影响，就像其他影响一样，并不会导致我们做出任何反对方程（2.5）中设定的消费函数的形式的假设。它只要求将非人力财富与收入的比率包括进来，作为一个决定 k（即消费与永久性收入之比）的变量。这样一来，也就把方程（2.5）转换为：

$$c_p = k(i,\ w,\ u)y_p = k(i,\ w,\ u)iW \tag{2.6}$$

其中，w 代表非人力财富与永久性收入的比率，同时为了简单起见，c、y、w、W 的下标 1 都已经去掉了，这可以理解为所有变量所指的都是一个相同的时间点。

当然，赋予这种应急性储备的重要性，取决于“消费主体”所预期的不确定性的程度有多高。我们可以将任何影响这种预期的客观因素都包括进变量 u 当中。例如，社会中财富或收入的不平等程度，很

[1] 第 17 页脚注 1 给出的关于量纲的讨论也适用于这里。

乍一看，人们很容易认为，根据“平均律”，假设非人力财富与永久收入之比越合适，非人力财富和永久收入这两者的绝对水平越高。但是，如果两者的增长，是以对未来每一可能所得的同比例增加的形式出现的，同时概率保持不变，那么就不能得出这样的结论。在这种情况下，标准偏差就会以与平均值相同的比例增大。

可能与对所得的预期的不确定性程度有关,因此可以作为一个相关的变量。

另外,在作为应急性储备的时候,并不是所有形式的非人力财富都是同样令人满意的;这就是为什么某些非人力财富,例如通常所说的"流动资产",在许多实证研究中特别受到关注的原因。但是,不同形式的财富之间的所有其他区别,应该都不如人力财富与非人力财富之间的区别那么普遍、那么根本,足以证明在当前阶段将其纳入消费函数是合理的。

不同种类的财富之间的区别,隐含着不同利率之间也存在一个相应的区别。一个人以自己的未来收入为"据"向他人借款的利率,可能不同于以非人力资本为"据"时的借款利率;而且,他借入款项时的利率,也可能与他贷出款项时的利率不同。不过,在这里我们暂且忽略这些复杂的问题,而直接用变量 i 来代表整体利率。

第三节 个人消费函数与总消费函数的关系

前面的理论分析是针对单个的"消费主体"的。我们得出的方程(2.6)很好地描述了这样一个"消费主体"在各个变量的不同取值下的行为。为了用这个方程来解释群体行为,我们必须更进一步,把同一方程视为适用于群体的所有成员——不仅仅是相同的方程形式,而且是相同的函数关系。然而事实上,这个步骤其实没有乍一看时那么激进。方程(2.6)中的各个变量,尤其是 w 和 u,从一开始就得到了精确的设计,能够容纳不同“消费主体”之间的差异。如果 i、w,以及某个特别设定的 u,对于一个“消费主体”群体都是相同的,而消费与永久性收入之比在这些“消费主体”之间的差异足够大(大到了从当前的研究目的来看是“显著”的程度),那么,要不这个方程本身必须被认定为有缺陷的,要不对 u 的特别设定是不充分的。因此,认为方程(2.6)和对 u 的某个特别设定适用于单个“消费主体”,就等同于认为它适用于一个群体的所有成员。

给定方程(2.6)适用于群体中的每一个“消费主体”,由于不同“消费主体”之间 i、w 和 u 的值是不同的,因此消费与永久性收入之比 k 在不同的“消费主体”之间仍然是不同的,同时消费的绝对数量也仍然会随 y_p 的不同而不同。因此,总消费不仅取决于方程(2.6)的精确形式,还取决于这些变量所代表的“消费主体”的分布。我们用

$$f(i,w,u,y_p)\,didwdudy_p \tag{2.7}$$

表示利率介于 i 与 $i+di$ 之间、非人力财富与永久性收入之比介于 w 与 $w+dw$ 之间、决定口味的因素介于 u 与 $u+du$ 之间、永久性收入介于 y_p 与 y_p+dy_p 之间的“消费主体”的数量,那么总消费为:

$$c_p^* = \iiiint\limits_{i,w,u,y_p} f(i,w,u,y_p)\,k(i,w,u)\,y_p\,didwdudy_p \tag{2.8}$$

再假设“消费主体”按收入的分布，独立于按 i、w 和 u 的分布，即

$$f(i,w,u,y_p) = g(i,w,u) \cdot h(y_p) \tag{2.9}$$

那么方程(2.8)就可以化简为

$$c_p^* = k^*(\qquad) \cdot y_p^* \tag{2.10}$$

其中，c_p^* 为总永久性消费，y_p^* 为总永久性收入，同时

$$k^*(\qquad) = \iiint_{i,w,u} g(i,w,u)k(i,w,u)\,didwdu \tag{2.11}$$

k^* 不仅取决于函数 k，同时也取决于函数 g。函数 g 描述个体按 i、w 和 u 的分布。k^* 可以近似地表示为 i、w 和 u 的均值、方差以及它们之间的协方差的一个函数，或者表示为其他描述分布的变量的一个函数。这些变量的系数是由参数 k 决定的。方程(2.10)和(2.11)中，包括在括号内的变量之所以留空，是因为在目前这种一般性水平上，没有办法指定有限数量的变量去指代函数 k 和函数 g。

如果等号两边同时除以同样的数，例如，人口总量或价格指数，方程(2.10)显然保持不变，所以在运用方程(2.10)的时候，c_p^* 和 y_p^* 既可以用来指货币总量、实际总量，也可以用来指人均货币数量或人均实际数量。

从方程(2.8)过渡到方程(2.10)时所用的假设，即“消费主体”按收入的分布，独立于按 i、w 和 u 的分布，在描述的意义上显然是错误的。例如，变量 u 涵盖了年龄、家庭规模、教育程度等因素，但是这些因素通常都被认为与收入分布有系统性的联系；事实上，我们以后

在适当的场合还会利用这些联系来解释某些观察到的消费行为特征。而在另一方面,虽然这些变量与收入分布之间的相互依赖性可能对某些问题很重要,但是在总量的层面上来说可能就不那么重要了。这种相互依赖性是以一种相当复杂的方式进入的,而且即便存在着这种相互依赖性,方程(2.10)仍然不失为一个很好的近似。如果方程(2.10)是观察到的各种量值之间的关系的一个很好的近似(正如我们将会看到的那样,确实如此),那么就只能解释为这种相互依赖性仅仅是次要的。

第三章 | 永久性收入假说

“永久性收入”(permanent income)和“永久性消费”(permanent consumption)这两个术语表示的量值在理论分析中发挥了关键作用,但是并不能在任何一个“消费主体”那里直接观察到。所能观察到的,最多只是在某个有限期间内的实际所得和支出,作为补充,也许还可以得到一些关于对未来的预期的口头说明。这两者是理论建构成分,是事前(*ex ante*)的量值;而经验数据则是事后(*ex post*)的量值。然而,为了用理论来解释经验数据,就必须在理论建构和观测到的量值之间建立起对应关系。

要做到这一点,最直接的方法,也是在类似的情境下最普遍采用的一种方法是:通过调整原始的所得和支出数据,消除明显的差错,分别为每一个“消费主体”构造出永久性收入和永久性消费的估计值,然后将由此得到的调整后的事后量值,视为我们想要得到的事前量值。调整的具体做法包括:在某个特定期间内的现金支出,作为取得收入的费用,可以从相应期间内的现金所得中扣除;在处理有些

(或全部)收入项目的时候,可以用会计中的权责发生制原则取代现金收付制原则;耐用消费品的支出可视为资本支出,即,只把提供的服务的估算价值计入消费;等等。通过这样的调整,可以减少统计估计值与理论值之间的差异,因此它们无疑是非常可取的。但是,即便所有调整都是在可行的范围内进行的,得到的量值(它们解释为永久性收入和永久性消费的估计值)也会与方程(2.6)不一致:事实证明,在利用这种方法去得到“评定消费”(measured consumption)和“评定收入”(measured income)时,评定收入更高的“消费主体”的消费与收入之比,小于评定收入更低的“消费主体”,即便是对于那些不能合理地将这种结果归因于 i、w 和 u 的差异的“消费主体”群体来说,也是如此。

有鉴于此,我们要么拒绝使用方程(2.6),有些早期的研究者正是这样做的;要么转而采取一种更间接的工具去构造理论建构与观察到的量值之间的对应关系。后者就是我接下来要做的。一种间接方法是,利用其他时期和其他“消费主体”的证据来解释这一个“消费主体”在这一个时期的数据。例如,如果 A 先生的评定收入在不同年份之间波动非常大,而 B 先生的评定收入每年都非常稳定,那么 A 先生的评定收入作为他的永久性收入的衡量指标,显然要比 B 先生的同一指标差,这种看法应该是合理的。再一次,我们假设,A 先生在任何一个时期的评定收入,都明显低于一群拥有与他类似的特点的人的平均评定收入(我们有理由认为,这些特点会对潜在收入产生显著的影响,例如年龄、职业、种族和社会地位等)。这样一来,我们就有理由假设 A 先生的评定收入低估了他的永久性收入。

下面给出的对于理论建构与观测量值之间关系的形式化描述，就是为了便于使用上述证据的。它的核心思想是，将经验数据解释为理论建构的可观察的表现形式——理论建构本身是不可观察的。

第一节 对"消费主体"的收入数据和消费数据的解释

令 y 表示一个"消费主体"在某个时期内(比如说一年)的评定收入。我们可以认为，该收入有两个组成部分：一是永久性的(y_p)，对应于理论分析层面上的永久性收入；二是临时性的(y_t)。[1] 于是我们有：

$$y = y_p + y_t \tag{3.1}$$

我们的解释是，永久性分量反映了该"消费主体"认为决定了它的资本的价值或财富的因素的影响，包括：拥有的非人力财富；该"消费主体"的劳动者的个人属性，例如受教育程度、能力、个性等等；劳动者的经济活动的属性，如从事的职业、经济活动发生的地点等等。这类似于概率分布的"期望"值。对临时性分量的解释是，它反映了所

[1] 这个术语，以及随后的许多分析，都摘自米尔顿·弗里德曼(Milton Friedman)和西蒙·库兹涅茨(Simon Kuznets)，《独立职业的从业收入》，第 325—338、352—364 页。

有“其他”因素，所有可能被该“消费主体”视为“偶发的”或“偶然”事件的因素。尽管从其他角度来看，这些因素也可能是可明确指出的“力量”的可预见影响，例如经济活动的周期性波动。[1] 在统计数据中，临时性分量还包括了测量中的偶然误差。然而不幸的是，通常没有办法将这种误差与该“消费主体”眼中所见的临时性分量区分开来。

收入中临时性分量的一些因素是特定的“消费主体”所特有的，例如，患上了疾病、对买进或卖出的时机把握不佳等等，以及测量中的偶然误差。对于任何一个规模足够大的“消费主体”群体来说，各个“消费主体”的特定的临时性分量往往会被“平均掉”，因此，如果只考虑永久性收入和评定收入之间的差异，那么该群体的平均评定收入将会等于收入的永久性分量，同时临时性分量的平均值将为零。但是，并不是所有因素都一定是这样的。例如，如果某个“消费主体”群体是由同一个地区的农民组成的，那么有些因素对该群体的所有成员的收入的影响在很大程度上就是相同的，比如说不同寻常的好天气或坏天气；又或者，如果某个“消费主体”群体中有收入者都是生产某种商品的工人，那么对这种商品的需求的突然变化，对该群体的所有成员的影响也都基本相同。如果这种因素对在任何时期内都是有利的，那么平均临时性收入成分就是正的，如果都

[1] 当然，这种划分在一定程度上是武断的，而且到底要将界线划在哪里，完全取决于具体的应用。类似地，永久性分量和临时性分量这种二分法只是一种非常特殊的情况。如何推广至有很多组成部分的情形，请参见《独立职业的从业收入》，第 352—364 页。

是不利的则为负。[1] 同理,测量中的系统性偏差可能会导致记录下来的数据的临时性成分的均值不为零,即便影响“消费主体”的临时性因素对该平均值的影响为零。

因此类似地,令 c 表示一个“消费主体”在某个时间段内的支出,并将它记为一个固定永久性分量(c_p)和一个临时性成分(c_t)的和,那么就有

$$c = c_p + c_t \tag{3.2}$$

再一次,消费的临时性成分的某些因素是特定的“消费主体”所特有的,例如不常见的疾病、对特别有利的购买机会的把握等等。还有一些因素则会对同一个“消费主体”群体的所有成员产生类似的影响,例如异常寒冷的天气、丰收的年成等等。前一类因素的影响通常可以被“平均掉”;后一类因素的影响则会在“消费主体”群体中产生正的或负的临时性成分的平均值。测量的偶然误差和系统性误差也是如此。

很多人倾向于把永久性分量解释为平均终身价值(lifetime value),而把临时性分量解释为这种平均终身价值与某个特定时期的评定价值之间的差值。但是,由于如下两个原因,接受这种解释将会成为一个严重的错误。首先,一个“消费主体”的经历本身只是更广

---

[1] 请注意这里与《独立职业的从业收入》第 326 页中的讨论的区别,在那里,不能假设临时性分量的均值为零而不失一般性。这种差异反映了如下事实:前引著作对临时性成分的定义较窄,而且利用了这个概念来比较同一个群体在两年内的情况。

泛的假想世界中很小的一个样本，所以没有理由假设临时性分量在该“消费主体”的“一生”中平均为零。其次，也是更重要的一个原因是，预先决定“永久”一词的确切含义，似乎既没有必要也完全不可取。之所以“永久”和“暂时”，是为了解释实际的行为。我们将这样来看待“消费主体”：他们认为，他们的收入和消费似乎是永久性分量和临时性分量的总和，而且永久性收入与永久性消费之间的关系，似乎就如我们的理论分析所描述的那样。永久性分量和临时性分量之间的确切界限最好由数据本身来确定，即要与消费者行为相对应。

请看下面的图 2。它的目的是将对于永久性收入的各种可能解释更明确地呈现出来。这张图描述的是一个“消费主体”的情况，在绘制这张图的那一年（1956 年），该“消费主体”的户主年龄为 30 岁。我们不妨假设这个“消费主体”是“户主”20 岁的时候形成的。从 20 岁到 30 岁的评定收入的序列（如图 2 中的实心锯齿线所示），是一种数据（datum）；当然，图 2 中没有显示出来的其他项目也是（这些项目包括，户主和该“消费主体”占有的非人力财富的数量、职业和所在位置等等）。未来的评定收入是不确定的。图中那些分散的点是用来代表“消费主体”眼中看到的以后的年月的情况的——对于未来的每个日期，评定收入都有一个对应的概率分布。由于二维图形的局限性，这个散点图在一个重要方面是有严重的歪曲性的。因为它表明，不同“年龄”上的概率分布之间是相互独立的，但是在一般情况下，它们更可能是相互依赖的。举例来说，31 岁时实现的评定收入很高时的 40 岁时的预期分布，是与 31 岁时实现的评定收入很低时的 40 岁时的预期分布不同的。[1] 但是，就我们目前有限的目的而言，本图的这个缺陷并不会导致严重的问题。

图 2 中的这些散点，在概念上不能与在绘制有不同年龄的户主的一大批“消费主体”的同时期收入时所对应的散点混淆起来。图 2 中的这些散点代表的是一个“消费主体”的预期情况，而不是多个

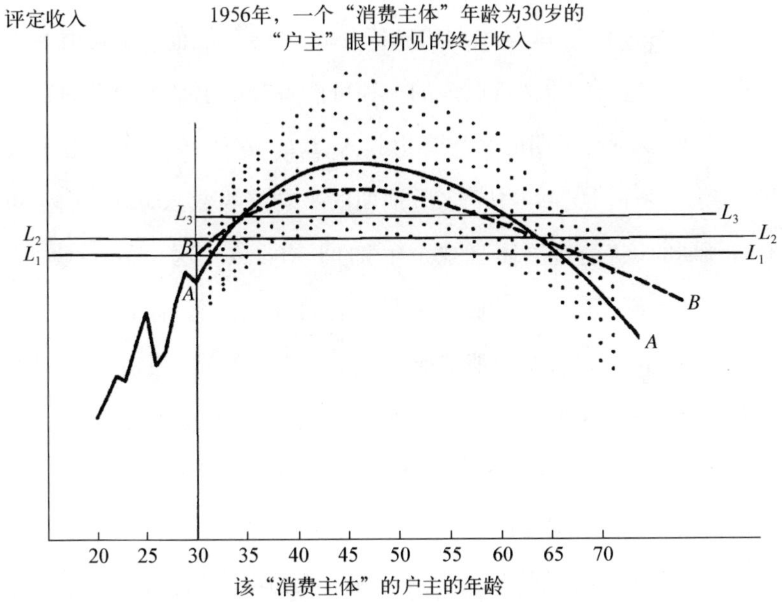

图 2 永久性收入可选解释的示意图

---

[1] 最一般的描述是用可选年龄评定收入函数的概率分布来进行的。同时应当指出的是，《独立职业的从业收入》中第 352—364 页给出的更一般的分析公式，完全允许这种相互依存关系的存在。

"消费主体"的已实现情况。在形成预期时,这个"消费主体"可以很好地参考不同"年龄"的"消费主体"的同时期收入情况——它们年龄不同,但是在诸如职业、非人力财富等其他因素上却是相似的;而且,在一定程度上,这个"消费主体"可以在描述自己的未来概率分布时,直接采用其他"消费主体"的同时期差异。这种做法是有用的;但是,在概念的层面上,没有必要排除该"消费主体"还可以得到其他信息并考虑进去的可能性。[1]

图 2 中的实线 AA 是预期的未来年份的概率分布的平均值。这是对消费所适应的永久性收入的一种可能解释。水平方向上的直线 L_1L_1 是 20 岁时所预期的平均终生收入,L_2L_2 是 30 岁时在考虑了从 20 岁到 30 岁的"实际经历"之后预期的平均终生收入,L_3L_3 则是 30 岁时预期的该"消费主体"的"余生"的平均收入。这三条直线中的每一条都构成了对永久性收入的另一种可能的解释,而且都几乎与 AA 完全相反。但是,作为消费所适应的永久性收入,所有这些在直觉上都没有很大的吸引力:AA 之所以没有什么吸引力,是因为它只意味着极短的时间期界;至于 L_1L_1、L_2L_2 和 L_3L_3,则不仅因为它们都隐含着一个非常长的时间期界,而且还因为它们暗示了,"消费主体"能够以预期所得为"据"从人力财富和非人力财富借款,且利率与它们借出非以往积累的非人力财富的利率相同。对于 L_3L_3,还有另一个反对意见,那就是,它假定不会把过去的适应延续到现在。虚线

[1] 例如,在下面的第四章第三节中给出的解释中,那个"消费主体"被视为利用关于收入的长期趋势的信息来改变同时期的经验。

BB 则是一种中间解释，它是 AA 与 L_1L_1 或 L_2L_2 的平均。这个解释在直觉上似乎是最合理的一个解释，但是这种直觉上的合理性，并不能给出准确的平均值，也不能据以确定时间期限的长度。有鉴于此，我们必须依靠经验证据。（见第七章，我们在那里根据现有证据做出了初步估计。）

图 2 是针对一个特定的日期绘制的。就永久性收入这个概念而言，并不要求图 2 中有关的部分在以后的任何日期保持不变。除了前面已经指出的那一点之外（即未来某一日期的概率分布，在事前就取决于实际“经历”过的评定收入），整个联合概率分布可能会因为那个特定日期完全没有预期到的事件而改变。在我们的经验研究中，我们有时会发现，假设永久性收入，或永久性收入的年龄模式，在若干年的时间内保持不变是可取的；但是我们应该很清楚，这只是对一个更一般的概念的经验化设定。

第二节 永久性收入假说的正式说明

我们关于消费函数的假说——此后一律称为“永久性收入假说”——的最一般的形式可以由（2. 6）、（3. 1）和（3. 2）三个方程给出：

$$c_p = k(i,w,u) \cdot y_p \qquad (2.6)$$

$$y = y_p + y_t \quad (3.1)$$

$$c = c_p + c_t \quad (3.2)$$

方程(2.6)定义了永久性收入和永久性消费之间的关系;它表明,永久性收入和永久性消费之间的比率与永久性收入的绝对大小无关,但是确实依赖于其他一些变量,特别是:(1)利率(i)或者“消费主体”借入或贷出的利率;(2)财产性收入与非财产性收入的相对重要性,这用非人力财富与收入之比(w)表示;(3)决定“消费主体”相对于财富增加的口味和消费偏好的多性质变量(portmanteau variable),用 u 表示。最后这些因素中最重要的可能包括:(a)“消费主体”的成员的数量及特征,特别是他们的年龄;(b)影响收入和消费的临时性因素的重要性,例如,用临时性分量的概率分布相对于相应的永久性分量的大小的“差幅”(spread)或标准偏差(standard deviation,标准差)来衡量。方程(3.1)和方程(3.2)定义了永久分量与评定量值之间的联系。

在这样一个最一般的形式下,永久性收入假说只是一个空假说,因为没有任何经验数据可以反驳它。方程(3.1)和(3.2)都是纯粹定义方案;它们加入了两个方程,但是同时也增加了两个未知数,即两个临时性分量。我们有很多种方法可以令这个假说具体化,从而让它能够用观测到的数据来“反驳”。我在这里采用的方法是,对临时性分量的概率分布的一些特征进行详细设定。一个特别简单的设定是(不过它已经足够解释现有的证据了),假设收入和消费的临时性分量相互独立，而且与各自相对应的永久性分量也不相关，即：

$$\rho_{y_t y_p} = \rho_{c_t c_p} = \rho_{y_t c_t} = 0 \tag{3.3}$$

其中，ρ 表示以不同下标表示的各个变量之间的相关系统。

方程(3.3)的假设——收入和消费的永久性分量和临时性分量之间的相关性为0——似乎是相当温和的，而且也非常可信。事实上，就其本身而言，它们几乎没有什么实质性内容，似乎只是简单地完成或“翻译”了那两个临时性分量和永久性分量的定义；在定性的意义上，“临时性分量”指的是对收入(消费)的一种偶然的、临时性的加减，而这几乎等价于说这种加减是与收入的其余部分不相关的。测量误差与临时性分量的合并，进一步增加了这些相关性为0的可信度。

对于规模足够大的一组个体来说，假设临时性分量的绝对大小随着永久性分量的大小而波动是合理的：对于有不同永久性收入的不同“消费主体”，一个给定的随机事件会导致相同的收入变化百分比而不是相同的绝对收入增加额或减少额。这可能会使得下面给出的对于临时性分量的另一种定义更为方便；然而，它与零相关性假设并不矛盾。零相关性只是意味着，临时性分量的均值——这是一个代数平均，正的分量和负的分量相互抵消——对于永久性分量的所有值都是相同的。例如，可以假设临时性分量是永久性分量的正10%和负10%的可能性相同。因此，对于永久性分量的所有值，临时性分量的均值为0，尽管其平均绝对值(不考虑分量的符号)是直接与永久性分量成比例的。

将我们对临时性分量的定义理解为一个“消费主体”群体的上述零相关性,其合理性在一定程度上依赖于确定该群体成员的标准。最明显的一个例子是,按照各自的评定收入的大小对“消费主体”进行分类。对于每一个这样的群体来说,永久性分量和临时性分量之间的相关性必定是负的,因为当拥有共同的评定收入时,只有在临时性分量相对较低的情况下,永久性分量才会相对较高,反之亦然。[1]

方程(3.3)的假设——收入和消费的临时性分量之间相关性为零——则是一个更强的假设。主要是因为这个假设,把许多重要的实质性内容引入了我们的假说当中,并使它很容易就可以用观察到的各种各样的现象来加以检验。当然,对它的可接受性的最终检验,在于这些现象是否确实被观察到了(下面的大部分内容都是关于这个问题的)。不过,除非这个假设能够通过如下更粗糙的一致性检验(或者,至少不会在这种更粗糙的检验中惨败而归),就不值得进行更精细的检验了:用对人们自身和他的邻居的行为的随机观察结果来检验,以保证对该假设的直观合理性的评论不会有什么问题。

储蓄,或至少是储蓄的某些组成部分,是一种“残差”(residual),这种普遍观念有力地证明了上述假设的合理性。因为这种观念意味着,消费是由对于相当长期的问题的考虑所决定的,因此任何临时性的收入变化所能导致的,主要是资产的增加或对以前积累起来的余

[1] 参见,《独立职业的从业收入》,第326、327页。

额的运用,而不是消费的相应变化。

然而,从另一个角度来看,这种假设却似乎非常不可信。一个获得了意外之财的人,难道不会将其中的一部分用于“放荡的生活”,即用于消费支出吗?他难道会把意外得到的所有钱财都用于增加自己的财富吗?这些问题的答案很大程度上取决于如何定义“消费”。我认为,对上面这些问题的脱口而出的肯定回答,在很大程度上反映了一种隐含的消费定义,即从购买(包括对耐用品的购买)的角度来定义,而不是从服务的价值角度来定义。如果采用了后一种定义方法,那么将前述假设应用于实证数据就似乎是非常可取的——尽管不幸的是,我只能在有限的范围内做到这一点——而且许多被归类为消费的“支出”可以重新归类为储蓄。这笔意外之财难道不可以用于购买耐用品吗?或者,换句话说,更新耐用品和增加此类商品库存的时机,难道不可能加以调整,使之在某种程度上与意外之财的获得相一致吗?

关于收入和消费的临时性分量不相关这个假设的合理性,还有两个理由。首先,上面将“意外之财”等同于临时性收入,这其实是不准确的。举例来说,假设某种特定概念下的评定收入中包括了遗产。考虑这样一个“消费主体”,它的收入在若干个时期内一直保持不变,但是在最后一个时期内获得了一份遗产。如果事前已经预计到会在某个时期内得到这份遗产,那么它就已经被包括进永久性收入了,从而临时性分量只包括所继承的遗产中超出了永久性收入的这个组成部分的那一些。因此没有理由认为,继承遗产会使得最后一个时期的消费不同于前一个时期的消费，除非该“消费主体”无法以将继承的遗产为“据”在前面的时期借入款项。但是那也就意味着，继承遗产会改变方程(2.6)中的 w(财富收入比)，而这一点已经包括进了我们的假说。因此，遗产的继承是不是“意外”的，其实没有本质区别。遗产的影响，就是增加了这个“消费主体”的永久性收入，而且这可以证明在最后一个时期内消费较高是合理的；再一次，临时性分量仅仅包括这笔意外之财超出了永久性收入的这个组成部分之外的部分，因此，从直觉上看，它不会明显地导致当期消费的增加。[1] 第二个理由是，正如在某些情况下，人们会预料收入的临时性增长会带来消费的临时性增长一样，在另外一些情况下，人们预期相反的情况会发生。最简单的一个例子是，收入的临时性增长，反而减少了消费机会，当这种增长是通过延长工作时间或前往一个落后的国家工作来实现的时候。这种负相关性和正相关性往往会相互抵消。

前面的讨论没有考虑测量误差。然而，如前所述，在任何统计分析中，测量误差一般都是与正确测量的临时性分量不可分割地联系在一起的。统计记录中收入和消费的临时性分量之间的相关性所受的影响，在很大程度上取决于统计数据是如何获得的。如果收入和消费是分别单独测量的，那么估计误差也可能是独立的，因此有助于在收入和消费的临时性分量之间观察到很小的或零的相关性。然而另一方面，如果像通常所做的那样，先分别测量储蓄和收入，然后再

[1] 我认为，这一点要归功于莫迪利安尼(Modigliani)和布伦伯格(Brumberg)，《效用分析与消费函数》，第405—406页。

从后者减去前者来估计消费,那么评定消费和评定收入就会存在共同的测量误差了。这往往会导致收入和消费的临时性分量之间存在可观察的正相关关系。

给出上面这些评论的目的,并不是试图证明零相关性是唯一合理的假设——无论是上述提到的证据还是其他任何证据都不能证明这个结论是正确的。这些评论的目的更在于说明通常的观察结果并不会使如下结论显得荒谬:一个包含了零相关性假设的假说,能够产生与所观察到的消费者行为相当接近的结果。当然,收入和消费的临时性分量之间的相关性为 0 的假设,是可以用限制性更弱的其他假设所取代的(即假设收入和消费的临时性分量之间的相关系数为介于 0 与 1 之间的某个正数),但是这样的假设将极大地削弱我们的假说,并且会降低它在预测行为时的潜在有用性。除非我们这个关于消费者行为的更有力的假说与经验证据之间出现了明显的矛盾,否则上面这种做法就是极不可取的。

一个特别简单且有用的特例是,在方程(3.3)以外,进一步假设消费和收入的临时性分量的均值为 0,即,

$$\mu_{y_t} = \mu_{c_t} = 0 \tag{3.4}$$

其中 μ 表示下标所指定的变量的均值。如果所讨论的概率分布足够"完全",那么这个假设就是非常合理的。然而,一般来说,我们所用的还是条件概率分布,例如,在某个特定年份的临时性分量的分布,或者某个特定群体的成员的分布。在这种情况下,假设方程(3.4)成

立并不可取,这就像从事后的角度来看,对于单个“消费主体”而言,假设临时性分量本身必定为0是不可取的一样。

为了便于从观测数据出发估计方程组的参数,在概率分布上附加一定条件可能是可取的,也可能是必要的。然而,我将在很大程度上忽略统计估计的问题,因此我们在这里不需要研究这些条件。

一个更加重要的限定条件是,为了简单起见,方程(3.1)和(3.2)所表示的观察到的收入与它的永久性分量及临时性分量之间的关系是加性的。关系的形式非常重要,因为它可能会影响方程(3.3)和(3.4)对概率分布的特征的设定的实证效度,还会影响为了便于统计而给出的关于分布的其他特征的设定的有效性。从这个角度来看,我推测乘性设定可能更适合于收入和消费数据。如果我们用大写字母代表由相应的小写字母指定的变量的对数,那么定义我们的假说的那些方程就可以采用如下的替代形式:

$$C_p = K(i,w,u) + Y_p \tag{2.6'}$$

$$Y = Y_p + Y_t \tag{3.1'}$$

$$C = C_p + C_t \tag{3.2'}$$

$$\rho_{Y_tY_p} = \rho_{C_tC_p} = \rho_{Y_tC_t} = 0 \tag{3.3'}$$

接下来的许多结果都同样适用于这两种形式的假说,唯一的要求是,同一个符号在一种情况下要解释为绝对值,而在另一种情况下要解释为对数值。对于任何不是这样的重要结果,我们将在脚注中给出相应的对数表达式。

第三节 评定消费与评定收入之间的关系

假设我们已经对若干个“消费主体”的消费和收入进行了观察，对于所有这些“消费主体”来说，方程(2.6)中的 k 在数值上是相同的。接下来，让我们像在家庭预算研究中通常会做的那样，从这些数据中估计消费和收入之间的关系。为了简单起见，假设要估计的关系是线性的，即，

$$c = \alpha + \beta y \tag{3.5}$$

其中，c 可以解释为某个给定的 y 值下的平均消费，我们知道单个“消费主体”的消费会偶然地偏离这个值。[1] 运行 c 对 y 的回归，可以计算出 α 和 β 的最小二乘估计值(称之为 a 和 b)，分别为：

$$b = \frac{\sum (c - \bar{c})(y - \bar{y})}{\sum (y - \bar{y})^2} \tag{3.6}$$

$$a = \bar{c} - b\bar{y} \tag{3.7}$$

其中，$\bar{c}$ 和 $\bar{y}$ 分别表示“消费主体”群体的平均消费和平均收入，而且

[1] 根据我们的假设，c 和 y 的均值之间的关系只有在特殊情况下才会是线性的。例如，如果 y_p、y_t 和 c_t 是按三变量正态分布来分布的，那么就是如此。请参见，D. V. 林德利(D. V. Lindley)，《回归线与线性函数关系》，《皇家统计学会期刊》，补编，第 9 卷，1947 年，第 218—244 页。

求和是对整体进行的。接下来,在 b 的分子的表达式中,将 c 和 y 用方程(3.1)和(3.2)的右侧表达式、$\bar{c}$ 和 $\bar{y}$ 用相应的均值之和代替,我们可以得到:

$$\begin{aligned}\sum(c-\bar{c})(y-\bar{y}) &= \sum(c_p+c_t-\bar{c}_p-\bar{c}_t)(y_p+y_t-\bar{y}_p-\bar{y}_t) \\ &= \sum(c_p-\bar{c}_p)(y_p-\bar{y}_p)+\sum(c_p-\bar{c}_p) \\ &\quad (y_t-\bar{y}_t)+\sum(c_t-\bar{c}_t)(y_p-\bar{y}_p) \\ &\quad +\sum(c_t-\bar{c}_t)(y_t-\bar{y}_t) \end{aligned} \tag{3.8}$$

又,根据方程(2.6),

$$c_p = ky_p \tag{2.6}$$

将(2.6)插入(3.8),得到:

$$\begin{aligned}\sum(c-\bar{c})(y-\bar{y}) &= k\sum(y_p-\bar{y}_p)^2+k\sum(y_p-\bar{y}_p)(y_t-\bar{y}_t) \\ &\quad +\frac{1}{k}\sum(c_t-\bar{c}_t)(c_p-\bar{c}_p) \\ &\quad +\sum(c_t-\bar{c}_t)(y_t-\bar{y}_t) \end{aligned} \tag{3.9}$$

由于方程(3.3)已经设定了零相关性,最后三项如果不等于0,那只是因为抽样中的波动性:随着样本量的增加,它们将趋近于0,或者说,在大量相似的样本中均值为0。既然我们现在关心的不是统计估计的问题,而是对结果的解释,不妨让我们假设样本足够大,以至于可以忽略抽样误差。在这种情况下,我们有:

$$b = k\frac{\sum (y_p - \bar{y}_p)^2}{\sum (y - \bar{y})^2} = kP_y \tag{3.10}$$

其中，P_y 为群体内收入总方差中收入的永久性分量的“贡献”所占的百分比。当然，在更一般的层面上，我们可以把 b 看成方程(3.10)的右侧的一个估计值。[1]

有了方程(3.10)给出的代数关系，就可以直接对永久性收入假说给出有意义的解释。回归系数 b 衡量的是——平均而言——“消费主体”之间1美元的评定收入差距所带来的消费差异。根据我们的假说，这种消费差异的大小取决于两个因素。第一个因素是，评定收入的差异中有多少同时也是永久性收入的差异，因为我们假设只有永久性收入的差异才会系统地影响消费；第二个因素是，永久性收入中有多少是用于消费的。P_y 度量了第一个因素，而 k 则度量了第二个因素，而且它们的乘积等于 b。如果 P_y 为1，那么就意味着要么临时性因素完全不存在，要么临时性因素对群体中所有成员的收入的影响完全相同，从而1美元的评定收入差异也就相当于1美元的永久性收入差异，因此产生了 k 的消费差异；在这种情况下，b 等于 k。如果 P_y 为0，那么就不存在永久性收入差异，1美元的评定收入差异就意味着1美元的临时性收入的差异；而我们认为与临时性收入消费无关，因此评定收入的这种差与消费上的系统性差异无关，从而 b 等于0。正如这一解释所表明的那样，虽然 P_y 被定义为收入的永久

[1] 在第43页脚注1所述的特殊情况下，有 $\beta = kP_y$。

性分量的方差与总收入的方差之比，但是它仍然可以解释为评定收入的差异的一个比例，平均而言，它是永久性分量的差异造成的。下面还将会对这一点进行更全面的阐述。

将方程(3.10)代入(3.7)中，即，将 $\bar{c}$替换为 $\bar{c}_p+\bar{c}_t$，将 $\bar{y}$ 替换为 $\bar{y}_p+\bar{y}_t$，将 $\bar{c}_p$ 替换为 $k\bar{y}_p$，得到的表达式为：

$$a = \bar{c}_t - kP_y\bar{y}_t + k(1 - P_y)\bar{y}_p \tag{3.11}$$

在点(c, y)上，消费对收入的弹性为

$$\eta_{cy} = \frac{dc}{dy} \cdot \frac{y}{c} = b \cdot \frac{y}{c} = kP_y \cdot \frac{y}{c} \tag{3.12}$$

假设收入和消费临时性分量都等于0，从而，$\bar{y} = \bar{y}_p$、$\bar{c} = \bar{c}_p$。在这种特殊情况下，我们有

$$\frac{\bar{y}}{\bar{c}} = \frac{1}{k} \tag{3.13}$$

从而可以推出，如果弹性是在对应样本均值的那一点计算出来的，就有：

$$\eta_{cy} = P_y \tag{3.14}$$

现在，考虑 y 对 c 的回归，即

$$y = a' + b'c \tag{3.15}$$

同样的推理可以证明，排除抽样误差之后，有

$$b' = \frac{1}{k}P_c \tag{3.16}$$

其中,P_c 为群体内消费总方差中消费的永久性分量的“贡献”所占的百分比。同时我们有

$$a' = \bar{y}_t - \frac{1}{k}P_c\bar{c}_t + \frac{1}{k}(1 - P_c)\bar{c}_p \tag{3.17}$$

从这个回归中,可以计算出消费对收入的弹性:

$$\eta'_{cy} = \frac{dc}{dy} \cdot \frac{y}{c} = \frac{1}{b'} \cdot \frac{y}{c} = \frac{k}{P_c} \cdot \frac{y}{c} \tag{3.18}$$

再一次,如果 $\bar{y}_t = \bar{c}_t$, 则有(如果在与样本均值相对应的点求值的话):[1]

---

[1] 在采用另一种描述方法,即如方程组(2.6′)、(3.1′)、(3.2′)和(3.3′)所示的对数方法时,与正文中给出的结果类似,我们有:

$$B = P_Y \tag{3.10'}$$

$$A = K + \bar{C}_t - \bar{Y}_t P_Y + \bar{Y}_P(1 - P_Y) \tag{3.11'}$$

$$\eta_{cy} = \frac{dC}{dY} = B = P_Y \tag{3.12'}$$

$$B' = P_C \tag{3.16'}$$

$$A' = -K + \bar{Y}_t - \bar{C}_t P_0 + \bar{C}_P(1 - P_C) \tag{3.17'}$$

$$\eta'_{cy} = \frac{1}{P_C} \tag{3.19'}$$

这些结果在某些方面比正文中给出的结果更加简单、更有吸引力——因为消费对收入的弹性处处相同,所以等于 P_Y 或 $1/P_C$,而无须假设临时性分量的均值为 0。

$$\eta'_{cy} = \frac{1}{P_c} \tag{3.19}$$

对于收入和消费的临时性分量的均值为 0 的特殊情况，图 3 给出了其中的一些结果。

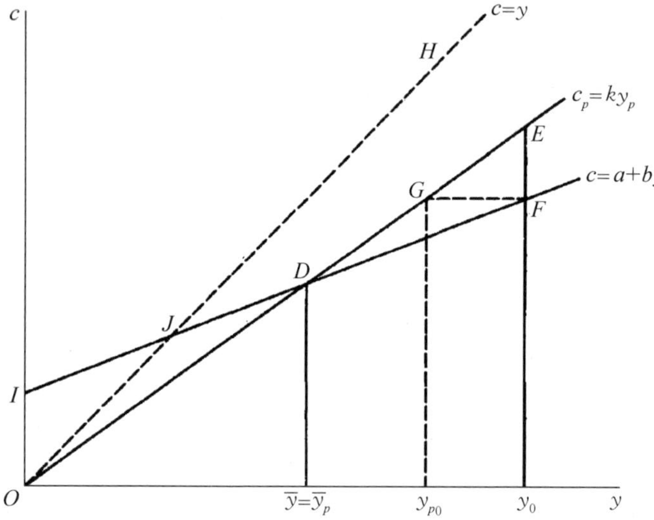

图 3　评定消费与评定收入之间的假想关系（临时性分量的均值等于 0）

现在假设在一个群体中，有一些"消费主体"的评定收入为某个高于群体平均水平的特定水平（比如说 y_0）。考虑到收入的永久性分量与临时性分量之间的零相关性，这些"消费主体"的平均永久性收入应该低于 y_0；这也就是说，他们的临时性分量的均值为正值。根据假设，这些"消费主体"之所以被归为一类，就是因为他们的评定收入比群体的平均评定收入高出了某个数额；哪怕存在不利的临时性影响，这样一个相对较高的评定收入也仍然是可以获得的（尽管很显然，如果存在有利的临时性影响，更有可能获得这样的收入）。一般来说，在任何一场比赛中获胜的人的平均表现，可能要比失利的人更好，但是他们也有可能得到了更多的好运。或者，更严格地说，收入的临时性分量与它自身的总额以及一个变量（永久性分量）是正相关的，同时这个变量本身与临时性分量不相关。[1] 那么，这些“消费主体”的临时性消费分量的均值又会是怎样的呢？他们的收入的相应分量是正的，因为收入的临时性分量有助于确定哪些“消费主体”的评定收入为 y_0（从而被归类到一起）；然而，由于收入和消费的临时性分量是不相关的，这种按收入进行的分类，对消费的临时性分量来说仍然是随机的；从而，后者的平均值仍然趋向于整个群体的平均值（该平均值被假定为 0）。因此，评定收入为 y_0 的这些“消费主体”的平均消费，等于他们的平均永久性消费。根据我们的假设，这就等于 k 乘以他们的平均永久性收入。如果 y_0 不仅是这些“消费主体”的评定收入，而且也是他们的永久性收入，那么他们的平均消费将是 ky_0 或 y_0E。因为他们的平均永久性收入低于他们的评定收入，所以他们的平均消费（y_0F）要小于 y_0E。

同样的推理可知，对于那些收入等于整个群体的均值（即 $\bar{y}$）的“消费主体”来说，他们的平均收入和消费的临时性分量均为 0，所以回归线的纵坐标将等于直线 OE 的纵坐标（直线 OE 给出了永久性消费与永久性收入之间的关系）。对于收入低于平均

[1] 请参见弗里德曼和库兹涅茨，《独立职业的从业收入》，第 327—332 页，特别是其中的脚注 10 和 13。

值的那些"消费主体",收入的临时性分量的均值是负的,所以平均评定消费将大于直线 OE 的纵坐标。因此,回归线会与直线 OE 相交于 D 点,而且在 D 点的左边,回归线在上方,在 D 点的右边则在下方。

下面再回过头来讨论评定收入为 y_0 的那一类"消费主体"("y_0 收入阶层")。过 F 点画一条水平线。这条水平线与直线 OE 的交点 G 的横坐标,就是与永久性消费 y_0F 相对应的永久性收入。因而,这个收入(在图中用 y_{p0} 表示)也就是评定收入为 y_0 的那一类"消费主体"的收入的永久性分量的均值,而 $(y_0-y_{p0})/(y_0-\bar{y})$ 则为他们的平均收入与群体平均收入的偏差中可以归因于临时性分量的那部分所占的比例。这是一个分数。如果这个分数对于所有的收入阶层都是一样的,那么 IF 就是一条直线,并且这个分数有共同值,为 $1-P_y$。[1] 这个分数越大,IF 就越平坦;反之亦然。下面讨论两种极端情况。如果 P_y 等于 0,也就是说,如果群体中的所有成员都有同样的永久性分量,那么对于所有收入阶层,平均消费都将是相同的,而且 IF 将是一条水平线。而在另一个极端,如果 P_y 等于 1,那么所有成员的临时性分量都为 0,IF 将与 OE 重合。

如果 k 小于 1,那么永久性消费将总是小于永久性收入。然而,从上图可以清楚地看出,这并不意味着评定消费必然小于评定收入。在图中,直线 OH 是一条与坐标轴成 45 度的直线(在该直线上,$c=$

[1] 请参见《独立职业的从业收入》,第 332—336、358 页。正文中的图 3 与那里第 333 页的图 28 基本相同。

y)。这条直线与 IF 之间的垂直距离就是平均评定储蓄。图中的点 J 是平均评定储蓄为 0 的“盈亏平衡点”。在 J 点的左边,平均评定储蓄是负的,而在它的右边则为正。随着收入的增加,平均评定储蓄与评定收入之比也在提高。因此,从我们的假说推导出来的评定消费与评定收入之间的关系,很好地再现了从观察数据中计算出来的相应回归结果的最广泛的特征。

对于如图 3 所示的这种特殊情形,我们很容易就可以从关于一个“消费主体”群体的评定消费和评定收入的观察数据中把 k 计算出来,因为在这种情形下平均评定消费和平均评定收入都等于相应的平均永久性分量。因此,图中的直线 OE 会经过描述该群体的平均收入和消费的点,从而 $k=\bar{c}/\bar{y}$。这样一来,就可以从 c 对 y 的回归(即曲线 IF)与直线 OE 之间的关系计算出 P_y,并根据相对应的 y 对 c 的回归与直线 OE 之间的关系计算出 P_c。[1]

如果消费的临时性分量的均值不为 0,那么曲线 IF 就会在垂直方向上移动相应的距离——如果临时性分量的均值为正,那么这条曲线向上移动,为负则向下移动。很显然,我们无法将这种变化与 k 值的变化区分开来。类似地,如果收入的临时性分量的均值不为 0,

[1] 这里这个估计问题,是“相互回归”(mutual regression),或当“两个变量都有误差”时进行回归的经典问题。请参见,D. V. 林德利,《回归线与线性函数关系》,他对这种问题进行了很好的分析,并提供了详尽的文献综述。我们的许多方程与他的论著的方程相同。正如林德利所指出的,没有有效的统计数据可以用来从样本数据估计出模型中的所有参数。因此,正文中所述的方法在统计上是无效的。通常的解决办法是,假定 y_t 的方差与 c 的方差之比是已知的——在这种情况下,确实存在有效的统计方法。

则会使曲线 IF 在水平方向上移动——为正就向右移动，为负则向左移动。对于一条直线来说，无法将因收入的临时性分量的均值的变化而导致的水平方向上的变化，与因消费的临时性分量的均值的变化而导致的垂直方向上的变化区分开来。由此可知，如果不能使临时性分量的均值等于 0，那么只凭一个“消费主体”群体在一个时期内的数据是不足以估计出所有参数的。还需要一些其他的信息来源。

我们的假说对消费研究中通常被忽视的某些收入分布特征赋予了重要作用。它断言：通过回归计算得到的消费和收入的回归量之间的许多最引人注目的一致性特征，只不过是评定收入在作为衡量长期收入状况的指标时的不足之处的反映而已。因此，观察到的“消费主体”的不同群体之间在边际消费倾向上的差异，可能根本不能反映对于消费和财富的根本偏好的差异；相反，它们反映的，可能主要是确定评定收入时各种随机因素的不同强度，包括测量误差。不过幸运的是，通过研究个人或“消费主体”的相对收入状况随时间的变化，可以获得相当多的证据用于证明收入的临时性分量的重要性。我们的假说的一个特别吸引人的特点就在于，它使得我们能够把这个独立的“证据体系”应用到对消费行为的解释上来；而且，当收入和消费的临时性分量不能被假定为 0 的时候，这些证据还可以提供一些额外的信息。

不过，在考察这些数据之前，我们应该首先检验一下这个假说与关于消费行为的实验研究的若干主要结果的一致性，并分析它与布雷迪(Brady)和弗里德曼、杜森贝里和莫迪利安尼等人提出的相对收入假说的关系。这样做可以实现两个目标,一是更全面地阐明这个假说的含意,二是准备必要的证据,这样才能建议经济学家将它作为一个可行的工作假设接受下来。

第四章 |

永久性收入假说与关于消费和收入之间的关系的现有证据的一致性：预算研究提供的证据

本章和下一章的其中一个目标是证明我们的假说与实证结果的一致性，尽管从表面上看，大量实证发现似乎与我们的结论是明显矛盾的——消费是绝对实际收入的一个稳定的函数，而且这个函数可以通过运行消费对收入的回归识别出来，或者利用对预算的研究的结果，或者利用时间序列数据。这些实证发现可以初步总结为：(a) 尽管实际收入大幅增长，但是以时间序列数据衡量，美国在过去半个世纪以来的平均消费倾向大致保持不变；(b) 对预算的研究表明，在不同的、相隔甚远的日期之间，平均消费倾向大致相似，尽管平均实际收入存在着巨大差异；(c) 美国在第二次世界大战之后的储蓄率，相对于根据两次世界大战之间的数据计算出来的收入和储蓄之间的关系，要低得多。还有另一个类似的发现是(d) 收入不平等随时间流逝呈现出了明显的下降趋势，但是另一方面，似乎也有可能把从时间序列或预算数据计算出来的消费-收入关系解释为富人越来越富,穷人越来越穷。

但是,与如此广泛的发现保持一致性,就其本身可能并不是一个特别好的建议。因此,下面这些章节还会检验更详细的消费行为证据与永久性收入假说的一致性。在本章中,我们先将永久性收入假说与预算研究的证据进行比较;在下一章中,再讨论它与时间序列证据的一致性。虽然本书这些章节审查的经验证据远非详尽无遗,但是确实已经涵盖了相当大的时间跨度和相当广泛的现象范围。这种考察的主要缺陷是,大部分证据都是针对美国的。这在一定程度上是因为美国学者做了更多的实证研究(特别是最近这些年以来);还有部分原因是因为我自己对其他国家的学者所做的研究的了解比较有限,而且我主要依赖于相对来说比较容易获得的材料。

如上一章所述,永久性收入假说解释的是根据预算数据得出的、评定消费对评定收入的回归所共有的更广泛的特征:当收入低时,支出往往会超过收入,而收入高于某一水平时,支出则往往会低于收入;与此同时,消费与收入之比则呈现出了一个统一的趋势,即,收入越高,消费收入比越低。我们现在考虑永久性收入假说与以下几方面的特征事实的一致性——(1) 收入不平等的时间变化。(2) 回归分析中存在的差异,这又包括如下 5 种情况:(a) 一定时间间隔的不同日期之间;(b) 不同国家之间;(c) 农业家庭与非农业家庭之间;(d) 不同职业群体之间;(e) 黑人家庭与白人家庭之间。(3) 储蓄与年龄之间的关系。(4) 收入变化对评定消费与评定收入之间的关系的影响。

第一节　收入不平等的时间变化

利用预算数据通过观测回归(observed regression)计算消费与收入的关系时,经常会推断出收入不平等随着时间的推移而增加这种趋势。这些回归分析的结果表明,在较低的评定收入水平上,储蓄为负值,而且评定收入越高,储蓄在收入中所占的比例越高。如果将低评定收入者等同于"穷人",将高评定收入者等同于"富人",那么趋势似乎是,"穷人"会越来越穷,而"富人"会越来越富。

然而,只有当评定收入可以被看作对一个人的终生的全部或绝大部分预期收入的很好的估计时,才有理由将低评定收入者等同于"穷人",将高评定收入者等同于"富人"。如果计算出来的回归结果能够用来当作消费与收入之间的稳定函数的估计值,我们就朝这个方向迈出了重要的一步,因为,用我们的术语来说,这相当于将它们视为消费和收入的永久性分量之间的关系的估计值。接下来只需要再多一步,即,赋予"永久性"这个术语一个特殊的含义,一个人一生中很大一部分时间的预期收入,就可以从观测回归分析结果得出收入不平等日益加剧的有效推断了。

在永久性收入假说下,观测回归分析不能提供关于收入不平等的长期特征的证据。评定收入水平很低时储蓄为负这一点恰恰反映了这样一个事实:评定收入并不是一个衡量财富的有效指标;许多人在某一年可能会因为某些临时性的原因而收入很低,而在其他年份则可能会有较高的收入。他们在某些年份的负储蓄,可以由他们在收入异常高的年份里的大量正储蓄来弥补,而且正是这种情况导致了在评定收入表的上端,储蓄占评定收入的比例很高。负储蓄的大量存在,正是观测到的评定收入不平等大大夸大了永久性收入不平等的一个表现。但是,这并不是贫富差距扩大的先兆。

经验数据表明,收入不平等并没有增加的趋势。如果说不平等状况在过去几十年里真的发生了什么变化的话,那也只能是不平等现象似乎一直在减少。[1] 事实上,这已经是一个得到广泛承认的事实了,而且,只要将一些与我们的假说所包含的因素非常相似的因素考虑进来,我们就有可能将这种趋势与消费对收入的观测回归结果加以调和。但是,这一点并不妨碍对这些回归的如下看法:它们在与现有证据的矛盾不那么明显的其他情况下描述了永久性分量之间的关系。

---

[1] 参见西蒙·库兹涅茨(Simon Kuznets)——在伊丽莎白·詹克斯(Elizabeth Jenks)的协助下——《高收入群体在收入和储蓄中的份额》,纽约:国家经济研究局,1953年;塞尔玛·戈德史密斯(Selma Goldsmith),《自三十年代中期以来收入的大小分布》,《经济与统计评论》,第三十六卷,第1期,1954年2月,第1—32页。

第二节　对于不同日期和群体的消费-收入回归

下面给出的表 1 总结了对大量不同日期和“消费主体”群体的预算进行研究后得到的一些重要结果。这张表所总结的这些研究,也是本节所考察的证据的主要来源。

对于美国来说,无论是单独针对非农业消费者群体还是针对所有消费者,各种研究得出的平均消费倾向都惊人地相似(见表 1)。在表 1 中,9 个年份的平均消费倾向中有 8 个都介于 0.89 至 0.92 之间,而且这些年份相隔最久的达到了 60 年;唯一反常的情况出现在 1944 年,那一年的数字反映了第二次世界大战期间极高的储蓄水平。时间序列数据表明,不同时期的平均消费倾向都具有同样的相似性,而且平均消费倾向的大小也非常接近(见下一章的表 12)。根据这些预算研究中使用的对消费的定义——将在耐用消费品(不包括住房)上的支出也视为消费——对于 1897 年至 1949 年这半个世纪,雷蒙德·戈德史密斯(Raymond Goldsmith)估计出来的平均倾向是 0.892。就我们的研究目的而言,最好使用另一个消费定义,即,对于耐用消费品,只将其使用价值视为消费,而将耐用消费品的存量的增加视为财富的增加。根据戈德史密斯的数据,以及根据这个消费定义计算出来的平均倾向也仅略低于现在引用的那些数字——在 1897 年到 1949 年间，为 0.877 对 0.892。[1]

表 1 基于预算数据得出的消费与收入之间的关系——不同的国家、不同的年份和不同的“消费主体”群体

	年份	“消费主体”	平均收入	平均消费倾向	边际消费倾向	消费的收入弹性
		美国(收入的单位是美元)				
1	1888—1890	选中的工资收入者家庭	682	0.90	0.67	0.74
2	1901	选中的工资收入者家庭	651	0.92	0.68	0.75
3	1917—1919	选中的工资收入者家庭	1 513	0.91	0.78	0.86
4	1935—1936	未接受救济的非农业家庭	1 952	0.89	0.73	0.82
5	1941	城市家庭	2 865	0.92	0.79	0.87
6	1944	城市家庭	3 411[a]	0.82	0.57	0.70
7	1947	城市家庭	3 323[a]	0.92	0.78	0.85
8	1950	非农业家庭	4 084[a,b]	0.91	0.73	0.80
9	1950	一人或多人构成的“支出主体”(城市家庭和农业家庭)	3 220[a,b]	0.92	0.75	0.82
10	1935—1936	未接受救济的农业家庭	1 259	0.87	0.57	0.65
11	1941	农业家庭	1 680	0.83	0.57	0.69

[1] 时间序列估计数的来源见下面的表 12。

续　表

	年　份	“消费主体”	平均收入	平均消费倾向	边际消费倾向	消费的收入弹性
英国(收入的单位是英镑)						
12	1938—1939	中产阶级家庭(只有一个工资收入者)				0.89
13	1951—1952	由一人或多人构成的“收入主体”(城市家庭和农业家庭)	369	0.99	0.86	0.87
瑞典(收入的单位是瑞典克朗)						
14	1913	产业工人和低等级雇员	744	0.99	0.90	0.91
15	1923	产业工人和低等级雇员	1 232	1.00	0.96	0.96
16	1923	中产阶级家庭	2 692	1.00	0.96	0.96
17	1933	产业工人和低等级雇员	1 236	0.98	0.92	0.92
18	1933	中产阶级家庭	2 341	0.96	0.94	0.95
19	1933	小农场主	577	0.95	0.88	0.91
20	1933	农业和林业工人	504	0.99		

注　释:

a 系交纳个人所得税后的收入。

b 这里这些差异不仅与有没有将农业家庭和单身家庭包括进来有关,还反映了“消费主体”的定义的差异。第 8 行所指的家庭是按亲属关系来定义的,第 9 行所指的“家庭”则是根据“收入合并”标准来定义的。后者在“消费者金融调查”(Survey of Consumer Finances)中所用的术语是“支出主体”(spending units),数量比前者要多很多。

说 明:

1. 在不同的研究之间,对消费和收入的定义是有所不同的。在这些研究中,“消费”都包括了在自有住房之外的耐用消费品上的支出。对于美国的数据而言,“消费”还包括礼物、捐款和个人所得税(不过,注明的除外),但是不包括人寿保险费用(它被认为是储蓄)。除另有注明之外,表中的“收入”都是个人税前收入。

2. 平均消费倾向是群组的平均消费与平均收入之比。

3. 消费收入弹性是对数消费对于对数收入的回归线的斜率。对于大多数研究,回归结果是以图形化的形式估计出来的。

4. 边际消费倾向是平均消费倾向与收入弹性的乘积。因此,它是大体上与群组的平均收入相对应的点上的边际倾向。

5. 家庭的定义在不同研究之间也是不同的。一般指共用一个居住单元的两个人或更多人组成的一个群体;除此之外,有一些研究使用的是关系标准,而另一些研究则使用了收入合并(pooling of income)标准。

资料来源:

计算弹性时按收入阶层归类的收入和消费数字取自:多萝西·S. 布雷迪(Dorothy S. Brady),《家庭储蓄,1888—1950 年》,这是雷蒙德·W. 戈德史密斯(Raymond W. Goldsmith),多萝西·S. 布雷迪和霍斯特·门德斯豪森(Horst Mendershausen)所著的《美国储蓄研究》,普林斯顿大学出版社,1956年,第三卷的第二部分,第182—183页;基于相同的数据,布雷迪计算出了所有收入阶层的平均收入和平均支出。(美国部分:第1、2、3、6、7行)

参见下面的表3的注释。收入和消费包括了非货币项目,不过第4行和第5行的弹性是用不包括非货币项目的按收入阶层归类的数据计算出来的。(美国部分:第4、5、10、11行)

数据由联邦储备系统委员会研究部提供,基于1951年消费者金融调查。这里的"家庭"是根据关系标准定义的,这与第9行不同,在那里,"消费主体"其实是"支出主体"(根据在消费者金融调查中的定义)。(美国部分:第8行)

H. F. 利达尔(H. F. Lydall),《个人收入和储蓄的全国性调查:第四部分》,《牛津大学统计研究所公报》,第十五卷,1953年10月和11月,第388页。该文给出了按收入阶层归类的基本数据。这些数据的原始来源包括:附表8,《1952财务状况调查,第三部分》,《美国联邦储备系统公告》,1952年9月;表1,《1951年消费者金融调查,第三部分》,同上,1951年8月;附表1,《1951年消费者金融调查,第四部分》,同上,1951年9月。这里的"消费主体"是"支出主体"。收入阶层是按税前收入划分的;弹性是根据这种按总收入划分的收入阶层的消费与税后收入之间的关系计算出来的;与相对应的英国数据进行比较后发现(英国的收入阶层是根据净收入划分的,弹性是根据按净收入划分的收入阶层的消费与收入之间的关系计算出来的),以总收入为标准与以净收入为标准划分收入阶层的结果相同,这可能是由于(通过调查发现)税收与总收入之间具有

极高的相关性。(美国部分: 第 9 行)

H. S. 霍塔克(H. S. Houthakker),《家庭预算的计量经济学分析》,《皇家统计学会期刊》,A 辑(总论),第一一五卷,1952 年,第一部分,第 20 页。(英国部分: 第 12 行)

利达尔(Lydall)给出了平均收入和平均支出,并按净收入阶层给出了储蓄。这里引用的弹性系数是根据图形拟合的对数-对数直线的斜率计算出来的。(英国部分: 第 13 行)

所有研究的平均收入和平均消费倾向,都出自赫尔曼·沃尔德(Herman Wold)和拉尔斯·朱瑞恩(Lars Jureen)合著的《需求分析》,斯德哥尔摩: 阿尔姆奎斯特和维克塞尔出版社,1952 年,第 20 页;弹性的出处同上,第 226 页。这里所引用的弹性是通过"直接合并"数据计算出来的。(瑞典部分)

对英国和瑞典的研究得出的平均倾向要比对美国那些研究高得多,不过,在这两个国家之间则差不多。对于瑞典,不同时期的平均倾向在相互可比的群体中相差无几。由于这些研究只涉及个人消费和储蓄,所以美国和其他国家之间的这种差异——暂且假设这种差异在统计上是可信的——并不一定意味着用于储蓄或资本形成的收入占总收入的比例也有同样的差异。在全部三个国家中,资本形成的资金不仅来源于个人储蓄,也来自企业和政府储蓄,而且不同来源对资本形成的重要性,在不同国家之间是不一样的。

边际消费倾向的变化要比平均消费倾向的变化更大,消费的收入弹性也是这样(消费的收入弹性是边际倾向与平均倾向之比)。不过，最大的差异出现在了农业家庭与其他家庭之间、不同国家之间，而不是不同年份之间。对于美国来说，如果我们把两个关于农业家庭的回归结果排除在外，那么在全部 9 个边际倾向当中，有 8 个都介于 0.67 至 0.79 之间，同时在全部 9 个弹性当中，有 8 个介于 0.74 至 0.87 之间。“反常”情况仍然出现在 1944 年，在这一年，边际消费倾向和弹性都明显更低。这种差异当然不是微不足道的，我们在下文中（在下面的 a 小节）还要分析它们为什么会出现。但是在这里，我们可以看到，它们实在足够小，足以证明把大约 0.75 的边际倾向和大约 0.83 的收入弹性作为美国广大非农业家庭群体的通常“合理值”是有理由的。而对于英国和瑞典，相应的数值系统地更高一些（见 b 小节）。对于美国的农业家庭，相应的数值则系统地更低一些（见 c 小节）。然而不幸的是，美国之外的其他国家无法进行农业家庭与非农业家庭的比较。

a. 时间差异

在表 1 所列的每一个回归中，边际倾向都小于平均倾向，因此消费相对于评定收入的弹性全都一致地小于 1。当然，也正是这个特征使得我们不可能将这些回归结果视为对消费与收入之间的稳定关系的估计。收入弹性小于 1，意味着收入的增加会导致消费与收入之比的下降；然而，在过去的 60 年里，尽管平均收入增长了 6 倍，但是人们的平均消费倾向却一直保持不变。因此，平均消费倾向的稳定性与那些关系本身的稳定性是不一致的。

为了更详尽地考察这些时间差异，让我们把注意力集中到表 1 的前 8 行上来——那是关于美国的工资收入者家庭、非农业家庭和城市家庭的。在所有这些回归之间，边际消费倾向和弹性都是非常相似的（除了 1944 年之外），因此它们之间产生共同平均倾向的差异主要在于它们的“高度”（height）。“高度”的变化如表 2 第（4）列所示（这一列根据不同研究估计的回归结果，给出了在共同的 2 000 美元收入下的不同消费）。对 1901 年的研究中计算出来的消费，要低于对 1888—1890 年的研究，平均收入也是一样，不过，随后就开始一路上扬了——除了 1944 年之外——从 1901 年的 1 360 美元，增加到 1950 年的 2 160 美元，或者说，从占收入（2 000 美元）的 68%，提高到了 108%。[1]

这些回归在“高度”上的差异，在很大程度上可以用不同年份之间价格水平的差异来解释；因此只是反映了不同年份之间计量单位的不同。表 1 中给出并复制于表 2 第（2）栏的平均收入，所采用的是当期价格（即研究进行之日的价格）。如果改用不变价格表示，它们之间的差异就会大幅减少——范围从 6 ∶ 1，减少到了 2 ∶ 1 多一点［见表 2 第（3）栏］。类似地，用一个共同的单位——以 1935—1939 年间的购买力为标准的 1 美元——来表示各个回归结果，也能极大地减少“高度”上的差异。按 2 000 美元的收入水平计算出来的消

[1] 2 000 美元这个数字并没有什么特别重要的意义。它只是随意选定的一个方便的数字，位于观察到的收入范围的中间。在这样一个数字的水平上来进行比较，要比比较对数回归（即收入为 1 美元时的消费的对数）的常数项更好，因为后者的抽样误差会大得多。

费,从 1901 年的 1 565 美元到 1950 年的 1 945 美元不等,或从占收入的 78%到 97%不等。

表 2　对分别以当期价格和不变价格表示的回归的“高度”的比较:从 1888—1890 年到 1950 年的八项研究

年份(1)	平均收入		在 2 000 美元的收入水平上估计的消费[a]		在按 1935—1939 年价格的平均收入水平上对回归结果计算的消费与收入之比		消费的收入弹性(8)
	当期价格(2)(单位:美元)	1935—1939 年价格(3)(单位:美元)	当期价格(4)(单位:美元)	1935—1939 年价格(5)(单位:美元)	1888—1990 年(6)	1950 年(7)	
1. 1888 - 1990	$682	$1 236	$1 385	$1 610	0.91	1.07	0.74
2. 1901	651	1 135	1 360	1 565	0.94	1.09	0.75
3. 1917 - 1919	1 513	1 402	1 755	1 735	0.89	1.04	0.86
4. 1935 - 1936[b]	1 952	1 980	1 875	1 880	0.82	0.98	0.82
5. 1941[b]	2 865	2 723	1 945	1 930	0.76	0.93	0.87
6. 1944	3 411	2 714	1 625	1 915	0.75	0.92	0.70
7. 1947	3 323	2 082	2 055	1 920	0.80	0.97	0.85
8. 1950	4 084	2 376	2 160	1 945	0.77	0.94	0.80

注　释:

a 由消费对数对收入对数的回归计算。

b 第(2)和第(3)列的各项是货币收入加上非货币收入。表中其余各项则是基于回归的且只是货币收入和货币消费的平均值。将非货币收入排除在外的影响微乎其微。

虽然回归的"高度"之间的差异大部分都可以通过价格的变化来加以解释,但是,即便是在改而采用了同样的单位表示之后,它们之间仍然存在着相当大的差异,而且这种差异在 1901 年至 1941 年间呈现出了稳步扩大的势头,这一点从第(5)列的各项中可以看得很清楚。与此同时,这也以另一种稍微不同的方式在第(6)和第(7)列中显示出来了——这种方式与观察到的平均消费倾向的稳定性有更加紧密的联系。如果 1888—1990 年的回归在这整个时期内对不同群体都是有效的,那么消费占收入(在算术平均收入处)的比例,就从 1901 年的 94%下降到了 1950 年的 77%;如果 1950 年的回归是有效的,那么消费占收入的比例,就从 1901 年的 109%下降到了 1950 年的 94%;当然,回归的变化实际上足以使消费在平均收入中所占的比例大体上保持不变。[1]

而且,从我们的假说来看,计算出来的回归结果只有这样一些变动并不是偶然的;这些变化并不表明口味或影响消费的根本因素出现了任何改变;它们就是平均实际收入变化的直接结果。我们的假说对这些结果的解释总结在了图 4 中。与之前的图不同,这幅图所用的坐标是对数坐标,因为我们这个假说的对数形式更加符合观测数据。图中的加粗实线刻画了永久性分量的如下假定关系:

---

[1] 需要注意的是,算术平均收入处的消费与收入之比并不等于平均消费倾向——我们对平均消费倾向的定义是,算术平均消费与算术平均收入之比。原因是我们使用的是对数回归。算术回归必定会通过由平均消费和平均收入定义的点,因此从平均收入处的回归中计算出来的消费与收入之比必定等于平均倾向。对数回归虽然会通过几何平均值定义的点,但是一般不会通过算术平均值定义的点,所以上述相等关系不再成立。

$$\text{永久性消费} = 0.9(\text{永久性收入})$$

或者

$$\lg c_p = \lg 0.9 + \lg y_p$$

如果收入和消费的临时性分量的均值在每一项研究中都分别为0,同时如果 k 的值保持不变(因为决定 k 的各种因素的变化要么可以忽略不计,要么相互抵消——对这一点的进一步讨论,见下面的第二节d小节和第五章的第一节b小节),那么根据我们的假说,平均收入和平均消费确定的那些点将会落到这一条直线上。图中可见,用来描绘这些均值点的叉号和其他实心符号,很显然都是非常紧密地围绕着这条直线的。只有一个点是非常明显地偏离这条直线的,那就是1944年的那一点。在这一年里,收入的临时性分量的均值几乎肯定是正的,而消费的临时性分量的均值则几乎肯定是负的;这一点偏离那条加粗实线的方向,就是由这两个不同符号的临时性分量均值决定的。[1]

现在考虑同一年内不同评定收入阶层的平均消费——见图4中

---

[1] 这幅图有一个特点值得注意,同时正文给出的这种解释也应稍加说明。图中所标绘的各个平均值都是算术平均值。或许有人会说,与对数标绘相一致,这里需要给出的似乎是几何平均值。然而,事实并非如此;问题仅仅在于如何理解临时性分量"被平均掉了"。假设如下关系 $c_p = ky_p$ 对每一个消费主体都成立,那么,它既适用于永久性分量的算术平均值,也适用于永久性分量的几何平均值。这样一来,接下来的问题就变成了如何从评定收入和消费数据中估计出这两个平均值中的某一个,而这又取决于到底是临时性分量本身的算术平均值还是临时性分量的对数的算术平均值可以更恰当地被认为是"0"。在目前这种情况下,几乎没有选择:这些数据的形式决定了,它们的几何平均数很难在有一定精度的前提下计算出来。

绘制的对应于1880—1990年和1950年的那些点。我们当然不会预期这些点会“挤”在那条加粗实线的周围,因为各个收入阶层的平均收入并不意味着平均永久性收入;对于低评定收入阶层,平均评定收入要小于平均永久性收入,同时平均评定消费等于平均永久性消费,因此观测点将位于那条加粗实线之上。而对于高评定收入阶层,则恰恰相反。消费对评定收入的回归线要比前述加粗实线更加平坦,且与后者相交于评定收入的均值附近。[1] 根据我们的假说,这些回归线的斜率能够告诉我们一些关于随机因素在收入分布中的重要性的信息,但是对于消费行为则不能提供任何信息。当评定收入和消费的平均值沿着那条加粗实线上升时,回归线也随之上升。

图4只标绘出了最早和最近的研究中各个评定收入阶层的相应的点,这是为了保持图形本身的可读性。如果把其他研究给出的点全都绘制出来,它们将大部分落在这两个回归的范围之内(当然也会有一些落在外面)。总体上的情况将不会有什么分别,但是由于有太多的随机变化,整幅图都将会变得非常模糊。每一项研究的点集,都开始于位于加粗实线之上的低收入阶层的点,并结束于位于加粗实线之下的高收入阶层的点,并在平均评定收入的附近位置“跨越”该

[1] 再一次,这里也必须指出算术平均数与几何平均数之间的区别。这些回归的处理是混合性的:对不同的收入阶层标绘的平均支出和收入是算术平均数;而回归所拟合的则是它们的对数,因此所通过的是对应于几何均值的点,而不是图中标绘的算术平均值的点。再一次,有可能——虽然不能完全确定——在整个过程中都使用对数和几何平均数更好一些;然而,如果直接回到原始数据上去,这是不可能实现的。无论如何,从算术平均数与拟合的回归数的接近程度上可以看出,两者差异并不大。

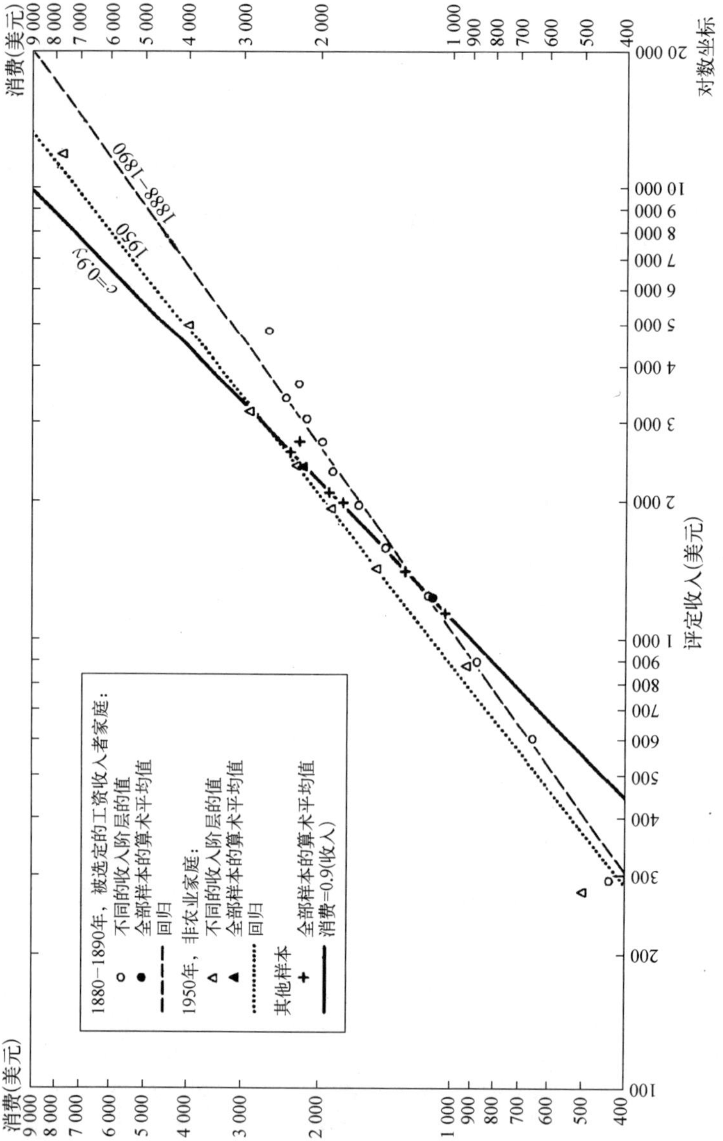

图 4　消费对收入的回归，1888—1890 年及 1950 年；以及 8 项研究中的平均消费与平均收入之间的关系

资料来源：见表 1 和表 2。

加粗实线。一般来说,时间越晚,点集的位置就越高。

1888—1890 年和 1950 年的这些点集有一个特点,它也是这里讨论的这些研究和类似的回归数据所共有的一个特点,那就是,最低和最高评定收入阶层的那些点,相比于其他收入阶层明显有所偏离:一方面最低收入阶层的消费异常高,另一方面最高收入阶层的消费则异常低。这个模式适用于表 2 和图 4 所涵盖的八个回归中的六个,剩下的两个回归中,有一个符合其中一个方面,另一个则两个方面都不符合。

根据我们的假说,如果随机因素对所有收入阶层的影响都相同,那么像图 4 中所绘制的 1888—1890 年和 1950 年这样的点,将会落在一条直线上。在这里,"影响都相同"的含义是,某个收入阶层的评定收入与整个群体的平均评定收入的偏离当中,能够用该收入阶层的临时性分量对它自己的平均评定收入的偏离来解释的比例,对于每一个收入阶层来说都是相同的。[1] 回顾一下,这个意义上的共同效应意味着,评定收入本身(相对于评定收入与平均值的偏差)在评定收入低于平均收入时会低估永久性收入(低估得越多,百分比差距越大),而在评定收入高于平均收入时则会高估永久性收入(高估得越多,百分比差距越大)。最低收入阶层异常高的消费水平,意味着这个阶层的永久性收入甚至高于前述随机因素的共同效应作用下的水平。最高收入阶层异常低的消费水平则意味着,永久性收入甚至低

[1] 对于对数线,所有的量都应该用对数表示。

于前述随机因素的共同效应作用下的水平。因此,这两种偏离一般模式的情况都反映出了在永久性收入尺度的极端位置,收入的临时性分量具有不成比例的重要性。

对于这种现象,有两种不同的可能解释。第一种解释是,它反映了人口收入结构的一个重要的基本特征。第二种解释是,它反映的是样本的非代表性或记录下来的反应中的误差,而不是总体的特征。[1] 虽然无法排除第一种解释,但是我并不认为这些预算研究本身提供了支持或否定它的证据,因为显而易见,对于这类研究来说,第二种解释才是重要的,唯一的问题是这种解释是不是提供了完整的说明。[2]

---

[1] 对于上面的点,有一部分也可以用纯粹的技术角度来解释,即那是图形和回归中算术运算和几何运算的混合运用所导致的。假设当所有的数量都用对数来表示时,所有的收入阶层受到的临时性因素的影响都相同。那么对数-对数回归将始终是一条直线。接下来,将评定收入高于某个数值的“消费主体”的算术平均收入和消费计算出来。这两个量的对数所定义的点将会根据其斜率是小于、等于还是大于1,而位于对数-对数直线以下、直线上或以上。对于所讨论的回归,斜率全都小于1,因此,如果对数之间的关系是严格线性的,计算出来的点就会像我们最后那些点那样落在直线以下。同样的偏差会影响我们这里所有的点,但是位于中间的点的偏差要比位于终端的点(端点)的偏差小得多,而且端点通常是一个涵盖了相当大的收入范围的开放“阶层”。

[2] 对于第一种解释,还是有一些独立的证据的。特别请参见:弗里德曼和库兹涅茨,《独立职业的从业收入》,第309—319、325—352页;霍斯特·门德斯豪森(Horst Mendershausen),《大萧条时期的收入分配》,《收入与财富研究》第七卷,纽约:国家经济研究局,1946年,第101—113页;弗兰克·A. 汉娜(Frank A. Hanna),《会计期间与收入分配》,刊载于弗兰克·A. 汉娜(Frank A. Hanna)、约瑟夫·A. 匹克曼(Joseph A. Pechman)、西德尼·M. 勒纳(Sidney M. Lerner)主编,《威斯康星州收入研究》,《收入与财富研究》,第九卷,纽约:国家经济研究局,1948年,第241—250页。

这里的证据是混杂不明的:上面引用的第一个文献与解释相矛盾,第二个文献有力地支持了它,而第三个则只是稍微有些支持。对目前现有的关于这个问题的零散证据进行彻底的分析是很有必要的。

为此,我们先考虑最低收入阶层。前述偏差的其中一个来源,在于所谓的“资格要求”,即用来决定哪些“消费主体”可以包含在样本中的标准。对 1935—1936 年的研究,就是其中最明显的例子。这项研究的主要支出数据都源于未接受救济的家庭,得到了救济的家庭则被排除在外;这样做的目的是消除大萧条后留下的“异常”。事实上,在一个有代表性的样本中,最低评定收入阶层几乎完全由那些永远“不属于”未接受救济者的“消费主体”构成;这种影响在线性回归中已经考虑进去了。而在现在这样一个仅限于未接受救济的家庭的样本中,最低评定收入阶层必定几乎完全由“属于”更高的永久性收入组别的“消费主体”构成;因此毫不奇怪,他们的平均消费水平明显高于从拟合中等收入阶层的回归中计算出来的水平。较早的三个关于工资收入的研究——1880—1890 年、1901 年和 1917—1919 年——都有类似的“资格要求”,尽管它们在细节上彼此有所区别,而且各自的效应也不太明显。很有可能,这种影响在这三项研究中也都是相同的,尽管在对 1917—1919 年的研究中,最低收入阶层的消费并没有表现出与其他阶层的消费模式的不一致。也许原因在于,这项研究的“资格要求”比任何其他研究都更加严格——它要求排除那些获得了大额临时性收入的家庭——所以这个方向上的偏差,抵消了将永久性收入异常低的家庭排除在外那个方向上的偏差。[1] 后来的

[1] 参见《美国的生活成本》,《劳工统计局公报》,第 357 页,华盛顿,1924 年;或者,H. 格雷格·刘易斯(H. Gregg Lewis)和保罗·H. 道格拉斯(Paul H. Douglas),《消费者支出研究》(芝加哥:芝加哥大学出版社,1947 年)的摘要,第 7 页。

研究——1941年、1944年、1947年和1950年——都更加明确地强调要获得一个有代表性的样本，因此刻意避免了在早期研究中使用的那种“资格要求”。然而，即便没有明确的“资格要求”，实地抽样和访谈等方面的问题也很可能产生同样的结果。收入只是临时有些低的那些“消费主体”更可能成为一个临时稳定的“消费主体”，因而也就更有可能纳入用于抽样的目录中，进而也就比永久性低收入的“消费主体”更可能被包含在样本中。而且，这样的“消费主体”也可能更愿意、更有能力回答调查问卷。永久性收入异常低的“消费主体”，在其他方面也可能表现出异常。

而在收入最高的阶层，出现的则是另一个截然不同的问题。那就是他们会“拒绝调查”，或者声称“我们不在家”，等等。对于最终样本中这类偏差的来源，我在这里给出的解释也许有很强的推测性。但是无论如何，对于正在讨论的这类家庭调查，我们可以相当肯定的是，拒绝（受访）率随评定收入的增加而上升，且在高收入群体中尤其高。对我们的目的来说，一个至关重要的问题在于，会不会关键变量是评定收入本身或永久性收入，所以拒绝率随着评定收入的增加而上升只是因为永久性收入随着评定收入的增加而上升。这是非常可能的，它意味着，今年由于好运而取得了很高的评定收入的某个人（他今年的评定收入大大高于他通常的收入），与另一个拥有同样高的评定收入且今年的评定收入大约等于通常的收入的人相比，更愿意接受调查访谈。前者倾向于住在不同的社区里，在不同的社交圈里活动，而且一般来说，他们的习惯来自文化和地理上的“邻居”，而不是他偶然进入的评定收入阶层中的“邻居”。如果对拒绝率的差异的这种解释是正确的,那么也就意味着那些愿意回应调查的有较高评定收入的“消费主体”,受临时性因素的影响要比同一收入阶层的整个群体更大。因此,他们的消费水平往往会低于整个阶层的消费水平,这也就解释了为什么最高收入阶层的观测点往往会低于用中间的点拟合出来的回归线。[1]

这些数据需要解释的最后一个特征在于消费对收入的弹性——对数消费对于对数收入回归的斜率。根据我们的假说,这种弹性衡量的是评定收入的变化中可以归因于永久性分量的变化的那部分所占的比例:弹性越高,在被考虑的群体中,相对于永久性因素,临时性因素在导致收入差异方面的重要性越小;反之亦然。除了 1944 年

[1] 对于始点和终点的重要性的这些疑虑,部分解释了为什么图形法被广泛地应用于确定如表所示的那些弹性。我尝试过对除了第一个和最后一个点之外的所有的点进行最小二乘回归拟合。总的来说,我的图形拟合在我看来如果赋予端点一定权重,而不允许它们扭曲回归,似乎更好、更接近。下表对三项研究进行了比较,表明了问题的数量级别。

	消费的收入弹性		
	计算回归		图形拟合回归
研究	使用所有的点	排除始点和终点	
1935—1936	0.767	0.840	0.825
1941	0.851	0.892	0.868
1944	0.630	0.698	0.701

我的试验和对这些数据的“拷打”,是一个很好的例子,佐证了弗雷德里克·麦考利(Frederick Macaulay)的一句名言:最好的曲线拟合方法是利用徒手画的图形,唯一的困难在于它要花费你太多的时间。

之外，最早的研究弹性最低，其次是次早的研究，其弹性仅次于最低值。对此，一种解释是，这反映了我们的经济的一个长期趋势，即偶然的或临时性的因素的重要性趋于下降，而且这种下降在1888年至第一次世界大战期间的速度特别快——当然，这种结果从第一次世界大战前私营经济的特点和这个时期后半段政府为个人提供安全保障的制度来看，是最合理不过的了。然而，我们不能肯定，估算出来的弹性值之间的差异是否可以更简单地用所涵盖的群体的类型和收集数据的方式的差异来解释。不过在前两项研究中，几乎可以肯定“资格要求”的作用更在于缩小了收入的永久性分量的变化范围，而不在于缩小了收入的临时性分量的变化范围。例如，将样本限定为工资收入者、限制为特定的行业、限制为有特定人口特征的家庭，都会产生这种影响。从1901年的“所有家庭”和“正常家庭”按收入阶层分别列示的表格中可以看出这一因素可能在数量上的重要性的迹象。“正常家庭”的“资格”包括：“(1) 丈夫有工作；(2) 有一个妻子；(3) 孩子不超过五个且所有孩子都不满十四周岁；(4) 没有寄养人、寄宿者、房客和仆人；(5) 要申报房租、燃料、照明、食品、服装、杂物等方面的支出。”[1] 第(1)、(2)、(3)和(4)项要求都可能会减少永久性分量的变化；只有第(1)项要求会减少临时性分量的变化。正如根据我们的假说会得出预测的那样，“正常家庭”的弹性比“所有家庭”的弹性要低：

[1] 引用自刘易斯和道格拉斯，《消费者支出研究》，第6页。

两者分别为 0.75 和 0.81。[1] 然而不幸的是，并不能认为这种差异完全是由上面列出的那些因素导致的，因为对于“所有家庭”，基本观测数据是小型家庭群体的平均数，而不是个别家庭的数据，这也倾向于使“所有家庭”的弹性高于“正常家庭”。“所有家庭”与“正常家庭”的弹性值之间的差异，几乎与表 1 中对 1880—1890 年的研究与对 1935—1936 年的研究的弹性值之间的差异相同，并且与其他大多数研究之间的弹性值的差异的数量级相同。因此，根据这一证据可知，假定任何潜在的长期性变化都没有什么坚实的基础，尽管可能有证据可以表明收入的暂时性变化的相对重要性在减弱。

1944 年出现的极低的弹性，用我们的假说很容易就可以解释。这是战争高潮时期的一年，获得收入的人在地理、行业和职业等各方面的流动性之高都是前所未有的。在这种情况下，临时性分量可以解释收入变动的 30%左右，而在那一年之前和之后的和平年代，都只能解释 15%左右，这似乎非常合理。

在对于 1944 年的极低弹性的这种解释的映照下，1917—1919 年的弹性也显得非常不正常。那几年也是一个战争时期；然而，弹性却比其他关于工资收入者的研究所显示的更高。解释似乎可以从“资格要求”中去寻找：这项研究的“资格要求”特别严格，而且有许多似

[1] “正常家庭”的弹性值(0.75)取自前面的表 1。“所有家庭”的弹性值(0.81)则是回归线的斜率——对数消费对于对数收入的回归——以图形法从多萝西·S. 布雷迪提供的数据估计出来，见多萝西·S. 布雷迪，《家庭储蓄，1888—1950》，收录于雷蒙德·W. 戈德史密斯、多萝西·布雷迪和霍斯特·门德斯豪森主编，《美国储蓄研究》，第三卷，普林斯顿大学出版社，1956 年，第 182 页。

乎是专门用来排除那些比较大的临时性分量的,例如其中有一项“资格要求”是,家庭必须在当地至少拥有住宅一整年。因此,这项研究得出的高弹性很可能只是那些会导致永久性分量的变化比临时性分量的变化有更大的比例被保留下来的那些规则的结果。支持这种解释的一个证据是一项没有包括在表 1 中的研究,它研究的是 1934—1936 年工资收入者和文职人员一年内的资金支出情况(不过不同群体的具体起止时间有所不同)。这项研究与对 1917—1919 年的研究有很强的可比性,而且使用了高度相似且同样严格的“资格要求”。从这项研究得出的弹性值达到了 0.89,[1]这明显高于同时期的对 1935—1936 年未接受救济的非农业家庭的研究得到的弹性值——0.82(见表 1)。对 1935—1936 年的研究比对工资收入者的研究范围更广,而且对资格的限制更少。此外,与这项对工资收入者的研究相比,对 1934—1936 年的那项研究涉及的范围更广,“资格要求”也要宽松得多。再者,对 1934—1936 年工资收入者的研究得出的弹性,比已经列入表 1 的对 1917—1919 年的研究的弹性(0.86)稍高一些,因此与战争时期的弹性降低的趋势也是一致的。

1935—1936 年的研究的弹性要比 1941 年和 1947 年的研究的弹

---

[1] 这里所依据的数据来自:费斯·M. 威廉姆斯(Faith M. Williams)和爱丽丝·C. 汉森(Alice C. Hanson),《工资收入者和文职人员的工资支出,1934—1936 年:概述卷》,劳工统计局公告第 638 号,华盛顿,1941 年,第 12、22 页。

这份报告还包括了一份特别的表格,它列出所选的一个子样本,以便尽可能地与 1917—1919 年的样本所包括的城市和所包括的家庭类型相匹配(第 345—346 页)。这个子样本产生的弹性值(0.89)与整个样本相同。

性低(后面这两项研究也涵盖了所有的职业群体),这个事实很容易解释:由于排除了接受救济的家庭,从而使得可以归结为收入的永久性分量的变化减少了。

上面这最后一点也很可能是画蛇添足。除了 1888—1890 年和 1944 年的研究之外,所有其他弹性的一个突出事实是,它们都是如此相似!虽然我没有尝试对这个命题进行正式的检验,但是我确实非常怀疑所有这些差异都落在了抽样变异的范围之内。因此,我们必须注意,不要试图解释得太多。

或许,应该明确指出的是,尽管这个时期表现出来的平均消费倾向的稳定性是与我们的假说相一致的,但是我们的假说并不要求必须如此。根据我们的假说——对于那些临时性因素可以平均化为零的群体和年份——平均消费倾向是由利率、财富与收入的比率、要考虑的不确定性的程度等变量决定的,而且这些变量没有理由一定会保持不变或者其变化可以相互抵消。这一点,我们在下面的第二节 b 小节以及第五章第一节 b 小节,还会更加详细深入地探讨。

b. 国家之间的差异

从表 1 可见,英国和瑞典消费对收入的弹性和平均消费倾向都比美国更高。此外,瑞典的收入弹性又高于英国。不过对于英国和瑞典的平均消费倾向,现有的证据还太少,不足以证明关于两国之间的差异方向的任何结论。

根据我们的假说,收入弹性的差异反映的是临时性因素在产生评定收入差异时的相对重要性的差异。因此,从其表面价值来看,表 1 中的各个弹性值表明,在美国,临时性因素比在英国更重要,而在英国又比在瑞典更重要——这些结果与随机观测的结果似乎也是一致的。

但是严格地说,表 1 列出的瑞典的结果,与美国和英国的结果并不具备可比性。这有如下两个原因:(1) 瑞典的研究对于所涵盖的群体的界定非常狭隘,即只涵盖了特定社会经济阶层的“消费主体”;(2) 回归是根据对家庭规模差异调整后的数据计算出来的,调整方法是转换成每一“等价单位”的消费和收入,而不是每一“消费主体”的消费和收入。第(1)点可能会使涵盖范围更加广泛的群组的弹性更小一些,因为只限定为一个同质的社会-经济阶层,可能会减少可归结为永久性分量的变异,而不会系统地影响可归结为临时性分量的变异。第(2)点则可以在任何方向上发挥作用,具体取决于所选择的尺度的精确特性。从美国的类似数据来看,我认为最有可能的结果是,分配给不同规模的“消费主体”的“等价单位”的数量的变动比它们的平均收入的变化更大。如果是这样,那么换算成每一“等价单位”之后,就会扩大不同规模的家庭的平均收入之间的差异。由于这些差别被认为是永久性分量中的差别,因此最终的结果将是增加永久性分量相对于临时性分量的方差,从而使得弹性高于不这样做时的弹性。[1] 如果这个猜想是正确的,那么第(1)点和第

[1] 不幸的是,我没法得到原始数据来验证这个猜想。

(2)点将会在相反的方向上影响所得到的弹性,但是我们无法得知,这两者的综合作用是使得所得到的弹性高于还是低于英国和美国的弹性。

而对于英国和美国之间的比较,则没有这些困难。事实上,第 9 行和第 13 行总结的两项研究几乎可以说是完全可比的。美国的研究是由密歇根调查研究中心(Michigan Survey Research Center)在美国联邦系统委员会的支持下进行的,而英国的研究则是由牛津大学统计研究所(Oxford Institute of Statistics)完成的;后一项研究明确借鉴了前一项研究,它们采用了几乎相同的定义、抽样方法、统计表格等等。唯一值得一提的一个区别是在"消费主体"的定义上:英国的研究的定义比较不强调"合并"收入,所以在某些情况下,当根据美国的研究的定义只有一个"消费主体"时,在英国的研究的定义下则会产生两个或两个以上的"消费主体"(下面的第三节,更充分地探讨了这种差异)。但是我们尚不清楚这个不同会在哪个方向上产生影响,不过它似乎不太可能会有多大的定量影响。

这两项研究的一些数据如图 5 所示。这幅图之所以选择现在这样的(坐标)刻度,目的就是为了保证收入的算术平均值的一致性:对美国的研究的按美元计的平均收入是对英国的研究的按英镑计的平均收入的 8.73 倍,与此相对应,美元值和英镑值在图中的绘制方式,就好像它们之间的兑换率是 8.73 美元对 1 英镑一样。有意思的是,对于这两组数据而言,"始点"都位于用中间的点得出的回归线之

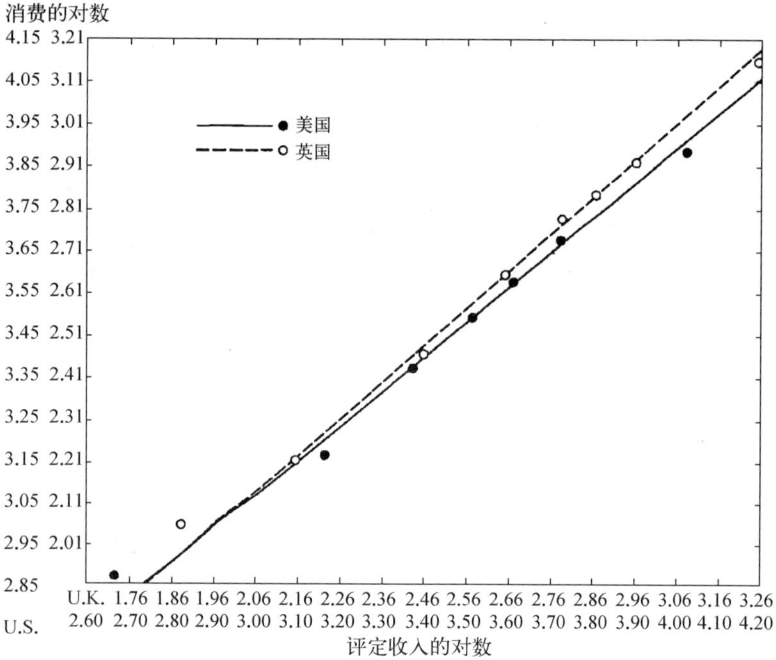

图 5　消费对收入的回归——美国和英国。由一人或多人组成的支出主体(或收入主体),城市和农村,美国,1950 年;英国,1951—1952 年(美国的消费和收入以美元计,英国的消费和收入以英镑计)

资料来源:见表 1 的第 9 行和第 13 行。

上,而"终点"则都位于其下——这正是上一节讨论的这类数据的一个特征。

美国数据的弹性为 0.82,英国数据的弹性则为 0.87,这意味着,美国的评定收入的方差中大约有 18%可以认为是由短期因素造成的,而英国则只有 13%。因为这两个国家的评定收入相对于均值的总方差(total variance)并没有太大的差别(如果说有什么差别的话,也只是英国的总方差稍小一些[1]),所以收入中的临时性差异在英国必定相对来说不重要一点,无论从作为收入的总差异(total variation)的百分比来说,还是从作为平均收入本身的百分比来说,都是如此。根据我们在第二章给出的理论框架,这就意味着英国需要的应急储备额要比美国小,因此也可能意味着英国与美国相比,有一个更高的 k 值(或者说,有更高的平均消费倾向)。[2] 观测值明显更高,对此,在英国相对收入地位的时间稳定性比在美国更高(收入弹性提示了这一点),可能是一个重要的原因。

我们马上就可以想到,英国平均消费倾向比美国更高还有另外两个原因:(1) 英国通过政府渠道提供了更广泛的安全保障;(2) 英国没有资本利得税,还有其他相关的能够刺激企业投资的政策。不过,这两点都不利于个人储蓄,而个人储蓄却是表 1 所总结的那些研究所涉及的唯一一种储蓄。

在美国,临时性因素的相对重要性更高,其中一个原因是农场这

[1] 试比较这两个国家的总收入和净收入的分配,见,H. F. 利达尔,《个人收入和储蓄全国调查》,《牛津大学统计研究所公报》,第十五卷,第 2 期和第 3 期,1953 年 2 月和 3 月,第 35—84 页,特别是文中的表 10,以及《1952 年消费者金融调查,第三部分:消费者的收入、若干投资和短期债务》,《联邦储备公报》,1952 年 9 月;特别是其中的表 8。

[2] 需要注意的是,在较低的储备需求和较高的 k 值之间,还存在着一个过渡。严格地说,临时性因素的量值越小(同时其他所有方面都保持不变),非人力财富相对于总财富或总收入的均衡水平就越低。在完全稳态均衡的情况下,不管临时性因素的大小如何,k 将为单位值(即 1),因为它已经被完全调整过了。k 的值取决于非人力财富的均衡水平与达到的财富水平之间的差异,或者说赋予这种差异的重要性。断言收入中临时性差异越小,k 就越高,实际上已经隐式地假定了:(1) 我们讨论的是一个非平衡的位置;(2) 非人力财富的均衡水平越高,当前现有的位置与完全均衡位置之间的差异越大,因而非人力财富的均衡水平越高,将当前的资源用于提高非人力财富水平的压力就越大。

种主体出现的频率更高——它们大约占到了样本量的10%,而在英国则仅占1%。[1] 然而,这个原因无法解释英美两国的消费倾向的大部分差别。仅包括美国非农业家庭时,弹性为0.80(表1,第8行),相比之下,"所有美国家庭"的弹性为0.82,"所有英国家庭"的弹性则为0.87。

c. 比较农业家庭和非农业家庭的消费

图6给出了源于对美国的两项研究(一项是1935—1936年的,另一项是1941年的)的农业家庭与非农业家庭的一些数据。这两项研究在覆盖范围、收集数据的方法和使用的概念方面都具有可比性。图6所示的这两项研究的数据之间,比较重要的差异包括:(1) 1935—1936年的数据只是关于未接受救济的家庭的,1941年的数据则是关于所有家庭的;(2) 1935—1936年的非农业数据是关于所有非农业家庭的,而1941年的非农业数据则只是关于城市非农业家庭的,不包括农村非农业家庭。表3总结了这两项研究的一些数值数据,并增列了1948—1950年的一些补充数据。1948—1950年的数据来源于美国联邦储备委员会的消费者金融调查(由密歇根调查研究中心实施),在如下几个重要方面不同于其他数据:(1) 数据的收集方式不同。在其他研究中,分别独立地收集了关于消费、储蓄和

[1] 《1951年消费者金融调查,第三部分》,《联邦储备公报》(1951年8月),表7;利达尔(Lydall),《个人收入和储蓄全国调查》,第61页。

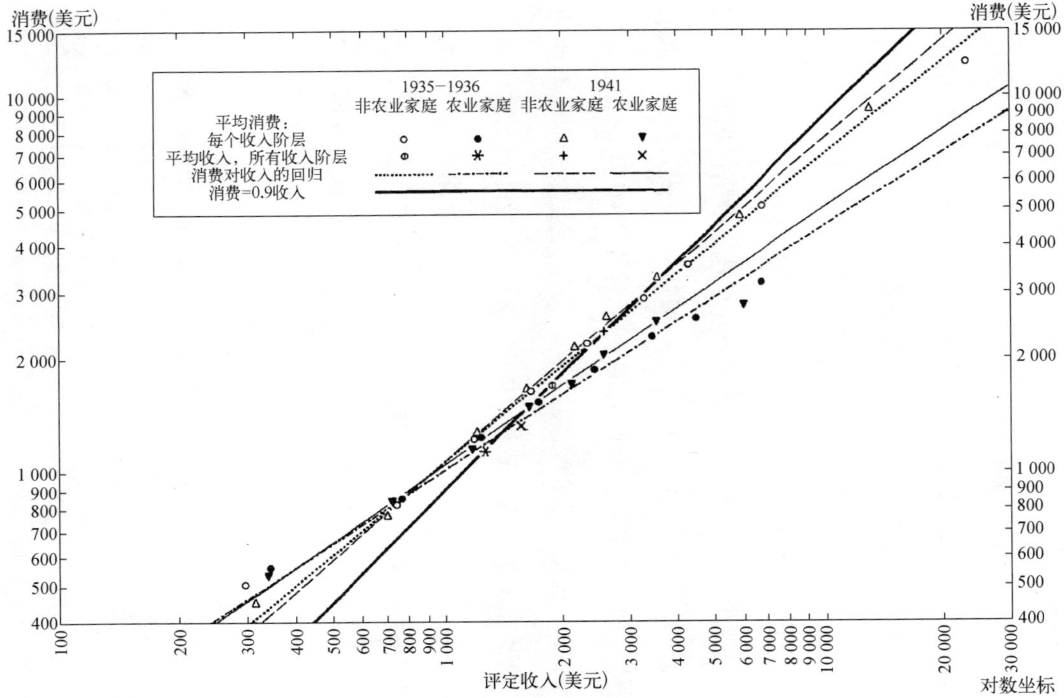

图 6 消费对收入的回归，农业家庭和非农业家庭，美国，1935—1936 年、1941 年（美元按 1935—1939 年的价格计）

资料来源：见表 3。

收入的数据，而在本研究中，则只收集了关于储蓄和收入的数据。（2）这些数据是针对“支出主体”的，而不是针对家庭的。一个“支出主体”由住在同一个住宅中的所有相关人员组成，这些人将他们的收入集中起来用于“主要”的支出，一般来说，这种“支出主体”的平均规模比一个完全根据亲属关系定义的家庭要小。消费者金融调查的数据表明，在1950年，美国的“支出主体”的数量比家庭大约多15%。[1] 使用“支出主体”数据，对平均消费倾向没有什么影响，但是确实会改变平均收入和平均消费水平，并且会影响消费对收入的回归。（3）这是所有模型的“支出主体”的数据，包括只有一个人的“支出主体”，而表3中的其他研究的数据，除了1941年的农业家庭数据之外，都不包括个人的相关数据。使用“支出主体”而不使用“家庭”，以及将单个个人“支出主体”包括在内，对非农业主体的影响明显大于对农业主体[2]，之所以只给出了非农业家庭的平均消费倾向，其原因也可以用这一点来解释。（4）这些都是货币收入项目的数据。（5）最后一点，但绝不是最不重要的一点是，与其他两项研

---

[1] 《1955年消费者金融调查》，《联邦储备公报》，1955年5月，第472页。

[2] 《1951年消费者财务调查，第三部分》，《联邦储备公报》，1950年8月，表7和表8。这些表格表明，从数量上看，以一位农场经营者为首的“支出主体”在全部“支出主体”中占到了9%，而在所有家庭主体中则占到了10%。然而不幸的是，这些百分数在四舍五入时保留的有效数字太少了，以至于我们对农业部门中“支出主体”的数量到底超过了家庭多少，无法得出令人满意的估计。如果认为相应的百分数就是9%和10%，那就意味着“支出主体”的数量比家庭多2%；考虑到对计算结果进行四舍五入时的误差，前一个脚注所引用的估计数字意味着，对于1951年，把全国作为一个整体来看，剩余应该低于15%。

表3脚注f给出了一些关于单个个人主体在农业“消费主体”中的相对重要性的数字。不过，我无法从已公开发表的消费者金融调查数据中推断出可比较的数据。

究不同，以已公开发表形式提供的数据要少得多，利用起来也不那么方便。[1] 尽管存在着这些差异，但是我还是把 1948—1950 年的数据包括了进来，目的是为第二次世界大战后的情况提供一些证据——这个时期的情况与 1935—1936 年或 1941 年明显不同，特别是在农民的收入状况方面。

在图 6 中给出的数字中，非农业家庭是货币收入和货币消费支出，而非农业家庭则同时包括了货币项目和非货币项目。对于非农业家庭来说，非货币收入和消费的唯一重要来源是自有住房的估算收入（即租金价值超出当期住房开支和折旧的部分）。因此，货币收入和消费与将非货币项目在内的更宽泛的收入和消费之间的差异并不是太大，不足以明显影响我们得出的结果。如表 3 所示，在总收入

---

[1] 事实上，在我所利用过的各种美国的调查数据中，再没有比这个关于收入和储蓄的公开出版资料更加无法令人满意地用于研究目的了。《联邦储备公报》发布消费者金融调查数据的年度出版物，给出的主要是频率分布，甚至这些也大多只有单向分布，而且数据条目的有效数字太少，使得它们无法真正派上用场，而只能简单地用于重复引用（前一个脚注就给出了一个突出的例子）。同时，平均数或总数也很少公布。公布的大多是关于作为一个整体的全国的数字。即便给出了各子群体的平均数字——例如，关于不同职业群体的平均数字——由于所用的抽样方法，将它们合并为其他分组所需的权重也无法从报告的"个案数量"推断出来，而不得不直接取自一个频率分布，但是在那个频率分布中，它们的有效数字太少，几乎没有什么用处。此外，也没有给出各收入阶层的平均数字。

由于已公开发表的数据存在着这些缺陷，我不得不几乎完全依赖于根据我的专门请求提供给我的数据，或者依赖于针对消费者金融调查的研究所提供的二手数据（这些研究主要是由密歇根调查研究中心的成员完成）。联邦储备系统理事会的研究人员在满足我的专门请求方面极具合作精神，为我提供了很大的帮助，我非常感谢他们。与此同时需要指出的是，这样做，最多只能算得上是无奈之下的一种退而求其次的替代做法，最好当然是能够得到便于使用的基础数据。这也正是为什么许多有很大的潜在价值的数据在我们这项研究中远远没有起到它们本来可能起到的作用，以及为什么它们很少被引用的一个主要原因。

当中，非货币项目只占到了5%左右；因此，到目前为止，我们还没有发现对这两类概念加以区分的必要性。相对来说，估算的住房收入对农业家庭比对非农业家庭更加重要；此外，为自用而生产的粮食的价值甚至更大，而那对非农业家庭来说却是完全无关紧要的。所有这些导致的结果是，所有同时算为收入和消费的非货币性项目，大约占到了将它们包括在内的总评定收入的三分之一。[1] 对于这两组家庭来说，更宽泛的概念似乎更具有可比性，因此我们在这张表中使用了这个概念。表3同时包含了这两组数据：仅包括货币收入和货币消费的数据，以及既包括了货币项目又包括了非货币项目的总收入和总消费数据。

表3　农业和非农业"消费主体"的消费与收入的关系，1935—1936年、1941年以及1948—1950年（美元按1935—1939年的价格计[a]）

组别和年份	算术平均数		收入1 500美元时的估计消费	平均消费倾向[b]	消费的收入弹性[c]	边际消费倾向[d]
	收入	消费				
	货币收入和货币消费(美元)					
非农业，或城市：[e]						
1. 家庭，1935—1936年	1 896	1 676	1 479	0.88	0.82	0.73
2. 家庭，1941年	2 554	2 325	1 503	0.91	0.87	0.79
3. "支出主体"，1948—1950年				0.94		

[1] 除了源于自住房子和为自用而种植的粮食的估算收入之外，农民的非货币收入还包括其他一些较小的项目，如获得的燃料、冰块，以及实物形式的礼物或支付。

续 表

组别和年份	算术平均数		收入1 500美元时的估计消费	平均消费倾向	消费的收入弹性	边际消费倾向
	收入	消费				
	货币收入和货币消费(美元)					
农业:						
4. 家庭,1935—1936年	816	657	1 035	0.80	0.63	0.50
5. 家庭,1941年[f]	1 103	828	1 110	0.75	0.64	0.48
6. "支出主体",1948—1950年				0.88	0.69	0.61
	货币收入和消费加非货币收入和消费					
非农业,或城市:[e]						
7. 家庭,1935—1936年	1 980	1 760		0.89		
8. 家庭,1941年	2 723	2 494		0.92		
农业:						
9. 家庭,1935—1936年	1 278	1 118	1 309	0.87	0.65	0.57
10. 家庭,1941年[f]	1 597	1 322	1 374	0.83	0.69	0.57

注 释:

a 原始资料来源的数字,已经全部利用美国劳工统计局的物价指数——消费者价格指数——换算成了以1935—1939年的价格衡量的数字。

b 此为算术平均消费与算术平均收入之比。1948—1951年的收入数字,系扣除个人所得税后的可支配收入。

c 此为图形拟合的消费对数对收入对数的直线回归线的斜率。

d 平均倾向乘以弹性。

e 1935—1936 年和 1948—1950 年为“非农业”,1941 年为“城市”。

f 家庭加上单个个人。不过,在样本中的 762 个农业“消费主体”中,只有 2 个是单个个人,因此只考虑“家庭”的结果差别几乎没有任何差别。

资料来源:

平均收入和消费根据国家资源规划委员会出版的《美国的家庭支出》(华盛顿,1941 年)第 119、123、124、125、127、128、130 和 131 页给出的数据计算。第 9 行,消费对收入的回归数据,来源同上,第 51 页;第 1 行和第 4 行,摘自多萝茜·布雷迪的《储蓄研究》,第三卷,第 182 页。所有的消费数字都包括礼物和个人所得税在内。(第 1、4、7、9 行)

平均收入和消费根据美国劳工统计局的《第 822 号公告:战时家庭支出和储蓄》(华盛顿,1945 年)给出的数据计算,第 71 和 73 页;所用的收入数据是表格中记录的作为收入的数字再加上遗产和其他货币所得;消费包括个人所得税和礼物。第 2 行和第 5 行中关于消费对收入的回归的数据,摘自多萝茜·布雷迪的《储蓄研究》,第三卷,第 182 页;第 10 行,出自农业部第 520 号杂项出版物,《战时农村家庭支出和储蓄》,华盛顿,1934 年,第 161 页。(第 2、5、8、10 行)

根据表 5 中的“独立企业(家)”(independent business)和“其他企业(家)”的平均收入和消费数字的加权平均数计算,“独立企业(家)”和“其他企业(家)”的权重分别为 0.07 和 0.93。这些权重大体上是分别用

表 5 的三个组别的平均值和全部组别合并计算估计的，再加上以“农场经营者”为首的“支出主体”的百分比，见《1951 年消费者金融调查，第三部分》，《联邦储备公报》，1951 年 8 月，表 7；以及，《1950 年消费者金融调查，第三部分》，出处同上，1950 年 8 月，表 15。（第 3 行）

第 6 行数据出处见表 5 的注释。

如前面 a 小节所述，根据我们的假说，1935—1936 年和 1941 年的这两项研究之间的差异本身主要是因为 1941 年的平均收入要高于 1935—1936 年：消费对收入的回归，在每一种情况下都要比 1935—1936 年的相应回归高出一点点。1941 年的消费相对于收入的弹性（图中回归曲线的斜率）在每种情况下也都略高一些。这些差异很小，有人也许会说可能只是抽样波动的结果，但是这种解释显然与差异的一致性相矛盾。只要这些差异不仅仅只是抽样波动的反映，那么它们就意味着，临时性因素在 1935—1936 年的数据中的重要性要比在 1941 年的数据中更高；如前所述，从 1935—1936 年的数据只限于未接受救济的家庭这一点，就可以预期到这个结果。[1] 而 1948—1950 年的数据所显示的非农业主体和农业主体的平均消费倾向都高于以前的数据；尚不清楚这是由不同研究在方法和定义方面的差异造成的，还是由两个时期之间的显著差异造成的（参见下一

[1] 这个因素也有助于解释为什么非农业家庭在弹性上的差异要比农业家庭更大。在所有非农业家庭中，大约有 17%的家庭获得了救济，但是根据估计，在所有农业家庭中，只有大约 9%的家庭在 1935 年至 1956 年期间获得了救济。请参见，美国国家资源规划委员会，《美国消费者的收入》，华盛顿，1938 年，第 74—75 页。

节)。同样的问题,也体现在了1948—1950年农业主体弹性和边际倾向更高这一点,因为使用"支出主体"而不是家庭,往往会使这些参数产生更高的值。然而,这几项研究之间的这些差异,与它们所揭示的农业家庭和非农业的家庭之间的差异相比,则是微不足道的:(1)农业家庭的消费支出在任何绝对收入水平上都更低,不过,在农业样本中观察到的最低收入水平上可能要除外。(2)农业家庭的消费支出随评定收入而增加的速度更慢——边际消费倾向和支出的收入弹性都明显更低。(3)通常来说,农业家庭的消费支出在平均收入中所占的比例更小——用我们的术语来说,k值更低;这种差异在就由货币和非货币项目构成的总收入进行比较时,要比仅就货币项目进行比较时小得多,但是在所有情况下,方向都是相同的。[1]

---

[1] 关于这些数据的进一步讨论,见玛格丽特·G. 里德(Margaret G. Reid),《收入概念对农业家庭支出曲线的影响》,刊载于收入与财富研究国际会议,《收入与财富研究》,第十五卷,纽约:国家经济研究局,1952年,第133—74页;布雷迪和弗里德曼,《储蓄与收入分配》,第252—253页;詹姆斯·N. 摩根(James N. Morgan),《个人总储蓄的结构》,《政治经济学刊》,1951年12月,第528—534页,特别是第531页。

在他对储蓄时间序列的研究中(本书下一章所分析的经验证据,不少来源他这项研究),戈德史密斯分别对非农业家庭和农业家庭的储蓄和储蓄与收入之比进行了估计。乍一看,他的数据似乎表明,预算研究所显示的农民相对较高的储蓄率,是20世纪30年代中期以后特有的一个特征,对在此之前的时期并不适用。根据他的估计,1934年以前,农业家庭的储蓄收入比率明显低于非农业家庭,有的时期甚至为负值(参见R. W. 戈德史密斯,《美国储蓄研究》,第一卷,普林斯顿大学出版社,1955年,第76和102页)。然而,这种矛盾只是表面上的。它其实主要是戈德史密斯将资本收益和损失排除在收入和储蓄之外的处理方法的反映,这对农业家庭的影响尤其强烈,因为在20世纪初的几十年里,土地价值出现了大幅上升。无论这种处理方法对全国总量的有效性如何,它在比较不同群体的储蓄倾向时都会产生误导性的结果。戈德史密斯本人也认识到了这一困难,他还指出,将购买 (转下页)

接下来，我们依次考虑上面这几点。根据我们的假说，第(1)点从这几项研究给出的结果——农业家庭的平均评定收入要低于非农业家庭的平均评定收入——就可以得出。为了突出这种效果，让我们暂且先不考虑图6中的实际数据，转而考虑如图7所示的假想情形。图7假定第(2)点和第(3)点差异不存在，同时为了便于说明，图7是算术尺度而不是对数尺度的。我们用 $c_p = ky_p$ 表示永久性分量之间的关系，并暂时假定它对农业家庭组别和非农业家庭组别都成立。再假设收入和消费的临时性分量的平均值为0(这适用于农业

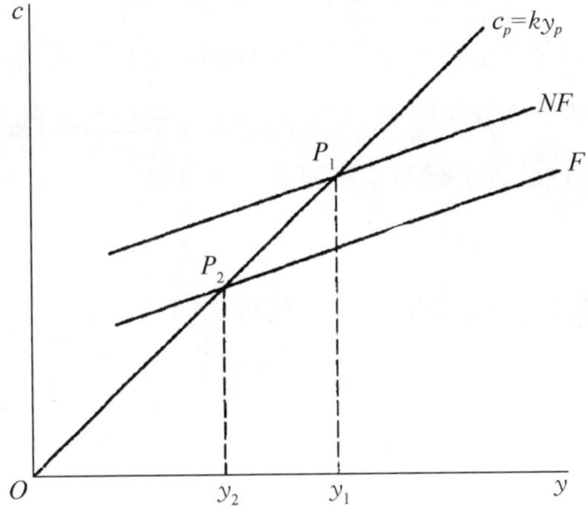

图7 农业家庭和非农业家庭的消费对收入的假想回归

(接上页) 已增值的土地的累积债务作为储蓄的一个负项目包括在内，会使情况变得更糟。作为他这种处理方法的效果的一个标志，戈德史密斯给出了对不同储蓄群体在特定时期的净资产变化的估计。从这些估计值与他对储蓄的估计值之间的关系可以很清楚地看出，用净资产的变化——这似乎比戈德史密斯的储蓄概念更接近于用来对不同群组进行比较并隐含在预算研究中的概念——所产生的农业家庭的储蓄收入比将高于非农业家庭；对他所研究整个时期都是如此，不过1923—1933年可以除外。出处同上，第136—137页。

家庭，也适用于非农业家庭）。这样一来，这两个组别的平均支出和平均收入将会落在 $c = ky$ 线上，比如说，对于非农业家庭，落在 p_1 点上，而对于农业家庭则落在 p_2 点上。正如我们在上文第三章第三节中已经看到的，观察到的消费对收入的回归线通常比 $c = ky$ 线更“平”一些，并且会在组均值处与之相交。这就产生了两个回归，如图7中的 NF（非农业）和 F（农业）所示。

因此，对观察结果的这种差异的解释与对时间间隔很大的不同点上的回归之间的差异的解释是一样的（见上文a小节）。只不过，在这种情况下，要解释清楚其实还要更加容易一些。考虑一个等于观察到的非农业家庭的平均收入（y_1）的收入水平，在那些处于这个收入水平上的非农业家庭中，有一部分是本来就“属于”这个收入水平的（因为他们的永久性分量就是在这个水平上），有一部分是某种特别有利的因素导致他们的收入异常地高而达到了这个收入水平的，还有一部分是特别不利的因素使得他们的收入异常地低而降到了这个收入水平的。因为 y_1 是所有非农业家庭的平均收入，所以后面这两类家庭的数量应该差不多，并且应该可以互相抵消，因而通常来说，y_1 可以准确地描述这个收入阶层的永久性收入。因此，他们的消费至少在平均水平上是与这种收入相适应的。现在再来考虑一下那些收入水平为 y_1 的农业家庭，他们也可以分成三种类型——那些“属于”这个收入水平的、那些因为好运而达到了这个收入水平的，以及那些因为运气太坏落到了这个收入水平上的。但是，对于农业家庭来说，y_1 是一个非常高的收入水平，远远高于所有农业家庭的平均收入。因此,那些因为有好运气而进入了这个收入阶层的家庭,可能比那些虽然运气很坏但仍然处于这个阶层的家庭要多。因此,这类家庭的平均永久性收入要低于 y_1,从而他们的平均消费要调整为与平均永久性收入相适应的水平,所以肯定要小于同样收入为 y_1 的非农业家庭的平均消费。类似地,考虑一个等于观察到的农业家庭的平均收入(y_2)的收入水平。平均来说,这个收入水平就是归类为这个评定收入阶层的农业家庭的"永久性收入"或"正常收入",因此平均来说,这些农业家庭的平均消费等于这个收入水平的 k 倍。但是,对于非农业家庭来说,这是一个不正常的低收入水平,所以归类为这个评定收入阶层的非农业家庭的平均永久性收入水平要高于 y_2,同时他们的平均消费也高于 k 乘以这个收入水平。

根据我们的假说,前面第(2)点所述的农业家庭边际消费倾向较低,可以解释为另外两个基本因素的结果:较低的消费收入弹性和如第(3)点所述的较低的平均消费倾向。这是因为,正如假说告诉我们的,收入弹性等于 P_y,即收入总方差中可以归结为永久性分量的方差所贡献的那部分所占的比例[1];同时,边际倾向则等于 kP_y[2]。因此,在讨论这个问题的时候,我们应该将低收入弹性视为它的一个独立的"贡献"。当然,这种较低的收入弹性在图 6 中也反映出来了,

---

[1] 当临时性分量的均值为 0 时,如果回归在算术单位上是线性的,这就是平均收入的弹性。

[2] 如果回归在对数单位上是线性的,这就是临时性分量的均值为 0 时的平均收入的边际倾向。

那就是,非农业家庭的回归曲线比农业家庭的回归曲线更加陡峭。当向更低的收入区域延伸时,回归曲线就会交叉,这个事实解释了为什么我们偶尔会发现,在观察到的低收入家庭中,农业家庭的消费支出会高于非农业家庭。

根据我们的假说,收入弹性本身是另外两个更基本的量的结果:(a) 家庭之间因那些被认为是临时性或暂时性的因素而产生的在评定收入上的差异;(b) 家庭之间因那些被认为是永久性的因素而产生的在评定收入上的差异。似乎有理由认为,就第(a)项差异而言,农业家庭通常应该比非农业家庭更大——按美元计算的绝对数额也许不一定如此,因为农业家庭的平均收入较低,但是按收入的百分比计算则肯定如此。天气等方面的变化对农业家庭收入的影响远远大于对非农业家庭收入的影响;农业家庭的收入中,有相当大一部分具有企业家“创业”的成分,而大多数非农业家庭的收入都来自工资和薪水等相对稳定的来源。第(b)项差异的相对大小则不那么清晰:非农业家庭群体的异质性越大,其永久性分量的差异就越大;而农业家庭收入的“创业”特征很可能与此相反。农业家庭的低收入弹性告诉我们,或者说,反映了如下事实:相比于非农业家庭,农业家庭(a)相对于(b)更大,这一点与上述推测是一致的,尽管并不是它们的必要条件。但是,就其本身而言,这一点并不能告诉我们关于每一个量的任何独立的信息。

我们可以把收入弹性与观察到的家庭之间在评定收入方面的差异结合起来,分别估计出每一量。表 4 总结了估计结果。在表 4 中,第(2)列复制了表3中的收入弹性。在这里,可以认为它们衡量了评定收入方差中可归因于永久性分量的方差的比例。第(3)列是评定收入对数的标准偏差,因为是用对数计算出来的,所以它是对相对弥散度的量度,可以将它视为对原始观测值的变异系数的一个估计,或者,视它为标准偏差与均值之比。[1] 这种测度方法的一个优势在于,它允许存在不同的度量单位或不同的平均收入——我们在讨论第(1)点时,已经考虑过这类差异了。第(3)列的数字的平方是收入的对数的方差;它与第(2)列给出的比例的乘积,则是永久性分量自身的估计方差;它的平方根就是第(4)列中的数字。类似地,收入对数的方差与第(2)列比例的补分数的乘积,就是临时性分量的估计方差,而它的平方根就是第(5)列中的数字。我们所用的方法,能够保证第(3)列的平方等于第(4)列与第(5)列的平方之和。当然,这也正是我们的假说的一个假设——收入的永久性分量与临时性分量是互不相关的——的自然结果。在解释这些数字时,一定要注意,永久性分量和临时性分量的离散度是相对于总收入来计算的。总收入似

[1] 对数的标准偏差是在使用自然对数(以 e 为底的对数)的情况下,对原始观测值的变异系数的直接估计。如果使用普通对数(以10为底),那么对数的标准偏差必须乘以 $\log_e 10$,才能将其转换为对变异系数的估计。

假设观测值的分布服从一个对数正态分布,那么变异系数的最大似然估计为 $(e^{s^2}-1)^{\frac{1}{2}}$,其中 s^2 为观测值的自然对数的方差。从中不难看出,当 s 很小的时候,它近似等于 s。我之所以没有使用更加精确的变异系数估计值,只是因为没有特别的理由认为,把原始观测值的变异系数估计值作为对相对离散度的度量,要比对数的标准偏差更加可取。简单地说,可以把这两者视为对彼此的估计。

乎是一个适当的基础。例如,临时性分量相对于自身的均值的离散度(那可能为 0 或负),是没有什么意义可言的。

表 4　评定收入,以及评定收入的永久性分量和临时性分量相对于平均评定收入的相对离散度,农业家庭和非农业家庭,1935—1936 年、1941 年

组别,年份,收入概念 (1)	评定收入方差中可归结为永久性分量的比例[a] (2)	相对离散度		
		评定收入 (3)[b]	评定收入的永久性分量[c] (4)	评定收入的临时性分量[d] (5)
非农业家庭,或城市家庭:				
1935—1936 年	0.82	0.78	0.70	0.33
1941 年	0.87	0.82	0.76	0.29
农业家庭:				
货币收入				
1935—1936 年	0.63			
1941 年	0.64	1.04	0.83	0.62
货币收入加非货币收入				
1935—1936 年	0.65	0.70	0.57	0.41
1941 年	0.69	0.85	0.70	0.48

注　释:

a 消费弹性是相对于表 3 中的收入的。

b 评定收入的自然对数的标准偏差。这是对评定收入本身的变异系数(标准偏差除以算术平均收入)的一个近似估计。

c 第(2)栏的弹性与评定收入对数的方差[第(3)栏的平方]之积的平方根。这个结果是在假设是平均临时性收入为0的情况下,对永久性分量的变异系数的一个近似估计(以绝对单位表示)。

d 用1减去第(2)栏中的弹性之差与评定收入对数的方差之积平方根。这个结果是对临时性分量的标准偏差与平均评定收入之比的一个近似估计。

收入分布的来源:

1935—1936年,国家资源规划委员会,《美国的家庭支出》,华盛顿,1941年,第120页。1941年,城市家庭,美国劳工统计局,《第822号公报》,第68页;农业家庭,美国农业部,第520号杂类出版物,第26、27和161页。这里没有使用详细信息,而是用一些相当"武断"的近似值来分配负收入和顶层的开放阶层的收入。当然,当存在负收入时,对数方差是无法计算出来的。这里采用的处理方法是,将负收入组别与收入低于500美元的组别组合到一起,并将相应的家庭视为拥有这个群体的平均收入,从而避免了这一困难。

对1935—1936年的研究,与对1941年的研究,两者之间有相当大的一致性。不同之处在于,1935—1936年的数据有着更严格的资格要求,尤其是有只考虑未接受救济的家庭的限制。此外,1935—1936年的数据同时包括了非农业农村家庭和城市家庭,而1941年的数据只包括城市家庭。这两个因素都会使得1941年的数据比1935—1936年的数据呈现出更大的差异,这也正是表4所显示的。

对农业家庭与非农业家庭的更有意义的比较,是对货币收入加非货币收入的比较——对于非农业家庭，只给出了一组数字，因为这两个收入概念的结果相差不大。这种比较证实了我们对这两个群体在临时性分量的分散度方面的差异的预期：非农业家庭或城市家庭的临时性分量的标准偏差，大约为平均收入的30%，而农业家庭则介于40%至50%之间。永久性分量方面的差异则出现在了另一个方向上：永久性分量的标准偏差与平均收入的比例，非农业家庭或城市家庭至少为70%，而对于农业家庭，这一比例至多为70%。这也就意味着，农业家庭的较低的收入弹性，是由临时性分量的较大差异和永久性分量的较小差异共同造成的——尽管货币收入数字表明，哪怕永久性分量的差异较大，也会产生同样的结果。

对于农业家庭来说，单单货币收入本身的离散度，要比货币收入与非货币收入之和更大。这是意料之中的。从住房和自产自用粮食中获得的非货币收入，在家庭之间的差异几乎不可能像货币收入那么大。

与非农业家庭相比，农业家庭收入的临时性变化更加重要，这也有助于解释第(3)点，即农业家庭的平均消费与平均收入之比要更低一些。英国家庭的平均倾向之所以高于美国家庭，原因也一样：收入的临时性分量的方差更大，意味着与非农业从业者相比，农民需要更多的用于应对紧急状况的“准备金”，从而也可能有一个更低的 k 值。人们经常引用的另一个因素，也很可能扮演了重要的角色，那就是农民有可能通过直接将资金投入到自己的“创业性活动”中而赚到更高的平均利率(与通过金融中介机构进行间接投资的非农业从业者相比)。然而,我本人得到的印象却是,农民的储蓄占收入的比例要高于非农业从业者,即便在农业相对于其他行业处于衰退时期时也是如此。如果确实是这样,那么就意味着较低的 P_y 是产生较高的储蓄率的一个独立的且在数量上很重要的因素。

d. 家庭的职业特征

农业家庭的两个特征,构成了前面对它们的消费行为的分析的基石:第一,农业家庭的平均收入明显较低(至少在被研究的这些年份是这样),在给定的评定收入水平上,这解释了为什么它们的消费通常更低;第二,农业家庭有"创业型"的收入来源,这有助于解释它们较低的消费收入弹性和较低的平均消费倾向(因为这使得临时性分量成为了收入变化的一个相对重要的来源)。非农业的非法人企业的所有者与农民在第一个特征上是不同的——他们的平均收入高于所有家庭的平均收入[1]——不过在第二个特征上则是相同的。因此,如果我们的假说是有效的,我们应该会看到他们的平均消费倾向更低。与"非创业型家庭"(nonentrepreneurial families)相比,我们所用的测量方法意味着临时性分量的相对分散程度更高——在本节中,我们将检验是否确实如此。黑人家庭作为一个群体,就第一个特征而言,是与农业家庭一样的——黑人的平均收入明显低于他们的

---

[1] 见下文表5;《美国消费的者收入》,第26页,《1952年消费者金融调查,第三部分:消费者的收入、若干投资和短期债务》,《联邦储备公报》,1952年9月,表2。

白人邻居;但它们在第二个方面却有所不同。因此,我们应该会发现,在给定的评定收入水平上,他们的观察到的消费水平低于白人家庭;但是,根据前面描述的特征,我们没有理由判断观察到的弹性或平均倾向会有所不同——在下一节我们将检验是否确实如此。

下面的图 8 和表 5 总结了关于“独立企业(家)”(independent business)“支出主体”以及其他“支出主体”的消费与收入之间的关系的一些证据。所用的收入数据来自 1948 年、1949 年和 1950 年举行的全国性消费者金融调查。为了保证与以前的数字之间的可比性,图 8 中的收入和支出数据已经用 1935—1939 年的价格水平进行平减处理。图 8 所示的两个回归与图 6 中的农业家庭和非农业家庭的回归非常相似:对企业回归线更加平坦,从高于另一个回归的位置开始,然后与后者相交,接着以递增的速度下降(低于后者)。如表 5 所示,独立企业(家)“支出主体”的弹性为 0.70,明显低于非农业、非企业“支出主体”的弹性(后者为 0.86),不过同时又略高于表 3 给出的农业家庭(或农业“支出主体”)的弹性(0.69)。

农业家庭“支出主体”的弹性与独立企业(家)“支出主体”的弹性类似,这一点有很深的意味;不过这一点并不是我们的假说所必需的。我们应该能够预料到,与其他部门相比,农业家庭和独立企业(家)的收入的临时性分量会呈现出更大的相对离散度。然而,弹性的值还取决于永久性分量的相对离散度的大小。独立企业(家)的永久性分量的差异比农业家庭更大,这种推测应该是合理的。独立企

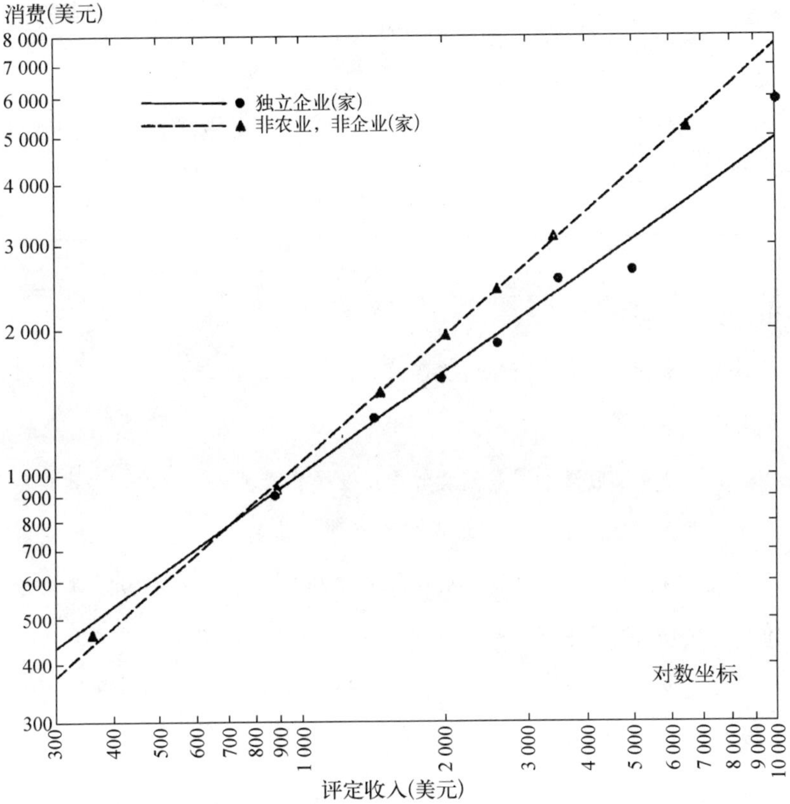

图 8 “独立企业(家)”(independent business)“支出主体”以及非农业非企业家“支出主体”的消费与收入之间的关系，1948—1950年(以 1935—1939 年价格计)

资料来源：L. R. 克莱因(L. R. Klein)和 J. 马戈利斯(J. Margolis)，《对非法人企业的统计研究》，《经济与统计评论》，1954 年 2 月，表 13，第 41 页。

表 5　独立企业（家）、农场和其他“支出主体”的消费与收入的关系，1948—1950 年

职业组别	平均可支配收入(美元)		平均消费倾向	消费的收入弹性
	当前价格	1935—1939 年价格		
独立企业(家)	4 789	2 795	0.77	0.70
农民	2 404	1 403	0.88	0.69
其他	3 038	1 773	0.95	0.86

说　明:

数字为货币消费和货币可支配收入。

资料来源:

平均可支配收入和平均消费倾向：根据美国联邦储备委员会提供的数据。这些数据给出了每个职业群体的每一年的平均储蓄和平均总收入,但是只给出了 1948 年和 1950 年的平均可支配收入。1949 年的平均可支配收入是我自己根据各个收入阶层的其他数据加上平均总收入和可支配收入估计出来的。表中给出的平均倾向是三年的平均消费与三年的平均可支配收入之比,而这些平均值又是相应年份的简单平均数。

独立企业(家)和其他职业的消费弹性：消费对数对可支配收入对数的直线回归斜率以图形方式拟合了图 8 中的数据。

农民的消费弹性：图形拟合的消费对数对可支配收入对数的直线回归的斜率,根据联邦储备系统理事会提供的 1948 年、1949 年和 1950 年的数据。这些是按总收入划分的阶层的数据,而不是按可支配收入划分的阶层的数据，而且每年的数据都是单独给出的。

业(家)从事着比农民更加广泛、更加多样化的活动，而且内部的差异也更大，比如说投入到经营活动中的资本的数量。出于类似的原因，企业"支出主体"与非企业、非农业"支出主体"相比，永久性分量的差异可能更大。然而，对于弹性来说，关键的问题在于，永久性分量的离散度的差异是大于还是小于相对应的临时性分量的离散度的差异。对于这个问题，并不存在形成任何精确预期的先验基础。弹性所能告诉我们的是，如果企业"支出主体"的永久性分量的离散度超过了农业家庭"支出主体"，那么临时性成分的离散度也会如此，不过是以更小的百分比超出；然而，如果企业"支出主体"的永久性分量的离散度超过了非农业、非企业"支出主体"，那么临时性成分的离散度也会如此，不过是以更大的百分比超出。然而不幸的是，并不存在合理且可比的对评定收入的总离散度的估计，不然就可以将其与弹性结合起来，分别得出对每个分量的估计，如表 4 所做的那样。[1]

---

[1] 对于企业"支出主体"与其他"支出主体"之间在消费-收入关系的弹性上的区别，以及在前面一节中讨论的农业家庭与非农业家庭之间的区别，克莱因(Klein)和马戈利斯(Margolis)明确地评论过我在这里给出的解释。他们是反对这个解释的，在他们的论文中，有这样一些话："对于这些发现(农业家庭的边际消费倾向比非农业家庭更低)，可能的解释是，农民在农村的生活方式与城市居民不同，农民都有很强的将储蓄投资于生产性农场资产的动机，或者，就在调查访谈之前，农民获得了很高的收入增长，等等。如果储蓄与收入变化之间有正相关性，那么最后一点确实会有助于解释。然而，即便农民的收入真的有所增长，但是研究者已经发现，收入的大幅增长反而会促使储蓄率下降，而且这种推理是有合理的。农民，作为企业家，据说比非企业家群体有更大的可变收入；因此，对于农民而言，收入的变化可能是一个更具战略性的变量。"

"类似的考虑也适用于我们对非法人商人的研究。他们的平均消费倾向也 (转下页)

表5给出的企业"支出主体"的平均倾向(0.77)明显低于非农非、非企业"支出主体"(0.95),这一点完全符合我们的预期。[1] 农业家庭的消费倾向则更难以解释。它更接近于"其他支出主体"的消费倾向,而不是"企业支出主体"的消费倾向。此外,它只基于货币项目。如果把非货币性项目也包括在内,将使得它与"其他支出主体"有更高的可比性,从而可能会产生一个更高的数字。如果1948—1950年的非货币项目与货币项目之比与表3所总结的对1935—1936年和对1941年的研究中相同,而且像在那些研究中一样,非货币项目包括了实物消费在内,那么对货币项目而言为0.88的倾向,将意味着对货币项目及非货币项目为0.92的倾向。在对1948—1950年的研究中,非货币项目的重要性可能不如对更早的时期的研究。此

(接上页) 比非农业、非企业'支出主体'的消费倾向低。"(《非法人企业的统计研究》,第41页)然后,他们又写道:"表7和表8中的数据,以及收入变化对储蓄的边际影响的大小或符号都是不明确的这个事实,使得我们不能用这两个群组在收入可变性上的差异来解释所观察到的差异"(同前,第42页)。克莱因和马戈利斯的论文的表7和表8给出了独立企业和所有"支出主体"在以往的收入变化的分布,以及一些其他项目的分布。

但是,克莱因和马戈利斯引用的证据似乎不能证明他们的结论是正确的。我们稍后将会在下面的第四节中看到,关于收入变化与消费-收入回归的关系的现有数据,包括克莱因和马戈利斯在他们的研究中使用的数据,是与我们的假说直接一致的;很难理解为什么克莱因和马戈利斯认为它们与我们的假说间接不一致。请参见:L. R. 克莱因和J. 马戈利斯,《对非法人企业的统计研究》,《经济与统计评论》,第三十七卷,1954年2月,第33—46页。

[1] 戈德史密斯对非法人企业的储蓄收入比率进行了估计(《美国储蓄研究》,第169页),结果低于他对非农业家庭的估计。然而,这些数据与我们的发现并不矛盾,原因有两个:(1) 没有包括前文第92页脚注1中讨论的资本收益;(2) 他的估计是针对企业而不是针对企业主计算的,因此,他没有将企业主在企业投资以外的其他形式的储蓄包括在内。

外,对1948—1950年的研究还排除了一些非货币储蓄项目。[1] 考虑到这两种情况,所需的向上调整就会比显示出来的小了。这个问题还有一点需要解释：无论是否对非货币项目加以调整,1948—1950年农业家庭的倾向的离散度与对更早的时期的研究中计算出来的倾向之间的离散度,都要比非农业家庭更大(见表3)。在对更早的时期的研究中计算出来的倾向分别为：对于货币项目,0.75和0.80;对于非货币项目,0.83和0.87。这种离散度是不是反映了一种时间上的变化？或者,是不是反映了这几项研究在方法、技术和定义上存在着巨大差异？我现在无法确定。无论接受哪种解释,这些研究在以下这一点上都是一致的：一方面,农业家庭的倾向低于非农业家庭和非企业"支出主体"(尽管这种差异在1948—1950年数据中显得更小);另一方面,农业家庭的倾向又高于独立企业(家)"支出主体"(尽管如果认为对更早的时期的研究的数据与表5所示的数据是可比的话,那么这种差异就不再存在了)。

除了上面提到的这些数据集之外,我所知道的按职业分类的大规模数据集就只有一个了,那就是1935—1936年消费者购买调查(Study of Consumer Purchase)的数据,它正是本章前面引用的1935—1936年各种数据的来源。表6总结了来自这个数据来源的一些证据。与消费者金融调查的数据相比,这些数据有这样一些优势：消

[1] 特别是农产品库存的变化,在1948—1950年间是正的。见《1949年消费者金融调查,第八部分》,《联邦储备公报》,1950年1月,脚注7;《国民收入》,1954年版,华盛顿,1954年,第167页。

费支出数据是直接收集来的，而在消费者金融调查中，消费支出数据是从报告的收入中减去报告的储蓄之后推算出来的；更详细、更全面的原始数据已经公开发布；有单个城市和定义明确的职业群体且较狭窄的数据可用。然而，另一方面，对于我们的目的来说，这些数据也有两个严重的缺点：(1) 对于独立企业(家)家庭，评定收入基本上就是用从企业中提取的款项来定义的。[1] 这种定义必然会降低收入的临时性分量的相对重要性。当评定收入(包括企业收入)异常低时，消费可能——至少有一部分消费——是用超出了当期收入的提款来提供资金的；反过来，当评定收入异常高时，则往往会有一部分留在企业中。此外，把"入账收入"仅限于上述提款，也可能使"入账平均消费倾向"高于采用其他的收入概念时的平均消费倾向，因为企业主(商人)的储蓄中，有很大一部分可能是以在企业中投资的形式存在的。同样的收入定义也被用于独立专业人士家庭。然而，由于相比之下，专业人士直接投入到专业活动中的投资(或从专业活动中抽取出来的资金)，都要比企业主小得多，因此这种影响似乎不那么严重。(2) 虽然有一些资格要求，但是这个消费者购买调查还是得到了一个有代表性的"支出主体"样本的收入数据。然而另一方面，消费数据是在一个更小的且在设计上不具代表性的样本中获得的。由此而导致的一个结果是，这项研究结束后的基本报告无法提供涵盖了所有收入阶层的整个群体的平均消费数字。计算这样一个

[1] 例如，请参见，劳工统计局，《第 647 号公报》，《东南地区的家庭收入和支出，1935—1936 年》，第一卷，《家庭收入》，第 505、506 和 509 页。

平均值,需要构造一个估计各个收入阶层的消费的加权平均数;由于支出抽样中完全不包括某些收入阶层,因此,对这些收入阶层的估计就不得不从其他阶层进行外推了。[1] 但是,因为这样做的计算量非常大,我至今仍然不打算亲自去尝试用这个消费者购买调查的数据去计算平均消费倾向。只有在另外的研究已经计算出了这些倾向时,我才会报告这些倾向。

在表 6 中,消费者购买行为调查的数据来自三个城市:纽约市、俄亥俄州哥伦布市、佐治亚州亚特兰大市。具体选择哪些城市是任意决定的结果——类似的数据可以从相当多的其他城市获得。对于独立企业(家)家庭来说,是用提款而不是用企业净收益衡量收入的,这种做法对收入弹性的影响是显而易见的。使用净收益时,从1948—1950 年的全国数据得出的弹性为 0.70,相比之下,如表 6 所示,当使用提款来“评定”收入时,从纽约市的数据得出的弹性是0.90,这个值比任何其他职业组别都要高(除了工资收入者之外)。在用提款来“评定”收入时,只有大约 10%的总方差是可以归因于临时性因素的。独立专业人士家庭的弹性比独立企业(家)家庭的弹性小,然而,相反的关系似乎对用净收益来定义的收入概念更加合理。其他弹性都没有表现出任何值得注意的规律性,这可能是因为只有三个城市的数据的缘故。也许,如果将更多的城市包括在内,某种规律就会表现出来。

---

[1] 这是(美国)国家资源规划委员会在构造估计数时所使用的方法,我们在上面使用了这些估计。

表 6　三个城市各职业群体（未接受救济的本地白人完整家庭）的消费收入弹性、评定收入及其分量的相对离散度，1935—1936 年

职业组别	消费的收入弹性			相对离散度[a] 评定收入			永久性分量			临时性分量		
	纽约市	俄亥俄州哥伦布市	佐治亚州亚特兰大市	纽约市	俄亥俄州哥伦布市	佐治亚州亚特兰大市	纽约市	俄亥俄州哥伦布市	佐治亚州亚特兰大市	纽约市	俄亥俄州哥伦布市	佐治亚州亚特兰大市
工资收入者	0.94	0.78	0.83	0.54	0.54	0.61	0.52	0.47	0.56	0.14	0.25	0.26
办事员	0.81	0.83	0.86	0.51	0.52	0.56	0.46	0.47	0.52	0.22	0.21	0.21
受薪商界人士	0.88	0.78	0.88	0.72	0.56	0.57	0.68	0.50	0.53	0.25	0.26	0.20
受薪专业人士	0.87	0.76	0.78	0.66	0.54	0.50	0.61	0.47	0.44	0.23	0.26	0.23
独立企业(家)	0.90 }	0.73	0.82	0.85 }	0.87	0.90	0.80 }	0.75	0.82	0.26 }	0.45	0.38
独立专业人士	0.84 }			0.92 }			0.85 }			0.37 }		
所有家庭	0.89	0.81	0.84	0.77	0.68	0.70	0.73	0.61	0.65	0.26	0.30	0.28

注　释：

a 关于相对离散度指标的含义和计算方法，请参见表 4 的注释 b、c 和 d。

资料来源：

消费的收入弹性：消费对数对收入对数的图形拟合直线回归的斜率。基础数据来自劳工部，《第648号公报》，《若干城市的家庭支出，1935—1936年》，第八卷，《资产变动和负债情况》，华盛顿，1941年，表2。

评定收入的相对离散度：收入的自然对数的标准偏差，利用劳工部的频率分布数据计算。美国劳工部，《第643号公报》，《纽约市的家庭收入和支出，1935—1936年》，第一卷，《家庭收入》，华盛顿，1941年，第93—96页；《第644号公报》，《美国中东部地区9个城市的家庭收入和支出，1935—1936年》，第一卷，《家庭收入》，华盛顿，1939年，第137—140页；《第647号公报》，《东南地区的家庭收入和支出，1935—1936年》，第一卷，《家庭收入》，华盛顿，1939年，第147—150页。

相对离散度的估计指标比收入弹性本身更具启发性。似乎没有理由说，提款的使用会系统性地影响永久性分量的方差，而且表6中的数字与这种预期也是一致的。在纽约市，与任何不具备创业性质的组别相比，企业(主)家庭群体的永久性分量的离散度明显更高，且与独立专业人士群体几乎相同。在其他两个城市(亚特兰大市和哥伦布市)，这两个“创业型”群体的永久性分量的离散度也明显高于其他任何一个群体。在永久性分量的分布上，这三个城市之间唯一明显的差异体现在“受薪商界人士”和“受薪专业人士”这两个群体上：它们的离散度在纽约明显高于其他城市。应该说，这个结果与这些城市在经济特征上的差异是完全一致的。与其他城市相比，纽约市为厂长、经理和专业人士提供了更多、更大的机会，因此，“受薪商界人士”和“受薪专业人士”项下的活动范围可能会相应地扩大。而在其他组别之间，则几乎没有任何差异：在哥伦布市和亚特兰大市，四个非创业型群体的永久性分量的离散度都集中在50%附近(不过，在纽约市只有工资收入者和办事员这两个群体的永久性分量的离散度为50%上下)；相比之下，纽约的“受薪商界人士”和“受薪专业人士”这两个群体则为60%—70%；而在所有这三个城市，各“独立”群体都为80%左右。

关于纽约特有的经济特征，似乎也有助于解释为什么纽约的所有组别合到一起后的永久性分量的离散度要比其他城市的要大。另外引人注目的一点是，临时性分量的离散度在所有城市之间都几乎是完全相同的，这个结果也是合理的，因为纽约市的(经济)活动范围虽然更加广泛,但是没有任何理由认为这些活动会带来更多的不确定性。这些因素也解释了为什么纽约的弹性应该高于其他城市。

独立企业(家)家庭对提款的使用的主要影响,体现在对纽约市这个级别的收入的临时性分量的估计离散度上。估计值为26%左右,这一离散度与表中所列的各个非创业型组别的离散度以及所有非农业家庭级别都属于同一个数量级(见表4)。从表中一眼就可以看出的明显差异只有两点:(1) 纽约的独立专业人士家庭的离散度,以及其他城市的两个“独立”群体的离散度都比较大,这与预期相符,而且在数值上与表4给出的农业家庭的数值几乎相同;(2) 与其他群体相比,纽约工资收入者家庭的离散度要低得多。对于后面这个结果,我有点怀疑,因为这个组别的弹性似乎与其他的值不一致。

从这一节和上一节的证据来判断,“创业型”家庭,无论是农业家庭还是非农业家庭,在收入方面都有很大的不确定性;这些家庭的收入的临时性分量的标准偏差超过了它们的平均收入的40%,大约是其他家庭的1.5倍至2倍。“农业企业家”家庭与“非农业企业家”家庭在收入分布的特征上的唯一重大差别是,后者在永久性收入状况方面的变动比前者更大——“非农业企业家”家庭的收入的永久性分量的标准偏差大约为该群体的平均收入的80%,而“农业企业家”家庭的这个比例则为60%至70%。[1]

从表1中我们可以看出,对于各个非农业群体来说,平均消费大

[1] 这是包括了非货币收入在内的总收入。

约占到了它们收入的90%,各项研究的结果都是如此。然而,对较早的时期的研究只局限于工资收入者家庭,而对更晚近的时期的研究所涵盖的家庭的类型则更加广泛,尤其是包括了独立企业(家)家庭。如果直接根据这些数字的表面意义来判断,那么你也许会认为它们意味着平均消费倾向的相似性遮蔽了工资收入者阶层的消费倾向中的一个显著的变化,因为一旦将针对后来的那些研究中的独立企业(家)家庭排除在外,那么就会看到对较早时期的研究中的平均倾向更高一些。这个结论是有可能成立的,但是以下事实已经在很大程度上抵消了这一点:在对后来时期的大多数研究中,独立企业(家)家庭的收入数字是用提款来计算的,而不是按企业的净收益来计算的;因此,这些研究无疑低估了这些家庭的储蓄。但是,这个事实也很难完全抵消上述结论,因为正如我们已经看到的,用提款代替净收入对独立专业人士家庭的影响远远小于对企业(主)家庭的影响。因此,平均倾向的这种表面上的稳定性,必定可以视为掩盖了某种长期的增长。那么,这一点怎样才能与时间序列数据调和起来呢?因为时间序列数据显示,储蓄与收入之比没有发生什么重大的长期变化。这个问题留待下一章第一节b小节讨论。

“企业家”与其他“消费主体”之间、“农业企业家”和“非农业企业家”之间在平均消费收入比上的巨大差异,对决定方程(2.6)中的k的各个变量有重要意义。在前面,我们已经指出过了,要想解释观测到的这种差异,一个可能的变量是临时性分量的(较大的)离散度。如果确实如此,这就构成了我们给出的多性质变量(portmanteau variable) u 的一个重要维度。但是很明显,它不是唯一的变量。“农业企业家”和“非农业企业家”的临时性分量的离散度在同一个数量级上,但是相比之下,“非农业企业家”的平均储蓄占收入的比例一般来说显然要大得多。前面提到过的另一个变量是通过储蓄得到的收益率,即方程(2.6)中的 i。平均而言,“企业家”通过直接投资于他们的“企业”,能够获得——或者,至少希望能够获得——比他们自己或其他人通过其他途径更大的回报,这是很可能的,因为直接投资不需要依赖于经纪人、金融机构和其他中介机构的服务。此外,在表 3 和表 5 所示的那些时期内,与独立企业(家)相比,农业呈现为一个递减的收入来源[1],这表明“非农业企业家”的潜在资本收益更高。如果(看起来确实很可能如此)这个更高的回报率是解释“非农业企业家”的储蓄率比“非农业企业家”更高的一个主要因素,那么也就意味着通过储蓄可以获得的利率是平均储蓄收入比的一个重要的决定因素。这个结论完全符合我们之前分析,但是与普遍流行的关于利率对储蓄的影响的观点背道而驰。另一个可能有助于解释不同群体之间储蓄行为差异的原因是,它们的“口味”可能存在差异。“口味”一方面可以解释他们决定成为独立企业家的原因,另一方面可以解释他们的高储蓄率成因。从而,非农业独立企业(家)表现出来的永久性分量的高离散度,可以解释为意味着这是一个通往高收入阶层的很好的途径,也就是说,那些相对来说更重视获得高收入的人,

[1] 请参见,《国民收入(*National Income*)》,1954 年版,第 168—169 页。

可能会因此受到吸引而进入这种职业；出于同样的原因，他们也将相对重视储蓄，并把它作为另一个通往高收入阶层的途径。此外还有一个不同的因素，那就是，“企业家”群体和其他群体在年龄和家庭构成上有所不同，这种差异或许可以归结为一种统计上的偏差。最明显的例子就是已退休的人士；“独立企业(家)”这个组别，肯定要把退休人员排除在外，但是退休人员的消费收入比可能相对较高；这一点(再加上类似地，那些尚未进入商界的人也要被排除在外)，意味着在各个创业型群体中，处于收入高峰期的人或家庭的权重可能相当高。当然，这些评论都只是“提示性”的。为了支持更精准、更明确的结论，需要进行更加细化的分组并进行详细的分析——这种分析当然也是非常可取的。

e. 黑人家庭与白人家庭的比较

图 9 的上下两个部分描绘的是在两个城市观察到的白人家庭和黑人家庭的消费与收入之间的关系。与前面给出的图一样，图 9 中的每一个点都显示了同一个评定收入阶层的一组家庭的平均消费和平均收入；因此，这些点是消费对可评定收入的回归的观测点。在这两个城市，白人家庭和黑人家庭的回归线大体平行，而且黑人家庭的回归线略低于白人家庭。在同样的评定收入水平上，黑人家庭在消费上的支出比白人家庭少。如表 7 所示，这些结果不仅适用于图 9 所示的两个城市，也适用于其他城市和地区：在表 7 包含的六个城市

或地区中，消费相对于评定收入的弹性几乎是完全相同的（确实有一些细微的差别，但它们没有一致性——白人家庭的弹性在两个地区较高，黑人家庭的弹性在三个地区更高，在另一个地区两者相等）；而且如图 9 所示，白人家庭在 1 000 美元的评定收入水平上的消费全都更高一些。[1]

---

[1] 关于对 1935—1936 年的数据的类似的分析，请参见，布雷迪和弗里德曼，《储蓄与收入分配》，第 262—265 页；霍斯特·门德斯豪森（Horst Mendershausen），《不同大小的位置的城市的家庭储蓄之间的差异，白人家庭和黑人家庭》，《经济和统计评论》，第二十二卷，1940 年 8 月，第 122—137 页；以及，理查德·斯特纳（Richard Sterner）与丽诺尔·A. 爱泼斯坦（Lenore A. Epstein）和埃伦·温斯顿（Ellen Winston）合著的《黑人的份额》，纽约：哈泼出版社，1943 年，第 91—94 页。

对 1934—1936 年的工资收入者的研究，也包含了关于黑人家庭和白人家庭的各自的资料。对于所有城市的数据，如图 9 和表 7 所示，在数据涵盖的范围内，在每一个评定收入水平上，黑人家庭的消费都低于白人家庭。而在所有收入阶层的合并数据的层面上，黑人家庭与白人家庭的平均消费倾向则只有很少的不同——白人家庭的平均消费倾向为是 0.99，而黑人家庭的平均消费倾向则为 0.98；然而，这一微小的差异在方向上却与表 7 给出的数字相反。在这些结果中，一个显著的差异是消费弹性，白人家庭为 0.87，而黑人家庭则为 0.96，这种差异要比表 7 包含的任何一个城市的消费弹性都更大。（这些结果是根据威廉姆斯和汉森，前引著作，第 13、14、23 和 24 页的数据估计出来的。）我推测，这两项研究之间之所以存在这种差异，原因在于它们在资格要求上有所不同。如前所述，在对 1934—1936 年的研究中，资格要求更加严格得多。资格要求方面的规定的效果是，排除了临时性分量的许多变化，并使得不符合资格的黑人家庭的比例大大高于白人家庭（同上论著，第 30 页）。这些资格要求使黑人家庭的临时性分量的方差减少得比白人家庭更多，从而导致了观察到的弹性差异。

克莱因（Klein）和穆尼（Mooney）根据 1947 年、1948 年、1949 年和 1950 年消费者金融调查的数据对北方地区进行的研究得出的结果，也与正文中所引用的结果类似。然而，在南方地区，他们发现只有较低收入阶层才会有类似的结果；而当可支配收入高于大约 2 000 美元时，黑人家庭的消费支出反而高于白人家庭。他们提出了一种可能的解释，并提出了一些证据来支持这种解释，那就是，南方地区之所以呈现出这种不同的模式，可能是由于把购买耐用品的支出包括在了消费支出的缘故；虽然消费者购买调查也把耐用品支出视为消费，但是耐用品的支出对这个群体来说，很可能在 1947—1950 年比在 1935—1936 年更 （转下页）

这些结果,也恰恰正是根据我们的假说,从白人平均收入明显高于黑人这个事实就可以推导出来的结果:在北部的那几个地区,白人的平均收入比黑人的平均收入高出了大约 75%,而在南部的那几个地区,更是高出了 140%至 235%。白人的平均收入比黑人更高意味着,给定的评定收入水平对应着白人比黑人更高的永久性收入,因此,根据我们的假说,白人的消费水平也更高。因此,在每一个评定收入水平上,白人消费水平更高,储蓄水平更低,很可能只是评定收入作为衡量经济地位的指标的不足的反映。

我们可以通过比较所有收入阶层的平均消费与平均收入之比,而不是只比较同一评定收入水平上的消费,来得到更接近事实的对消费习惯的比较结果。如果收入和消费的临时性分量的均值为 0,那么这些比率就是我们的 k 的估计值。然而不幸的是,在表 7[第(5)栏]所包含的 6 个群体中,只有 4 个群体是容易得出这种平均倾向的。为了完成整幅拼图,我在表 7 的第(6)栏中给出了通过消费对数对收入对数的回归计算出来的每个组别的平均消费与收入的比率。[1] 对第(5)列和第(6)列加以比较可以看出——以及,从我们既拥有平均值之间的比率,又拥有平均收入水平上的比率(从对数值之间的回归计算)的数据,也可以看出来——平均收入水平上的比率

(接上页) 加重要。参见,《黑人家庭与白人家庭的储蓄差异及消费函数问题》,《计量经济学》,第二十一卷(1953 年 7 月),第 425—456 页,特别是第 425、426、454 页。

[1] 如果回归曲线是表示消费和收入的算术值之间的关系的一条直线,它当然会通过对应于平均消费和平均收入的那一点。

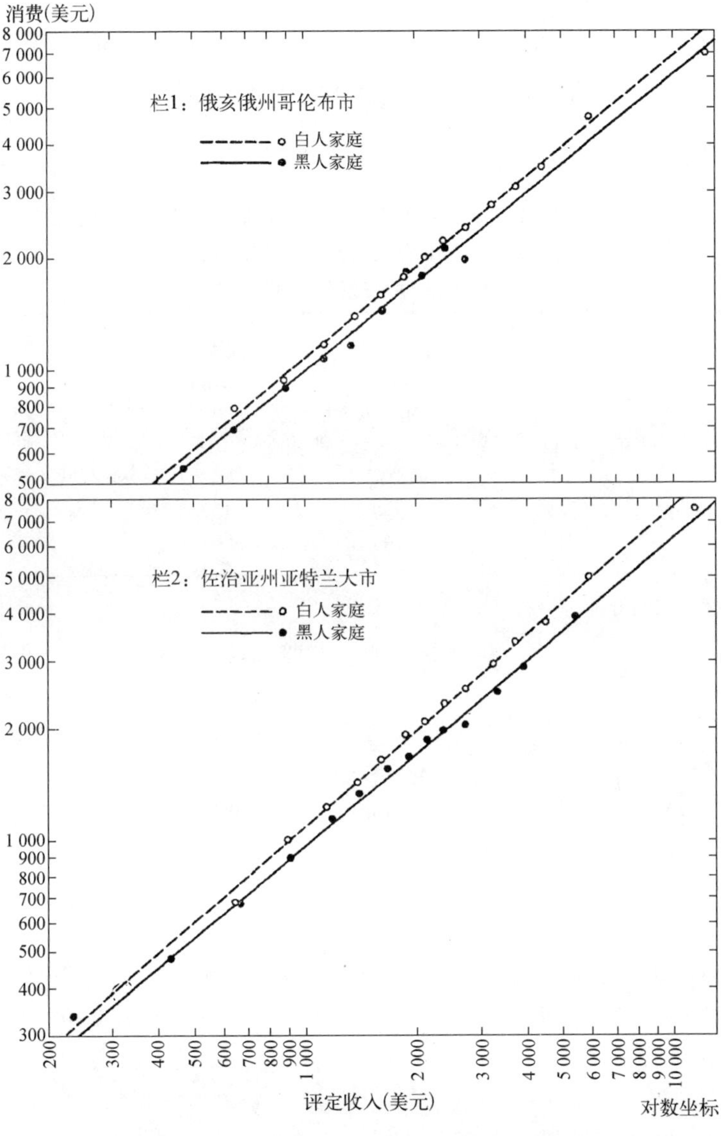

图 9　消费对收入的回归，未接受救济的本土白人家庭和黑人家庭，俄亥俄州哥伦布市、佐治亚州亚特兰大市，1935—1936 年

资料来源：美国劳工部，《第 648 号公报》，第 3 卷，第 52—55 页。

往往要比平均值之间的比率高出1至5个百分点，这也就解释了为什么第(6)列的数字会系统性地高于我们在前面引用过的大多数平均倾向。

表7 消费与收入之间的关系，以及评定收入及其组成部分的相对离散度，未接受救济的本土白人家庭和黑人家庭，若干城市和地区的特定社区，1935—1936年

地区、组别 (1)	收入的算术平均值[a] (2) (美元)	消费的收入弹性[b] (3)	1 000美元的评定收入水平上的消费[a,c] (4) (美元)	平均消费倾向 (5)	群体的平均收入水平上的消费收入比[c] (6)	相对离散度		
						评定收入 (7)	永久性分量 (8)	临时性分量 (9)
纽约州纽约市：								
白人家庭	2 645	0.89	1 100	0.98	1.00	0.77	0.73	0.26
黑人家庭	1 500	0.89	1 050	0.99	1.01	0.52	0.49	0.17
俄亥俄州哥伦布市：								
白人家庭	2 058	0.81	1 070		0.94	0.68	0.61	0.30
黑人家庭	1 130	0.80	978		0.96	0.61	0.54	0.27
佐治亚州亚特兰大市：								
白人家庭	2 158	0.84	1 080	0.93	0.96	0.70	0.64	0.28
黑人家庭	888	0.81	960	0.96	0.98	0.89	0.80	0.38
东南部，中等城市[e]：								
白人家庭	2 086	0.86	1 040		0.94	0.72	0.67	0.27
黑人家庭	686	0.88	930		0.98	0.82	0.77	0.29

续 表

地区、组别(1)	收入的算术平均值(2)(美元)	消费的收入弹性(3)	1 000美元的评定收入水平上的消费(美元)(4)	平均消费倾向(5)	群体的平均收入水平上的消费收入比(6)	相对离散度		
						评定收入(7)	永久性分量(8)	临时性分量(9)
东南部,小城市[f]:								
白人家庭	1 683[h]	0.92	1 025	0.95	0.97	0.52	0.49	0.14
黑人家庭	620[h]	0.94	960	0.99	0.98	0.53	0.52	0.13
东南部,农村[g]:								
白人家庭	1 674[h]	0.88	1 015	0.92	0.96	0.57	0.53	0.19
黑人家庭	500[h]	0.93	970	1.00	1.02	0.48	0.47	0.13

注 释:

a 美元数字按当前价格水平计。要换算成1935—1939年的价格需要除以0.986。

b 图形拟合的对数消费对对数评定收入的直线回归的斜率。

c 根据前一个脚注中描述的回归计算。

d 含义和计算方法见表4的注释b、c和d。

e 南卡罗来纳州哥伦比亚,以及亚拉巴马州莫比尔。

f 北卡罗来纳州,加斯托尼亚;南卡罗来纳州,萨姆特堡;佐治亚州,奥尔巴尼;佐治亚州,格里芬。

g 北卡罗来纳州、南卡罗来纳州、佐治亚州和密西西比州的34个村庄。

h 这些平均值在准确性上比其他平均值更有问题。它们是基于消费者购买调查的支出样本的数据计算的,而其他平均值则是基于收入样本的数据计算的。支出样本的设计本身就不具代表性,而且美国劳工统计局(Bureau of Labor Statistics)在公开发布数据时也没有利用支出样本给出各个收入组别的平均值。不过,美国家庭经济局(Bureau of Home Economics)却利用支出样本计算了平均值,并且还声称,直接利用支出样本计算出来的平均值,与先根据支出样本的单个单元在收入样本中的相对频率对观察结果进行加权然后再进行计算得出的平均值之间只有很小的差异。然而,它也明确地提出警告说,最不可靠的平均值是所有收入阶层合并到一起的平均值,也就是我们的表格中使用的那些平均值。尽管如此,我在这里还是使用了它们,因为要利用收入样本的相关数据涉及的计算量过于繁重。

资料来源:

算术平均收入和用于计算评定收入的相对离散度的频率分布:纽约州纽约市数据来自劳工部,《第643号公报》,第一卷,第93、99、156和162页;俄亥俄州哥伦布市数据来自劳工部,《第644号公报》,第一卷,第137、143、185和191页;佐治亚州亚特兰大市数据来自劳工部,《第647号公报》,第一卷,第147、153、195和201页;中等城市,同上,第243、249、270、275、296、301、322和327页;哥伦比亚和莫比尔的平均值是根据一个100%样本中本土完整家庭的估计数量加权计算出来的,出处同上,第138和140页;小城市和农村数据来自农业部,第464号杂项出版物,

《家庭资产与负债的变化：五个地区》，华盛顿，1941 年，第 88、93、95 和 96 页。

按收入阶层归集的消费和收入（用于回归分析）：纽约市、哥伦布市、亚特兰大市和中等城市数据来自劳工部，《第 648 号公报》，第八卷，第 46、47、52—55、62 和 63 页；小城市农村数据来自农业部，第 464 号杂项出版物，第 88、93、95 和 96 页。

平均消费倾向：纽约市和亚特兰大市取自理查德·斯特纳提供的数据，见《黑人的份额》，纽约，1943 年，第 92、96—98 页；小城市和农村数据来自农业部，第 464 号杂项出版物，第 88 页。

第（5）列和第（6）列给出的这些比值的含义与第（4）列的绝对数值有非常大的不同：在所有 10 项对比中，黑人家庭的比值都高于白人家庭。这就表明，一般来说，白人更加“节俭”。

不过，我必须补充一点，我们不能直接就认为这个结果反映了种族本身的影响。这是因为：（1）在每一个社区，独立企业（家）家庭或独立专业人士家庭在黑人家庭中所占的比例都明显小于白人家庭。正如我们在前一节中已经指出过的，与其他家庭相比，这些家庭倾向于将更大一部分收入储蓄起来。因此，它们在某个组别中的相对重要性越小，该组别的平均倾向就会越高，从而使得“所有黑人家庭”的平均倾向高于“所有白人家庭”。因为使用提款来衡量“企业家”的收入，所以这个趋势在这些数据中并没有完全反映出来，但是即便如此，仅需要非常粗略的计算就可以证明，仅仅是这个因素就会使黑人的平均倾向增加一个百分点。（2）将数据限制于未接受救济的家庭可能也会出现同样的效应。与白人家庭相比,黑人家庭中被归类为未接受救济的家庭的比例要小得多。在很低的评定收入水平上,未接受救济的家庭的平均收入极有可能有一个负的临时性分量,而且它们的平均永久性收入肯定要比相同评定收入水平的接受救济的家庭要高。这甚至可能会影响所有评定收入阶层的平均水平,从而导致所有未接受救济的家庭的临时性分量的均值为负。如果确实是这样,那么对黑人的影响将大于对白人的影响,从而使得在将第(5)列和(6)列中的那些比值作为对 k 值的估计时,对黑人家庭的高估比对白人家庭更加严重。[1]

表 7 的最后三列给出了评定收入及其永久性分量和临时性分量的相对离散度的估计值。这些估计值表明,在美国北方地区和南方地区之间存在着一个很有意思的差别。在北方的两个城市中,白人家庭的永久性分量和临时性分量的离散度都比黑人家庭大——在哥

[1] 在第 117 页脚注 1 中,我已经指出了,在对 1934—1936 年的工资收入者的研究中,白人家庭的平均消费倾向比黑人家庭略高一些(0.99 对 0.98)。对于这个与表 7 显示的模式相反的情况,可以从以下两个方面来加以解释:第一,1934—1936 年的研究只涉及工资收入者阶层和薪金较低的办事员,因此正文中第(1)点不适用。第二,虽然将接受救济的家庭排除在外这种资格要求本身可能会导致收入的临时性分量的均值为负,而且对黑人家庭的影响比对白人家庭的影响更大,但是 1934—1936 年的研究中其他更多的资格要求可能在相反的方向发挥了平衡作用。特别是,所有收入在 500 美元以下的家庭都被排除在外了,导致黑人家庭被排除在外的比例远远大于白人家庭被排除在外的比例,这显然倾向于导致一个正的临时性分量的均值。在“天平”的另一端,如果一个家庭的主要收入来源是年薪超过 2 000 美元的文书工作人员,那么这类家庭往往会引入一个负的临时性分量的均值,而且对白人家庭的影响要比黑人家庭大得多。因此,总的来说,样本中黑人的临时性分量的均值(以代数值表示)似乎不太可能大于白人,这与根据消费者购买调查数据得出的推测结果正好相反。

伦布市只大一点点，而在纽约市则明显要大很多。在南方的各个社区，黑人家庭和白人家庭之间在离散度上的差异的方向通常与北方地区的社区相反：就评定收入和永久性分量而言，全部四个社区中有三个都是如此，而就临时性分量而言，也有两个社区是这样的。这种差异在亚特兰大市和中等城市是一致的，而且在这些城市比在其他南方地区的社区更大。这个结果很能说明问题，而且也完全不是令人难以置信的——不过，我们还是要带着一些怀疑的眼光来看待它，因为它仍然可能不仅仅只是将数据限制为未接受救济的家庭的一个变相的反映。在南方，白人和黑人在经济上比在北方更接近于分属两个分离的社会。在北方，黑人和白人已经很好地“融合”起来了，这种“融合”意味着黑人已经趋于专业化了——他们较低的平均收入在很大程度上反映了他们从事低收入职业的事实。黑人依赖于白人社区，即，黑人要依赖于为白人所从事的高收入职业服务，正如白人依赖于黑人社区一样。在这个意义上说，南方的黑人融入社会的程度更低，他们可能更倾向于依靠为自己的社区成员所从事的收入较高的职业服务；他们较低的平均收入不仅反映了他们集中在收入较低的职业中就业的事实，而且还反映了他们所从事的每一项活动的平均收入都较低的事实——与北方相比，在更大范围内如此。这些影响在更大的社区中可能比在小城市或农村中更加明显。支持这个解释的一个证据是，虽然亚特兰大市未接受救济的黑人家庭的平均收入比哥伦布市低了不止 20%，但是被归类为企业（家）或专业人士家庭的黑人家庭的比例——独立或受薪的——却是亚特兰大市略高一点(亚特兰大：10.3%，哥伦布：9.8%)。[1]

f. 一个"题外话"：在消费研究中如何使用偏相关(partial correlation)分析

从前面的分析中，我们可以直接得出一个对于消费研究来说非常重要的含义，在这里我们有必要暂时偏离我们的主要论述路径，花点时间来明确地阐发一下这个含义。分析影响消费的各种因素的一种常用方法是在"保持收入不变"的情况下，研究其他变量的影响。有人认为，收入是影响支出的主要因素，因此，除非首先排除收入的影响，否则其他变量的影响都将被它所淹没。在这种方法中，"收入"几乎总是被认为是某个特定年份的"评定收入"(采用我们的术语)，而要让收入"保持不变"，要么利用多重相关分析(收入是其中的一个变量)[2]，要么利用多重相关分析的某个变体——消费-收入回归(或储蓄-收入回归)，回归的残差要先予以计算，然后再分析其他变

[1] 美国劳工部，《第644号公告》，第一卷，第122页；《第647号公告》，第一卷，第138页。这些百分比对所有家庭都成立，无论是接受救济的还是未接受救济的，完整的还是不完整的。参见加里·S. 贝克尔(Gary S. Becker)的《种族歧视的经济学分析》(The Economics of Racial Discrimination，1955年)，这是芝加哥大学的一篇未发表的博士论文；以及莫顿·泽曼(Morton Zeman)，《美国白人和非白人收入差异的定量分析》，1955年，芝加哥大学未发表的博士论文。

[2] 例如，请参见，劳伦斯·克莱因(Lawrence Klein)构造的方程，刊载于卡托纳(Katona)、克莱因(Klein)、兰辛(Lansing)和摩根(Morgan)主编，《调查方法对经济学的贡献》，第203页；还有随后的分析，以及上面这本书的各章所附的参考书目，尤其是由克莱因本人或他与和别人合写的那几章。

量的影响。[1]

如果前面的分析是到位的、可以接受的,那么很明显,这些方法并没有以一种对消费行为的决定有意义的方式"保持收入不变"。这些方法所保持不变的,其实是一种"混合物":上面这个意义上的收入(即我们所说的收入的永久性分量)与当前所得的偶然的加项或减项的混合,后者在决定消费行为方面完全没有作用或几乎没有任何作用。而且这种特殊的"混合物"很可能与要系统性地加以研究的其他变量有关:这也就是说,这些方法并没有消除收入的影响,而只是掩盖了收入的影响——使之显得似乎是其他变量的影响。

也许,黑人家庭与白人家庭的对比分析最能清楚地说明这一点。在分析肤色的影响时,我们需要保持评定收入不变。[2] 这样一来,我们就会发现黑人家庭在消费上的支出比白人家庭少,而储蓄则比白人家庭多。原因很简单,正如我们已经看到的,同样的评定收入系统性地意味着黑人家庭的永久性收入低于白人。在这种方法下,我们称之为给定收入的种族效应的那种效应,其实主要是收入差异的影响,这种差异只是被共同的评定收入掩盖了。正如我们已经看到的,在为了消除这种效应而进行的比较[即通过对群体的均值处的行为进行比较(因为人们假定均值大体上可以消除临时性的效应的影响)]中根本就没有任何证据表明黑人比白人更加"节俭";相反,现

[1] 例如,请参见上面这个脚注提到那本书中由摩根撰写的那两章。

[2] 克莱因和穆尼在分析黑人家庭和白人家庭的储蓄差异时所做的就是如此。请参见《黑人家庭与白人家庭的储蓄差异及消费函数问题》,特别是其中的第429—430页。

有的证据所指向的结论其实正好相反。保持评定收入不变所得到的表面结果只是一种幻象,一种可归因于分析方法的幻象。

本节前面的各个部分都可以视为这个观点的补充示例。密歇根调查研究中心最近组织出版的一本书《调查方法对经济学的贡献》,特别是摩根和克莱因撰写的那几章,提供了更多值得借鉴的例子;尤其是因为,这本书的相关章节都是令人击节赞赏的好研究,体现了经济分析和统计技术的精妙和极高的独创性,还表现了仔细研究基本材料、在分析中不惜投入大量时间和精力的学术热诚。然而,如果我们的假说以及本节前面各部分对它的应用是可以接受的,那么他们的发现就变得几乎毫无价值了,因为他们使用了偏相关技术来让评定收入保持"不变"。

摩根首先分离出了在储蓄对收入的回归斜率上有明显差异的群体,然后再为每个这样的群体计算回归。对于每一个"消费主体",他把该"消费主体"所属的群体的观察到的储蓄与利用回归估计出来的储蓄之间的差异,视为除了以下变量之外的其他变量的影响的估计值:(1)收入;(2)其他用来界定那些群体的组别的变量,主要是自有房屋所有权状况和流动资产的规模。[1] 然后,他研究了其他变量

[1] 在第三章中,他进行了 7 种回归分析:3 种回归分析是对无房者进行的,所有这 3 种回归分析所针对的都是 1947 年和 1948 年的合并数据,它们用于三个由年初时的流动资产状况决定的群体:拥有 0 美元流动资产的,拥有 1—499 美元流动资产的,以及拥有 500 美元以上流动资产的;其他 4 种回归分析是针对有房者的——其中有两种回归分析针对的是 1947 年和 1948 年的合并数据,其流动资产类别分别为 0—199 美元,以及 200—2 999 美元,另外两种回归分析用于流动资产类别为 3 000 美元或以上的群体,一种是对 1947 年的,另一种是对 1948 年的。在第四章中,他使用了"正常"回归方法(normal regression,详 (转下页)

对残差的影响。同样的分析进行了两次,第一次利用了基于样本中所有“消费主体”数据的回归,另一次则只使用了所谓的“正常”回归,只基于大约一半的“消费主体”。

摩根用来对第一组回归中的残差进行分类的第一个变量是城市

(接上页) 见下文);他共使用了16种回归分析,所有这些回归分析都是针对1947年、1948年和1949年的合并数据的——有4个流动资产类别、4种住房状态类别,因此有16种回归。

虽然与我们要论述的主要观点没有什么关系,但是推测一下他所发现的不同之处仍然是一件很有趣的事情。他发现,边际消费倾向(1减去他计算出的边际储蓄倾向)随着流动性资产规模的增加而降低,而且有房者的边际消费倾向低于无房者。根据我们的假说,流动性资产带来的这种效应似乎可以直接做出解释。那些收入的临时性分量相对较大的“消费主体”比其他“消费主体”更需要应急储备金;因此,有理由预期这些“消费主体”可能平均持有更多的流动资产。正如我们在讨论职业的效应时已经分析过的,对于这样的“消费主体”,k 和 p_y 都是相对较低的,因此,它们的乘积,也就是边际消费倾向,相对而言也会较低。

支持这个解释的证据可以从消费者金融调查中得到。这个调查提供了不同职业群体的流动资产分布数据(按资产规模列示)——1949年和1950年的数据,见《1950年消费者金融调查,第五部分》,《美国联邦储备公报》,1950年12月,表34;1951年和1952年的数据,见《消费者金融调查,第三部分》,出处同上,1952年9月,表12。举例来说,在1950年的数据中,如果我们对无房者采用摩根的流动资产分类方法,那么流动资产在500美元以上的“消费主体”在专业人士和“半”专业人士、管理人员和自谋职业者、农业经营者中的比例分别为67%、62%、46%;而在办事员和销售人员、熟练工人和半熟练工人、非熟练服务人员中的比例则分别为48%、35%、26%。前者显然是更容易受较大的临时性变化影响的群体。唯一的例外是退休人员群体,其相应的比例为62%;但是这个群组规模非常小,不会对结果产生重大影响。限于篇幅,我们在这里不能引述摩根用于对有房者划分阶层的表格。如果我们以拥有5 000美元或更多的流动资产为标准,那么在1950年,上述两类群体中的比例分别是18%、19%和11%,以及7%、4%和3%;在退休人员群体中则为24%。其他年份的情况也大体上相同。

对于拥有自有住房者和无房者之间的区别,我还没有想到任何同样合理的解释。也许,正如摩根所指出的,这种差异在很大程度上反映了作为一个收入项目和消费项目的来自住房的估算收入的缺失;然而,也像他一样,我怀疑这就是全部。在我看来,这更有可能是其他变量的“变相”反映;例如,有房者似乎比无房者拥有更多的流动资产,并且这两类人在年龄和家庭构成等方面也可能有所不同。见卡托纳、克莱因、兰辛和摩根,《调查方法对经济学的贡献》,第101—113页,157—161页。

规模。他把城市按规模大小进行了分类,并根据每一种城市规模(的城市)的残差的平均值得出了这样一个结论:城市规模对储蓄有显著的影响,在给定的收入水平上,大都会区与位于非大都会区的城市或城镇相比,储蓄更低,同时消费支出更高,而后者又比“广大乡村非农业地区”储蓄更低、消费支出更高。碰巧,摩根所报告的平均收入和平均储蓄也是如此。他将非大都会区的所有城市(市镇)划分为三个组别,这三个组别之间平均收入相差不大,但是大都会区的平均收入则明显高于这三个组别中的任何一组,而且这三个组别的平均收入又明显高于“广大乡村非农业地区”。由此而导致的一个结果是,相同的评定收入水平,在大都会区对应更高的永久性收入,从而对应比非大都会区更高的消费和更低的储蓄,而非大都会区与广大乡村地区相比,同样也是消费更高且储蓄更低。然而,从他报告的数字可以计算出,大都会区的平均消费倾向为0.84;非大都会区的三组城市和城镇的平均消费倾向分别为0.83,0.84和0.84;乡村非农业地区则为0.83。这些数字都没有显示出城市规模的任何影响。所谓的“城市规模差异”,就像“黑人-白人差异”一样,只是摩根所用的方法的虚构产物。

在他对残差进行的其他分析中,摩根没有报告平均收入和平均储蓄。但是非常明显,正如其他证据所表明的,他发现的许多“显著效应”,例如“黑人-白人效应”和“城市规模效应”,都主要甚至完全是由平均收入的差异造成的,那会使得相同的评定收入对应不同的永久性收入。在此举几个例子:(1)他发现,“有不止一个‘挣钱者’

的那些'支出主体'的储蓄更少"。[1] 但是我们知道,平均家庭收入往往会随着家庭中的挣钱者人数的增加而提高,这就足以在观察到的残差中产生这种模式了。(2) 他发现,"主要'支出主体'的储蓄明显更少,而次要'支出主体'的储蓄却明显更高。"[2]但是我们知道,主要"支出主体"的平均收入一般都要比次要"支出主体"高。(3) 他还发现,"不同职业群体之间的平均残差相差不大,而且奇怪的是,唯一显著不等于0的残差存在于非熟练工人和服务业工人群体中",[3]只有这个群体的平均残差为正。当然,这也是一个平均收入相对较低的群体,所以我们对这个"发现"的解释一点也不会显得"奇怪"。

摩根在他的分析的第二阶段使用了"正常"回归,试图解决收入的临时性分量带来的问题。他知道这个问题的存在,尽管他没有使用我们的术语。他是从"生活在'合理'的正常环境下的那些群体"的数据中得到这些回归结果的,[4]这些群体将以下"消费主体"排除在外:"户主"的年龄在65岁以上的,失业的,退休的,收到了大额礼物或大笔遗产的,收入突然增加了25%以上或减少了5%以上的。然后他用这些回归分别计算出了"正常"的"消费主体"和其他"消费主体"的残差。然而不幸的是,尽管这个技巧的出发点是好的,但是

[1] 《调查方法对经济学的贡献》,第129页。
[2] 出处同上,第129页。
[3] 同上,第132页。
[4] 同上,第157页。

它要么毫无用处，要么只会让情况变得更糟。首先，他的“正常”回归，并不能视为“永久性”成分之间的关系。已经纳入“消费主体”的临时性分量的方差，无疑要比所有“消费主体”的方差小，但是几乎不可能为0；在任何情况下，永久性分量的方差也必定更小，尽管可能不会小那么多。[1] 由此导致的结果充其量只是一个很难精确解释的混合体。其次，即便假设可以将“正常”回归看作永久性分量之间的关系，也无济于事，因为只有当对单个“消费主体”的永久性收入有了某种估计的时候，才可以用它们来消除永久性收入的差异的影响。但是，现在还没有这样的估计。摩根不得不直接使用了评定收入，而那会在他的残差中引入了一个额外的误差来源。

最关键的错误出在他的假设上。摩根假设，在其他影响储蓄行为的变量保持不变的情况下，永久性消费和储蓄——或者，用摩根自

[1] 如第128页脚注1所述，摩根是用1947年、1948年和1949年的合并数据进行他的“正常回归”的；但是在他的初始回归中，仅使用了1947年和1948年的数据；此外，他共划分出了16个组别，而不是7个组别，因此不清楚分组方法在定义上是否能够精确地匹配起来。由于这些原因，不可能对他的两组回归模型的参数进行有效的比较，从而直接检验这个猜想，或者通过临时性分量的方差的减少比永久性分量的方差的减少多了多少来估计。比较被纳入的组别和被排除在外的组别的回归系数，能够提供某种程度上更令人满意的证据，尽管这一点也会被报告不同的回归系数时在分类上的差异所模糊。根据这些数据进行的粗略计算支持这样一种推测，即临时性分量的方差比永久性分量的方差减少得多一些。但是，这些证据还意味着，这种差异效应的量级是非常小的，因此，在收入的方差中可以归结为临时性分量的比例，被纳入的群体大约是被排除在外的群体的75%（《调查方法对经济学的贡献》，第159和160页）。

第128页脚注1讨论的流动资产效应，在“正常”回归中与在初始回归中一样显著。如果那个脚注对这种效应的解释是正确的，那么就进一步证明了“正常”回归并不比初始回归更接近于永久性分量之间的回归。

己的术语来说，“正常”消费和储蓄，对于相同的评定收入必定是相同的。在这种错误的假设下，用储蓄和收入之间的任意一种关系去估计“正常”储蓄都几乎没有任何区别；当同一个评定收入水平对应于不同的永久性收入水平时，残差是不可能摆脱收入的影响的。

当然，我并不是说摩根所考虑的那些变量可能根本不会影响消费行为，我也没有说它们的影响可能与他所发现的方向不一致。我要强调观点只是，从他的分析中不可能得知它们是否会影响消费行为，也不可能得知它们会在什么方向上产生影响。

克莱因为《调查方法对经济学的贡献》一书撰写了好几章，他在其中的第一章中采用了一种类似于摩根的方法，只不过他使用的是同时涉及了多个变量的回归方程，因此是通过多重相关方法而不是简单相关办法得到残差的；此外，克莱因的自变量是储蓄与收入之比，而不是储蓄本身；他还更多地关注方程本身，而较少关注残差。在几乎每一个方程中，克莱因都包括进了年初的收入（或收入的对数）和流动资产（通常用占收入的比例表示）。在他的发现中一致性最高的一个是，对于给定的收入（当然，这指的是给定的评定收入），储蓄会随着流动资产的增加而减少，也就是说消费会随之增加。现在看来，这个发现（他在其他关于流动资产的研究中也得出过这个发现），就这个证据而言，可能只是偏相关技术所引入的偏差的另一个例子。因为有充分的证据表明，收入越高，流动性资产的水平通常越高；因此，在更高的收入水平上，给定的评定收入往往对应更高的永久性分量，从而对应更高的消费、更低的储蓄和更高的流动资产水平。因此,这些相关性本身并没有提供关于流动资产的影响的有用证据。

克莱因完成的一个附带性的计算是,以两年为时间单位(而不是通常的一年),计算收入和储蓄的相关性。正如他所指出的,延长时间会产生与我们假说一致的结果:储蓄与收入之比与其他变量的相关性变得更低了,而估计出来的边际消费水平则变得更高了。[1]

第三节 储蓄与年龄

我们的假说与珍妮特·费希尔(Janet Fisher)在一项基于消费者金融调查数据的研究中披露的一些结果存在着明显差异。在下面的表8中,前四列的数字来自她的这项研究。第(3)列给出的平均收入比率,是对某个年龄组别的平均评定收入与所有"支出主体"的平均评定收入之间的比率的估计;第(2)列给出的平均储蓄比率则是对相应的储蓄比率的估计。从第(3)列的数字来看,将收入比率解释为评定收入与永久性收入之间的比率的估计值——或者,至少可以认为它们是相关的——似乎是有理由的:一生中工作的前几年和后几年,估计评定收入可能会比永久性收入少;而在一生工作的中期,估计的评定收入会比永久性收入多。

[1] 《调查方法对经济学的贡献》,第220—221页。

表 8 储蓄和收入与“支出主体”的“户主”的年龄的关系，美国，1946 年

“支出主体”的“户主”的年龄(1)	储蓄平均比率(2)	收入平均比率(3)	平均储蓄占平均收入的百分比(4)	假定的平均年龄(5)	估计的平均终生收入比率(6)	调整后的收入平均比率[(3)÷(6)](7)
18—24 岁	15	57	-3	21.5	144	40
25—34 岁	57	95	6	30	122	78
35—44 岁	136	118	12	40	100	118
45—64 岁	149	116	13	55	74	157
65 岁及以上	55	57	10	70	55	104
所有年龄	100	100	0		100	100

资料来源:

第(1)列至第(4)列复制自珍妮特·费希尔的论文第 92 页的表 10,见,珍妮特·费希尔,《不同年龄组别美国消费者的收入、支出与储蓄模式》,《收入和福利研究》,第十五卷,纽约:国家经济研究局,1952 年,第 77—102 页。这些数字是根据消费者金融调查收集到的 3 058 个个案数据计算出来的。

收入“‘平均比率’是用某个组别的‘支出主体’收到的总收入百分比,除以那个组别的总‘支出主体’人口百分比计算出来的”(来源同上,第 81 页)。储蓄平均比率也是用同样的方法计算出来的。在这里,储蓄的定义不包括购买耐用品的支出在内,这种支出被视为消费支出。

根据我们的假说,我们的预测是,第(3)列的收入比率应该与第(4)

列的评定储蓄与评定收入之比密切相关。因为与消费相关的主要是永久性收入，而不是评定收入，所以当评定收入低于永久性收入时，消费应该与评定收入高度相关，反之亦然。而对于评定储蓄，这种关系应该会颠倒过来，所以第(3)列和第(4)列之间应该是正相关的。这些数字在某种程度上是与这个预测相一致的；位于收入阶梯“终点端”的群体的储蓄与收入之比，要低于中等收入阶层。但是，这种相关性其实是非常松散的；“终点端”阶层的收入比率与“起点端”阶层的收入比率完全相同；而这两个阶层储蓄占收入的比例分别为10%和-3%。

这些结果与我们的假说之间的明显差异其实很容易解释。第(3)列显示的是户主年龄不同的“支出主体”在一个单一的年份中的平均收入比率；我们不能将之解释为直接给出了单一“支出主体”的预期终生收入，除非可以预期某个特定年龄“支出主体”的绝对实际收入不会随着时间流逝而发生变化。然而事实是，至少在过去半个世纪以来，美国的人均实际收入一直在以每年大约2%的速度增长，而且似乎没有理由认为它在未来不会继续增长。如果确实如此，那么可以预期，最“年轻”的那个群组的平均终生收入，肯定会高于表格中所列的“全部年龄组”的平均值——该平均值被设定为100。如果，我们把这个平均值100分配给年龄为40岁的那个群组(当然，这样做不无武断之处)，同时假设人均收入继续以与过去相同的速度增长，那么最“年轻”的群组的预期终生收入将为144——表中的第(6)列给出了这个数字。类似地，年龄最大的那个群组的平均终生收入将远低于“全部年龄组”的平均水平；我们武断地将这个年龄最大的群组的平均年龄设定为 70 岁,然后估计出它的平均值为 55。第(6)列给出的估计为修正第(3)列中的比率提供了一个大体上可行的基础,因为在一个"不断进步"的社会中,户主年龄不同的"支出主体"的同时期收入模式与单个"支出主体"的终生收入模式之间,可能会出现的一些"不符点"。[1] 我们在第(7)列中给出了对终生收入模式的粗略估计。

储蓄占收入的百分比与调整后的收入平均比率的关系,要比与原来的收入平均比率的关系紧密得多。某个年龄组的消费支出是根据它自身的永久性收入的预期值进行调整的,而不是根据不同年龄组合并成的异质性集合的平均永久性收入进行调整的。虽然第(4)列和第(7)列之间的紧密相关性与我们的假说一致,但是平均储蓄的数值大小却与假说的解释不一致——根据我们的假说,要把第(6)列的数字视为已经对支出进行了调整的收入的永久性分量。如果 k 的值大约为 0.9(如"所有年龄组"的平均储蓄比率所表明的那样),如果 144 是最年轻的那个群组的收入的永久性分量的值,那么它的平均永久性支出就等于 $0.9\times144(=130)$,因此储蓄将会是−90,或者,等于评定收入的−225%,而不是等于评定收入的−3%;其他年龄组别

[1] 当然,这种调整在很多方面都是很粗糙的:(1) 2%这个数字只是一个粗略的估计。(2) 第(5)列中假定的平均年龄是任意选取的,对于两个最年老的组别来说,这个数字可能应该更低一些,而对于两个最年轻的组别来说,这个数字可能应该更高一点。(3) 将整个群体的平均收入分配给年龄为 40 岁的那个组别也是任意的。(4) 这个群体的平均水平其实并不是终生收入的平均,它只是不同年龄组的平均值的加权平均值,所用的权重是某个时间点上某个年龄组的"支出主体"的实际百分比,实际上应该采用的权重是预期可以存活到特定年龄的"支出主体"所占的百分比。而且,毫无疑问,除此之外还采取了不少武断的处理方法。

也是一样。这种解释,或者说这种合理化,已经在前面提到过了。收入的永久性分量不应视为预期终生收入,相反,应该看到它本身是随着年龄的增长而变化的。我们可以将它解释为"消费主体"在任何年龄段时认定为永久性的平均收入,而这种认识又取决于"消费主体"的视界和远见力。[1] 因此,对于第(7)列给出的数字,我们只应该将它们视为衡量评定收入与永久性收入之间的比率的指标;它们与后者在相同的方向上偏离1,但是偏离的大小却不一定相同。

这些数据与预算研究给出的其他证据的一致性,大体上可以通过对第(4)列与第(7)列之间的关系,与"消费主体"不按年龄划分组别而直接根据他们的实际收入与群体的平均收入的比率来分类时相对应的关系进行比较来加以检验。布雷迪和弗里德曼根据对1901年、1917—1919年、1941年,以及1935—1936年的各项预算研究提供的数据,计算出了城市家庭的储蓄与货币收入之比、评定收入与平均收入之比,并绘制在了同一张图上。[2] 由第(4)列和第(7)列确定的那些点与这些预算研究的结果惊人地一致。而且更令人吃惊的是,它

---

[1] 请参见,弗里德曼和库兹涅茨,《独立职业的从业收入》,第355—362页。为了证明以永久性收入以一种完全不同的方式随年龄改变的合理性,他们认为最年轻群组的预期终生收入是预期未来收入的贴现价值,而不是它们简单相加的结果。如果资本市场是完美的,通过对贴现账户施加适当的正负调整,以这种方式计算出来的终生收入可以被认为是终身不变的。但是资本市场并不完美,因此,从可用于支出的资金的角度来看,借款的利率必定高于放贷的利率,同时长期借贷的利率必定高于短期借贷的利率。由此而导致的一个结果是,像第(7)列所示的那种实际收入的模式会产生收入的永久性分量的模式,形状将会相同,只是幅度较小,即便按单个"支出主体"的寿命计算永久性收入也是如此。而且,期界放得更短也不会改变这种模式,而只会增大量值。

[2] 同上,第261页。

们与1917—1919年的数据最为接近——几乎完全复制了当年的关系。在这些年份中,就收入和支出的临时性分量的均值的重要性而言,1917—1919年似乎与1946年最为接近:两者都处于一场世界大战的硝烟渐趋散尽之时,而且都处于战争时期的(或战后)通货膨胀当中。

多萝西·布雷迪(Dorothy Brady)根据多年的预算数据进行的一项研究提供了进一步的证据,她得出了消费支出、家庭收入以及家庭所属的社区的平均收入之间的关系。如果我们认为,家庭收入与家庭所属社区的平均收入之比是与表中第(7)列给出的数字有可比性的,并修改布雷迪的函数,使之给出相同的平均储蓄占收入百分比(10%),那么利用她的方程就能够得出对储蓄占收入百分比的估计——对于第(7)列的各个值,估计的百分比分别为:-8%、+5%、+13%、+18%、+11%。这些估计值与第(4)列的数字之间的一致性是弥足惊人的,因为我们的表格中第(9)列的估计数字是非常粗糙的,而且这两个数据来源是完全独立的。[1]

---

[1] 请参见,多萝西·S. 布雷迪,《家庭储蓄与收入的水平和分布的变化的关系》,《收入与财富研究》,第十五卷,纽约:国家经济研究局,1947年,第114页。她给出了如下模型:$\lg y = -0.0295 + 0.8\lg x + 0.2\lg z$,其中,$y$ 是消费支出,x 是家庭的收入,z 是社区的收入,这里的所有对数都以10为底。在等号两边同时减去 $\lg x$,再稍加变形,我们就可以得到

$$\lg \frac{y}{x} = -0.0295 - 0.2\lg \frac{x}{z}$$

这个方程中的常数项的含义是,当 $x/z = 1$ 时,消费支出是收入的0.93倍。要将这个数转换成0.90,常数项必须为-0.0458,从而也就给出了计算正本中引用的数字的公式:

$$\lg \frac{y}{x} = -0.0458 - 0.2\lg \frac{x}{z}$$

最近,与表 8 的数据相类似的英国数据也已经公开发布了,如表 9 所示。

表 9 储蓄和收入与"收入主体"的"户主"的年龄的关系,英国,1953 年

"收入主体"的"户主"的年龄 (1)	1952 年 收入平均比率 (2)	1952 年 平均储蓄占平均收入的百分比 (4)	1953 年 收入平均比率 (5)	1953 年 平均储蓄占平均收入的百分比 (6)
18—24 岁	64	0	62	1.2
25—34 岁	112	1.3	114	0.9
35—44 岁	125	0	134	2.9
45—54 岁	130	5.7	126	1.2
55—64 岁	98	1.9	93	2.2
65 岁及以上	57	9.4	55	6.0
所有年龄	100	1.0	100	1.0

资料来源:

哈罗德·利达尔(Harold Lydall),《收入、储蓄和资产所有权的生命周期》,《计量经济学杂志》,第二十三卷,1955 年 4 月,第 131—150 页,特别是表 3、表 11 和表 12。收入在所有表格中都是净收入(即扣除了个人所得税后的收入)。储蓄不包括在耐用品上的支出——那要计入消费支出。第(3)列复制自利达尔的论文中的表 12。第(4)列则是直接根据他的表 3 计算出来的。第(5)列是用他的表 11 中的储蓄数字和表 3 中的收入数字计算出来的。第(2)列则是间接计算出来的,因为利达尔没有提供 1952 年的收入数据。在他的表 12 中,利达尔给出了"持久消费加上总储蓄”的绝对数额及其占净收入的百分比。净收入是根据前者与后者的比率估计出来的。

表9的数据来自牛津统计研究所组织实施的个人收入和储蓄调查(Survey of Personal Income and Savings)。我们利用这项调查的一些结果来对英国和美国的情况作个比较。[1] 我本人并没有对这些数据做过像对美国数据那样详细的分析,部分原因是英国和美国之间在“长期经验”上存在着明显的差异,特别是在战争时期和战后年代,这使得对这种长期效应的修正变得不确定了。英国的数据与美国的数据呈现出了同样的收入模式,只是数量略大一些。关于储蓄,与美国相比,英国的数据要少得多,尽管它们显示出了同样的总体趋势,即中间年份的储蓄要高于“终端”年份。与美国数据的主要区别在于年龄模式中出现的“倾斜”上:在美国的数据中,相对于评定收入,最年老的“支出主体”的储蓄明显高于最年轻的“支出主体”;而在英国的数据中,却是最年轻的“收入主体”的储蓄明显高于最年长的“收入主体”;在美国的数据中,唯一的负储蓄群体是最年轻的那些人,而在英国的数据中却是最年长的那些人。

对于这种差异,我可以提出三种可能的解释,不过遗憾的是,仅依靠现有的数据,并不能很好地检验它们的有效性或相对重要性。

(1) 在一定程度上,“年龄倾斜”上的差异可能只是反映了两组

[1] 请参见,哈罗德·利达尔(Harold Lydall),《收入、储蓄和资产所有权的生命周期》,《计量经济学杂志》,第二十三卷,1955年4月,第131—150页。

数据在年代上的差异。美国的数据是1946年的，而英国的数据则是1953年的。战争时期的物资短缺，特别是耐用品的短缺，对较年轻的"支出主体"的影响要大于较年老的"支出主体"，而且，表8中的数据将耐用品上的支出视为消费支出。如果美国也有一张1953年的表格，那么也许会与英国的模式更加一致。[1]

(2)"年龄倾斜"上的差异也可能反映了"长期经验"的不同。与英国相比，美国所经历的人均实际收入的长期增长规模更大，也更有规律性，尤其是最近几十年来的收入增长，可能对人们的预期的形成产生了最重要的影响。由此而导致的一个结果是，对于收入平均比率，就长期效应而做出修正的需要变得更少了，或者甚至根本不需要修正。但是，这并不能解释全部原因，因为未修正的第一和最后两个阶层的收入平均比率太过接近了，无法解释储蓄百分比为0(或为正)与储蓄百分比明显为负之间的差异。

(3)"年龄倾斜"上的差异还可能反映了对"支出主体"的定义的不同。在美国的数据中，"支出主体"包括一个家庭中所有有亲属关系的人，只要可以认为这些人把他们的收入"集中"在一起使用；而在英国的数据中，"每一个年龄在18岁或以上的单身人士、每一对夫妻都是一个独立的'收入主体'，未满18岁的孩子则附属于他们的父母或监护人的'收入主体'"，除非"在极少数情况下，如果一个人的收入不足50英镑且与亲属一起居住"，那么"他或她就要'合并'到

[1] 对于这个可能的解释，在这里我要感谢约翰·弗雷希特林(John Frechtling)的建议。

他的亲属那个‘收入主体’中去”。[1] 因此,在英国的数据中,最年轻的年龄组可能包括了作为独立的“支出主体”的个人,甚至年轻的已婚夫妇,这些人与亲人生活在一起,并得到了他们的相当大的支持;但是在美国的数据中,这些人都可能被视为其他“支出主体”的组成部分。可以预期,这些“支出主体”的储蓄与实际收入之比可能相对较高:每个“支出主体”都拥有至少 50 英镑的实际收入;记录的评定收入一般不包括与他们一起生活的亲属提供给他们消费的实物的货币价值。因此,他们的评定收入和他们自己的资产(无论包括什么),并不是他们为消费提供资金的唯一手段,实际上也不是主要手段。相比之下,美国数据中这个年龄段的“消费主体”大多是不住在一起的,主要依靠他们自己的评定收入或自己的资产来为消费提供资金。定义上的这种差异,不仅可以解释英国数据所显示的最年轻年龄组储蓄率相对较高的原因,而且还可以解释最年长年龄组储蓄率相对较低的原因。在这里,这种定义差异可能是在相反的方向上起作用的:有些年长的人,在英国数据中是作为“消费主体”分别计算的,在美国数据中是作为其他“消费主体”的组成部分的;这些人可能因为无法独自生活而搬去和他们的亲属同住,这种经济行为可以减少对他们的资产的消耗。这些定义上的差异产生的显著影响,从美国数据和英国数据所显示的归类为不同年龄组的“消费主体”的平均规模的差异就可以看得很清楚:在中年组,美国数据中每个“消费

---

[1] 《收入、储蓄和资产所有权的生命周期》,第 134 页。

主体"的人数要略多一点,而在年轻组和年长组,"消费主体"的规模则显著更大。[1] 此外,还应当指出,英国数据中收入比率跨度更大,可能同样也反映了定义上的这种差异的影响。

第四节 收入变化的影响

人们常常认为,"消费主体"的消费行为与他们最近经历的收入变化有关。为了支持这种结论,他们提出了两种截然不同的推理方法。第一种推理方法与我们的假说在"精神"上是一致的,那就是,收入的变化正是评定收入作为衡量收入状况的指标的不足的证据;收入的大幅增长或大幅下降可能意味着当期收入是"不正常的",而稳

[1] 费希尔没有给出每个年龄组的每"消费主体"平均人数,但是给出了每"消费主体"的人数的百分比分布。见,珍妮特·费希尔,《不同年龄组别美国消费者的收入、支出与储蓄模式》,《收入和福利研究》,第十五卷,纽约:国家经济研究局,1952 年,表 7,第 88 页。下面的表格所比较的估计数是将"五人或以上"的"消费主体"组织的平均人数视为 6 人来计算的:

"消费主体"的户主的年龄	每"消费主体"平均人数	
	美国	英国(1953 年)
18—24 岁	1.68	1.24
25—34 岁	3.14	2.80
35—44 岁	3.67	3.52
45—54 岁	2.86	2.67
55—64 岁		2.09
65 岁及以上	2.24	1.44
所有年龄	2.85	2.36

定的收入则是当期收入“正常”的证据。第二种推理方法隐含地承认,评定收入是一个衡量收入状况的适当指标,但是同时又假设,消费对收入状态的变化的适应有一个滞后期,因此一个刚刚“上升”到某个评定收入阶梯的“消费主体”,不能像已经在那个阶梯上呆了一段时间的“消费主体”那样,完全适应这个收入水平。这两种推理方法所导致的经验预测却是类似的。刚刚上升到某一评定收入水平的“消费主体”的消费,通常要比已经保持了该评定收入水平的“消费主体”更少一些,而且后者的消费,又会比刚刚下降到该评定收入水平上的“消费主体”更少一些。但是,这两种推理方法却隐含着全然不同的消费行为假说,并且意味着对收入变化的影响的不同研究方向。

根据永久性收入假说,收入变化的效应要完全从它对收入的含义的影响中去寻找。只需举一个简单的例子就能表明我们的假说可以说明这种影响,并且可以推导出关于收入变化的影响的相当精确的推论。考虑一个在两年内有相同的平均评定收入的“消费主体”群体,假设每年的收入的临时性分量的均值都为0,这样一来,该群体的平均永久性收入等于平均评定收入,并且在两年内都是如此。然后,我们根据前一年到后一年的收入变化来将这些“消费主体”划分为不同的阶层,并对每一个阶层计算后一年的消费对后一年的评定收入的回归。那么,根据我们的假说,对于这些回归以及它们彼此之间的关系,还有它们与对整个群体计算出来的回归之间的关系,我们可以做出什么预测呢?

为了简单起见,假设除了整个群体的永久性分量在这两年之间是相同的之外,每个"消费主体"各自的永久性分量在这两年之间也是相同的。[1] 因此,收入的任何变化都可以归结为临时性分量的变化。再假设,这些临时性分量与永久性分量互不相关。因此,按收入的变化对群体进行分类,不会使收入的永久性分量的分布出现系统性差异,各个收入阶层都应该有相同的平均永久性分量,且永久性分量的离散度也应该相同。但是,根据我们的假说,消费只取决于收入的永久性分量,而不取决于临时性分量。因此,我们的假说意味着所有收入变化的阶层的平均消费是相同的。

然而,平均评定收入并不相同。收入下降的那些"消费主体"在第二年的临时性分量一定比第一年小,而我们刚刚看到他们的平均永久性分量是相同的,因此,他们在第二年的平均评定收入必定低于第一年。类似地,在第二年,收入上升的那些"消费主体"的临时性分量必定比第一年大,因此平均评定收入也会更高。既然按收入变化划分的所有阶层在这两年间的平均收入是相同的,而且这两年之间是对称的,那么收入下降的那些"消费主体"在第二年的平均收入必定低于收入上升的"消费主体"。由于平均消费是相同的,因此,对于按收入变化划分的不同阶层,消费对评定收入的回归必定会在高度上有所不同,即收入的代数

[1] 这并不是永久性分量的定义所要求的。例如,正如上面已经指出过的,永久性分量可能与该"消费主体"的户主的年龄有系统的相关性。在接下来给出的实证例子中,未能考虑年龄方面的这种差异正是错误的一个来源。

变化越大,回归越低。

那么,回归的斜率是多少呢?刚才的讨论已经清晰地表明,某个"收入变化组"的成员在临时性分量方面的相似程度肯定要比整个群体更高。例如,在收入增长最大的那个组别中,应该几乎不会有任何成员在第二年的临时性分量为负且数额很大。由此可以得出的结论是,一个收入变化组别的临时性分量的方差必定要比整个群体的临时性分量的方差要小;但是永久性分量的方差是相同的。因此,一个收入变化组别的 p_y 必定大于整个群体的 p_y。因此,我们的假说表明,经历了相同的收入变化的一组"消费主体"的消费对收入回归,通常要比所有的"消费主体"更加陡峭。

图 10 显示了我们的假说推导出来的回归之间的关系。这张图并没有显示不同组别的共同平均数。

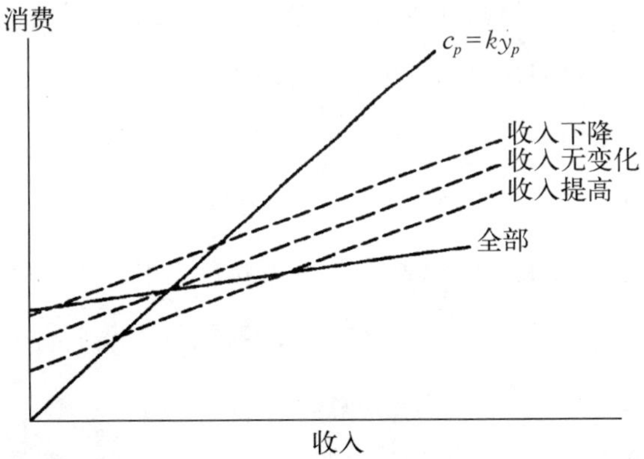

图 10 根据收入变化分类的群组的假想回归(假设整个群组的平均变化为 0)

前面的讨论是经过深思熟虑的，目的是既适用于我们的假说的算术形式，也适用于它的对数形式。对于算术形式，“消费主体”是按照收入变化的绝对值来划分阶层的；而对于对数形式，则是按照收入变化的百分比来划分阶层的。

本章的附录更详细地探讨了我们的假说的这两种变体的具体含义。附录中的分析，一方面比上面给出的分析更加一般化，因为它允许平均永久性分量在两年之间发生变化，条件是每个“消费主体”的收入变化在绝对数量上是相同的（算术变体），或在变化百分比上是相同的（对数变体）；而且，它也不需要假定临时性分量的均值为0。另一方面，它的一般性又不如上面的分析：它对临时性分量在这两年内的分布做了特殊的假设（即它们在这两年内共同服从正态分布，且方差相同）。这个分析证实了且推广了前面的结论。最有意思的一般化推广或许是，不管收入变化的幅度是多少，收入回归的斜率都是相同的；这也就是说，如果像图10中的虚线那样的回归，是为收入变化值的一个序列计算出来的（或对同样范围的收入阶层计算的），那么它们将会是平行的。这也正是我们在图10中让它们并行的理由。同样的分析还可以得出一些具体的公式，它们可以表示某一特定收入变化组别的斜率和截距回归，所用的参数涉及整个群体的人口数量、收入变化的规模和收入结构的特征等。我们将使用这些公式来解释关于收入变化的影响的现有数据。

我比较详细地考察了我们的假说与两组数据的一致性。第一组数据是来自超过600个农业家庭的数据，露丝·麦克（Ruth Mack）曾经利用这些数据分析了收入的变化的影响。[1] 这些数据是由联邦农业安全管理局(Farm Security Administration,简称"FSA")收集的,覆盖的年份是1940年至1942年。[2] 第二组数据是消费者金融调查中收集的将近5 000个"消费主体"的数据,詹姆斯·N. 摩根(James N. Morgan)用这些数据分析了收入变化的影响。这些数据覆盖的年份是1948年至1949年。

此外,我还比较随意地检验了1943年和1944年田纳西州将近400个农业家庭的数据与我们的假说的一致性。[3] 就像前面提到的其他两组数据一样,这种一致性非常接近于这个假说的含义,虽然它们在某一方面有所不同。[4]

---

[1] 露丝·P. 麦克(Ruth P. Mack),《收入变化的方向与消费函数》,《经济和统计评论》,第三十卷,第4期,1948年11月,第239—250页。

[2] 见,威拉德·W. 科克伦(Willard W. Cochrane)和玛丽·D. 格里格(Mary D. Grigg),《玉米带若干组农民家庭预期的收入构成的变化》,农业部农业经济管理局,华盛顿,1946年10月。

[3] 请参见,卡托纳、克莱因、兰辛、摩根,《调查方法对经济学的贡献》,第153—154页。

[4] 参见让·L. 佩诺克(Jean L. Pennock)和伊丽莎白·L. 施佩尔(Elisabeth L. Speer),《田纳西州农业家庭收入支出的变化,1943—1944年》,第666号杂项出版物,农业部,1949年3月。

该出版物第8页的图表与下面的图11和图12非常相似,唯一的不同之处是,它只给出了3个收入变化组(减少组、不变组、增加组),并且不包含关于所有组的合并数据的任何关系。该图上标绘的那三个组的数值很明显可以产生三个非常接近平行的回归,它们比整个群体的回归更加陡峭,比永久性分量之间的关系更平缓。不过,有一个方面与根据我们的假说得出的预测有一定出入,那就是,收入不变组的回归,并没有介于其他两个组的回归之间,而是位于收入增加组的右侧。对此,一种可能的解释是,这种差异反映了所用的消费的定义的区别——那里将耐用消费品上的支出也包括在内。也许,收入增加的家庭的消费支出在评定收入的每一个水平上都高于收入不变的家庭,只不过反映了这些家庭在耐用消费品支出的增加。然而不幸的是,尽管第9页的表7中给出了一些与之一致的相关信息,但是已经公开发布的数据并不足以检验这一解释。

a. 农业安全管理局(FSA)的数据

下面的图 11 是从露丝·麦克的论文中复制出来的,唯一的不同之处是,我还加入了一条通过样本均值和原点的直线用来代表 $c_p = ky_p$,或者说用来代表消费与永久性分量之间的关系。[1] 不难看出,图 11 非常接近于我们前面给出的假想性的图 10,如果考虑到了两者之间在收入的平均变化上的差异的话。图 10 反映的是两年之间的平均收入相同的一个群体的情况,因此通过"所有消费主体组"的回归与永久性分量之间的交点的是"收入不变"的回归线。而图 11 反映的是一个收入平均增加了 1 618 美元的群体的情况,其中,"第 2 收入提高组"这个子组的收入变化最接近于整个群体的平均收入变化——它的平均收入变化为 1 910 美元——所以它的回归对应于图 10 中标为"没有变化"的那一条线,并且通过了整个群体的两种关系的交点。正如我们的假说所预测的那样,各个收入变化群组的回归曲线大体上是平行的,而且比整个群体的回归曲线更陡峭,同时比通过群体原点和均值点的直线更平坦。

下面的表 10 对观测数据与我们的假说的预测进行了更精确的比较。由于这些"消费主体"是根据收入的绝对变化来分类的,所

---

[1] 我非常感谢露丝·麦克(Ruth Mack),她把她的工作表给了我。

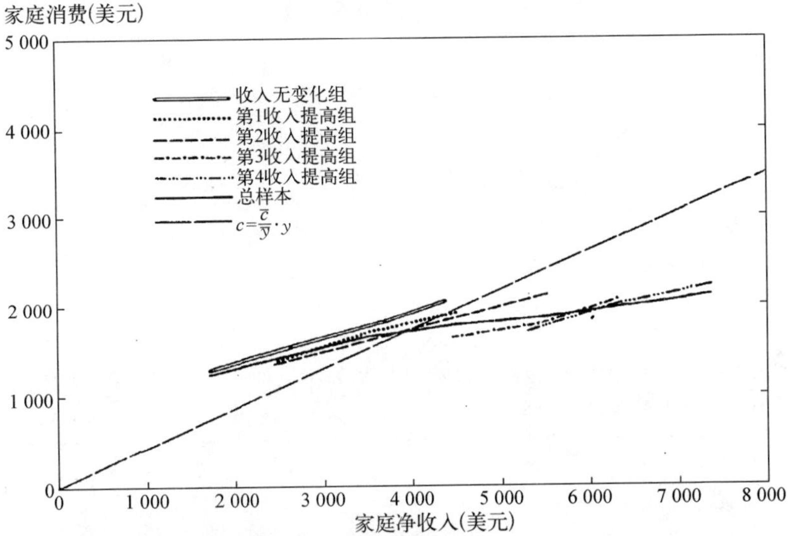

图 11　农业家庭的家庭消费对收入的回归，五个收入变化组，1942 年（1940 年与 1942 年间的收入变化）

资料来源：露丝·麦克，《收入变化的方向与消费函数》，《经济和统计评论》，1948 年 11 月，第 242 页。

以我们不得不采用我们假说的算术变体来做出预测。再一次，从总体上看一致性极好：根据我们的假说，预测的单独的收入变化组的回归的斜率为 0.23；实际的斜率则为 0.23 到 0.29 不等；在单独回归和总体回归的交点处，观察到的和预测的收入有非常接近的家族相似性。

然而，在细节上也有一些细微的差别：(1) 用来计算预测斜率的公式适用于一个所有成员的收入变化都完全相同的假想收入变化组，而实际的收入变化组的收入变化的“宽度”则达到了 1 000 美元，

表 10 各收入变化组的观测结果和预测结果的对比，农业安全管理局的农业家庭样本

收入变化组别	回归的斜率		本组的回归与全部家庭的回归的交叉处的收入（千美元）		平均消费[d]（千美元）
	观测值[a]	预测值[b]	观测值[a]	预测值[c]	
不变组	0.29	0.23	1.9	1.6	1.5
第 1 收入提高组	0.27	0.23	2.7	2.8	1.6
第 2 收入提高组	0.25	0.23	3.1	4.2	1.7
第 3 收入提高组	0.23	0.23	5.9	5.8	1.7
第 4 收入提高组	0.24	0.23	6.7	7.3	1.9
所有收入变化组	0.15				1.6

注 释:

a 根据图 11 绘制的点进行图形拟合计算。

b 根据附录中的(4.26)式计算，其中 $r_{u'}$ 设为 0。观察到的平均消费与平均收入之比用于 k，“所有家庭”的图形拟合的回归的斜率用于 b。

c 根据附录中的(4.27)式计算，所使用的除了前一个注释中的数值，还有从以下论著中计算出来的($d-\bar{d}$)值：威拉德 · W. 科克伦(Willard W. Cochrane)和玛丽 · D. 格里格(Mary D. Grigg)，《玉米带若干组农民家庭预期的收入构成的变化》，农业经济管理局，农业部，华盛顿，1946 年 10 月。

d 计算时所用数据的来源同上。

说 明:

回归是针对 1942 年的，收入变化为 1940 年至 1942 年的变化。一个收入阶层的“宽度”为 1 000 美元，但是最顶端和最底层的那两个阶层除外。

由此而导致的结果本应该会使得观测到的斜率低于预测的坡度，但是实际观测到的斜率却一致地高于预测斜率。（2）观测到的在交点上的收入与预测的在交点上的收入存在着系统性差异，而且在交点上的收入的离散度的预测值还要更高一些。（3）最后一列（它给出的是平均消费）也是同一现象的另一个反映。如果附录中提出的算术模型完全适用于这些数据，那么这些平均值将应该是相同的；但是它们却显示出明显的上升趋势。

上面第(2)点和第(3)点偏离，只是我们认为有必要纳入模型的一个补充假设的一个缺点的反映，但是并没有真正偏离基本假说。从 1940 年到 1942 年，整个群体的收入大幅度提高——增加了 1 600 多美元，几乎相当于 1940 年的收入水平的 75%。我们的算术模型假设所有“消费主体”的永久性收入的任何变化的绝对数量都相同。对于平均收入以及永久性收入的微小变化，这也许是一个不错的近似。但是，对于很大的平均收入的变化——达到了平均收入水平的 75% 及类似数量级的永久性收入的变化，假设所有“消费主体”的永久性收入都以同样的比例发生变化也许是更加合适的。例如，对于必须归因于价格上升的 20% 左右的收入增长，这样做显然是合理的；对于其他部分的增长也一样。但是，在这种解释下，收入变化的绝对数量与永久性收入的规模并不是不相关的；收入的绝对变化越大,平均永久性收入的绝对变化就越大,因而平均永久性收入也就越大。表 10 最后一列中递增的平均消费数字,也许正是这种不断上升的平均永久性收入的反映;与预测点相比,观察到的相交点上的离散度也更小,因为平均永久性收入上升的影响会使这几个回归更加接近。

对于第(1)点偏离,有一个因素也许可以提供部分解释,那就是,消费的临时性分量的均值可能是负的。用于计算预测斜率的其中一个参数是 k,即平均永久性消费与平均永久性收入之比。我用观察到的整个群体的平均消费与平均收入之比作为对 k 的估计值。很明显,这个值太低了一些。1942 年是第二次世界大战期间的一年,消费受到的限制早就已经显现出来了;消费的临时性分量的均值几乎肯定是负的,而收入的临时性分量的均值则几乎肯定是正的。在另一个场合下,我们对这个群体的消费的临时性分量的均值进行了估计(见下文第六章第四节),使用相应的 k,可以提高预测的斜率,不过只能从 0. 23 提高到 0. 24,因此这个因素最多只能解释第(1)点偏差的一部分。

b. 消费者金融调查的数据

消费者金融调查数据的样本则要大得多——它有将近 5 000 个"消费主体",其中大约一半是 1947 年报告的,其余的则是 1948 年报告的。这些数据主要是关于城市的"支出主体"的,不过可能也包括了一些农村的“消费主体”。[1] 在分析中,这两年的数据是汇集起来的。对于每一年,收入变化组别是由上一年度报告的收入变化所决定的。除了样本量更大之外,消费者金融调查数据与农业安全管理局的数据相比还有另一个优势:“消费主体”是根据收入变化的百分比来进行分类的,因此我们可以使用我们的假说的对数变体——通常我们会发现这个变体能更好地拟合数据。但是,消费者金融调查数据也有一个严重的缺点:基本数据从来没有完全公开发布过。下面的分析主要基于詹姆斯·摩根(James Morgan)向我提供的一些未发表的数据;而且不幸的是,就我们的目的而言,这些数据仍然远远不够,因此我不得不采用一些相当武断的方法来处理数据,以满足我们的分析的需要。

图 12 改编自摩根发表的一张图。[2] 与摩根给出的图一样,最后一个收入阶层,即收入为 7 500 美元及以上的那个阶层,在图 12 这里也略去了。这样做的原因是,收入所使用的值是阶层区间的中点的值(除了 5 000—7 500 美元这个收入阶层之外,它用的值是 6 000

---

[1] 摩根并没有具体说明样本的确切范围,也没有说明这个样本与他在同一章前文使用的那个样本之间有什么样的关系,但是我从它所涉及的数字推断,这个样本一定同时包括了农业和工商业“消费主体”。

[2] 《调查方法对经济学的贡献》,图 4,第 154 页。摩根也相当重视收入变化的影响,但是他的分析所使用的大多是消费-收入回归的残差,因此,正如上面第二节 f 小节所指出的,这些残差没有什么价值。他确实针对各收入变化组别进行了储蓄和收入之间的回归分析(第 155 页和第 160 页),但是那些组别是根据流动资产数量来分类的子群体。附录中的分析显然不能直接应用于这种类型的子群体,我也未能提出一个行之有效的变通办法。这就是我不讨论这些结果的原因。

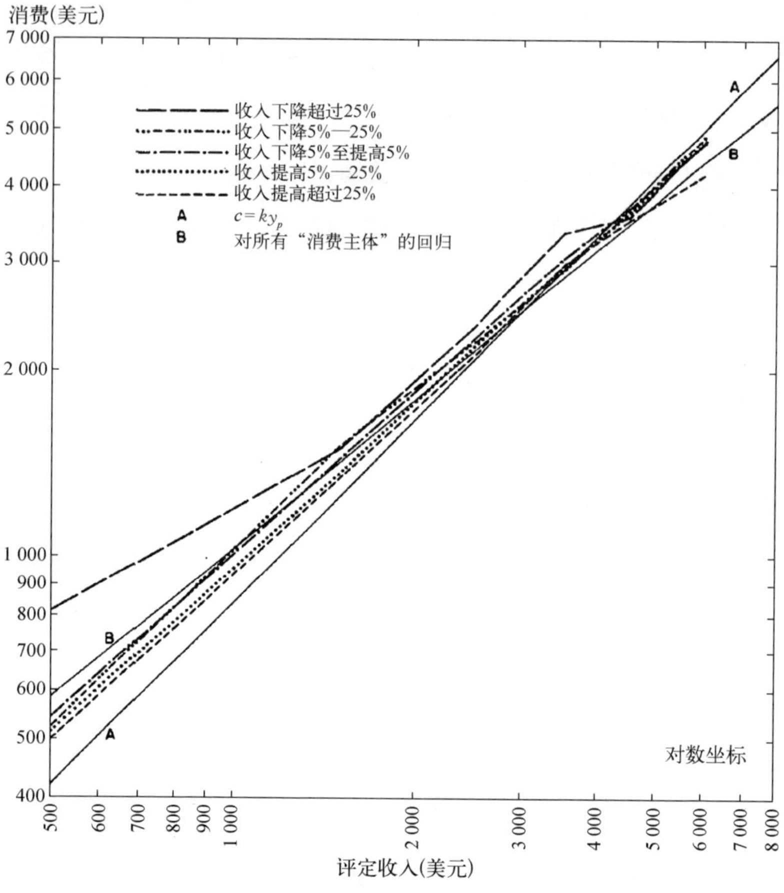

图 12　消费对收入的回归，五个收入变化组，基于消费者金融调查数据，1947 年和 1948 年(收入变化是相对于上一年度的)

资料来源：此图改编自詹姆斯·N. 摩根为《调查方法对经济学的贡献》(哥伦比亚大学出版社，1954 年)一书撰写的第十四章，第 154 页。

美元)，显然不是计算出来的平均值，而且，对于最顶层的开放收入阶层，使用任何单一数值都将是过于武断的，并容易导致不应有的错误。我在这张图中添加了关于“所有组别合并”的两条直线：图中标记为 A 的直线表示的是永久性分量之间的假定关系，k 的值为样本整体的平均消费与平均收入之比；标记为 B 的直线则表示消费对数对收入对数的估计回归。[1] 很容易看出，图 12 与图 11 一样，也与我们前面给出的假想的图 10 非常接近。唯一的例外是收入下降幅度超过了 25% 的那个组别；这个组别的回归异常高且特别平坦。

表 11 给出了对观测值和预测值的数值比较。除了刚才提到的那个收入变化组别，观察到的弹性都与预测非常接近，即便出现偏差，也完全符合预期。观察到的弹性应该低于预测的弹性，因为预测是针对收入变化的单个值的，而观察到的弹性则是针对包含了一系列单个值的收入变化组别的。基于同样的原因，观察到的弹性应该低于预测的弹性，而且收入变化组别的跨度越宽，偏离的数额越大；除了一个组别之外，观察到的情况确实如此。

---

[1] 由于我没有拿到“所有家庭组”的平均收入数据和各个收入阶层的平均消费数据，所以这个回归是通过一个迂回的过程完成的。摩根提供的数据包括了收入和储蓄的总和、平方和，以及它们的算术平均值的交叉乘积的和。利用这些资料，可以计算出收入与消费的算术值与算术平均收入处的弹性之间的最小二乘直线（的斜率）——这被当成了直线 B 的斜率。消费和收入的几何平均值是通过这些数据和直线 B 的斜率以近似方法计算出来的，因此直线 B 将会通过对应的点。

表 11　对各收入变化组别的观察结果与预测结果的比较，基于消费者金融调查数据，1947 年和 1948 年

收入变化组别(1)	消费收入弹性(对评定收入)		对收入变化组别的回归与对所有家庭的回归的交点处的收入(千美元)		算术平均消费[d](6)(千美元)	……的标准偏差(千美元)		
	观察值[a](2)	预测值[b](3)	观察值[a](4)	预测值[c](5)		评定收入[e](7)	收入的永久性分量[f](8)	收入的临时性分量[g](9)
收入下降超过 25%	0.77	0.89	19.6	0.1	1.9	1.42	1.25	0.68
收入下降 5%至 25%	0.87	0.89	1.6	0.6	2.5	2.36	2.20	0.85
收入下降 5% 至 提高 5%	0.88	0.89	1.4	1.6	2.4	2.26	2.11	0.80
收入提高 5%至 25%	0.89	0.89	2.3	3.5	2.8	2.15	2.03	0.71
收入提高超过 25%	0.87	0.89	5.3	8.9	2.5	2.55	2.37	0.93
所有收入变化组别	0.82				2.5	2.28	2.06	0.98

注　释:

a 对于各收入变化组，弹性都是指对图 12 所示的点以图形拟合方式得到的对数-对数直线的斜率；对于“所有收入变化组别”，弹性为用最小二乘法拟合原始数据得到的算术直线在算术平均收入处的弹性。在这里，我要感谢密歇根调查研究中心的詹姆斯·摩根(James Morgan)，感谢他提供了我在计算时所需的基础数据以及在注释中提到的其他数据。之所以使用这种弹性，是因为我无法获得可用于图形的对数-对数拟合的数据。作为一种检验，还计算了若干收入变化组别的相应的弹性，按照上面表格中给出的收入变化组别的顺序，结果分别为：0.77、0.88、0.86、0.81、0.77。用来计算交点以及如图12所示的各个点的"所有收入变化组别"的回归，是一条斜率为0.82的对数-对数直线，它通过一个与几何平均收入和消费相对应的点。而几何平均收入和消费又是通过相应的算术平均值和方差来估计的。

b 根据本章附录中的方程(4.20′)计算。$r_{YY'}$被设为0.828，即消费者金融调查的回访样本中，2人或2人以上的城市"支出主体"在1947年和1948年的收入对数之间的相关性(见下文的表18的第8项)。

c 根据本章附录中的公式(4.23′)计算。D的取值是相当"武断"的，各收入变化组分别为0.65、0.85、1.00、1.15和1.35的对数。$\bar{D}$则为这些值的加权平均数，其权重为每个组别的"支出主体"的数量。

d 根据摩根提供的数据计算。

e 根据摩根提供的绝对收入的和及平方和计算。

f 第(2)栏中各项与评定收入的标准偏差的平方的乘积的平方根。

g 第(2)栏中各项的补数与评定收入的标准偏差的平方的乘积的平方根。

说　明：

样本综合了1947年和1948年的观测结果，因此回归是对1947年和1948年的平均值进行的。收入变化是相对于上一年度的（1946年对1947年，或1947年对1948年）。对数回归。

在每个组别的回归与所有组别合并的回归的交点上，观察到的收入和预测的收入的一致性则要差一点。再一次，唯一非常大的偏差是收入下降幅度超过了25%的那个组别，而且"余值"的差异要比美国农业安全管理局的样本的相对应的"余值"要大得多。我仍然无法对这种差异做出任何合理的解释。

第（6）列给出的各收入变化组别的平均消费，要比美国农业安全管理局的样本的相应数字更符合预期。除了第一个组别之外（这个组别始终都有所偏离），平均消费在不同的收入变化组别中的情况大致相同，而且没有呈现出与收入变化的系统性的联系。

对于这些数据，我们还可以进一步将我们的检验扩展到单个收入变化组别的估计收入分量的离散度上。第（8）列和第（9）列给出的对绝对离散度的估计，源于第（2）列的观察到的弹性以及第（7）列的计算出来的评定收入的标准偏差。我们已经看到了，根据永久性收入假说，收入的永久性分量的离散度在各单个收入变化组别之间应该是大体上相同的，而且对每一个组别与对整个群体应该是一样的；而每个收入变化组别的临时性分量的离散度则应该低于整个群体。很显然，这些数据与这些预测非常接近，但是再一次，"收入下跌超过25%"这个异常的组别的数据除外。这个组别的收入总体和各分量的离散度都异乎寻常的低。

为什么“收入下跌超过25%”这个组别会一直如此“异乎寻常”？我至今没有得出完全令人满意的答案。但是，在某种程度上，这种反常的行为反映了缺乏足够数据所导致的分析上的缺陷，即没有考虑到“消费主体”的“户主”的年龄。对于所有成员的年龄都相同的一个群组来说，我们有理由假定——正如我们在分析时所做的那样——这个群组的成员的相对永久性收入状况从本年度到下一年保持不变。但是，这个假设对于成员年龄不同的群组来说就不那么合理了；那些尚未达到收入高峰期的人正在相对收入状况的阶梯上奋勇攀登，而那些已经过了收入高峰期的人则在逐步下行。现在已经可以获得1948年各收入变动组别内部“消费主体”的“户主”的年龄分布的数据了。这些数据确实表明，在“收入下降5%至上升5%”和“收入下降超过25%”这两个收入变化组别中，年龄在65岁或以上的户主所占的比例“大得不成比例”。[1] 在“收入下降5%至上升5%”组中，情况或许是这样：这些年长的户主在以前的某个时间就已经退休了，而且在调查进行的年份获得了稳定的退休收入，因此他们在永久性收入状况方面不会出现任何重大的变化，这样在分析方面不会造成任何困难。但是另一方面，在“收入下降超过25%”这个组别中，年龄较大的户主必定大部分都是在调查进行的年份或刚好在调查进行之前完全退休或部分退休的；他们的收入减少，在很大程度上

[1] 《1950年消费者金融调查，第三部分》，《美联储公报》，1950年8月，表3。

是永久性收入的减少，其结果是使“收入下降超过 25%”组的平均永久性收入下跌幅度大于其他组别，所以平均消费更低。表中的第(4)列的数据正是如此。然而，仅仅用这种效应来解释这个组别与其他组别之间的差异，似乎是不可能的。差幅达到了大约 20%，意味着平均永久性收入的相同差幅；然而在 1948 年，“户主”年龄在 65 岁或以上的“消费主体”，在这个组别的所有“消费主体”中所占的比例仅为大约 18%，而且“户主”年龄在 55 岁或以上的“消费主体”所占的比例也仅为 35%。同样的道理，尽管这种效应可能有助于解释为什么如第(7)、(8)和(9)列所示，这个组别的离散度很低，但是这种现象似乎也不太可能完全用它来解释。

以占平均收入的百分比表示，“所有组别”的评定收入、永久性分量、临时性分量的标准偏差分别为 75%、68%和 32%。这些估计与表 4 给出的对 1935—1936 年和 1941 年所有非农业家庭或城市家庭的估计非常接近。我没有计算单个收入变化组别的类似的数字，因为这种组别的平均评定收入是不能视为平均永久性收入的近似值的。

c. 各种对比的显著性

很明显，按收入变化对“消费主体”进行分类所观察到的效应，与永久性收入假说所预测的效应之间存在着非常密切的对应关系。这种对应性的含义超出了一般的特征，因为它已经意味着相当精确的数值特征。在判断这些结果的重要性时，我们需要强调如下两点。

（1）这种对应关系，特别是在数值特性上的对应关系，在某种意义上可以说是迄今为止为得到的对我们的假说的最引人注目的证据。之所以这么说，一方面是因为观察值和预测值之间的比较是就假说的相当精确的含义进行的，而且这些含义是很容易被反驳的；另一方面还因为，任何其他假说直到今天仍然没有得出过这些含义，而且有些含义甚至仍然没有确立其经验上的一般性。因此，这些比较既证明了我们的假说在生成含义方面的“多产性”，也为检验这个假设提供了新的领域。

（2）在解释这些数据时接受我们的假说，并不意味着收入变化就不是消费分析的一个重要变量了。恰恰相反，我们的假说解释了为什么它应该是一个重要的变量，以及它会产生什么影响。数据与我们的假说的一致性意味着，我们不必把收入变化的影响视为“消费主体”对环境变化的反应有任何明显“滞后”的证据；实际上刚好相反，我们之所以认为收入的变化是有影响的，就是因为不能将它看作是一种有效的环境变化，因为平均而言，收入的重大变化恰恰是评定收入受临时性因素的影响达到“不寻常”的程度的标志。

第四节附录：收入变化对于消费对收入的回归的影响

根据收入变化来分类的消费数据一般有两种形式：（1）像美国

农业安全管理局的数据那样，依照收入变化的绝对数额来分类；(2) 像消费者金融调查数据那样，依照收入变化的百分比来分类。事实证明，在推导我们的假说对这两种类型的数据的含义时，分别做出稍有不同的假设可以带来很大的便利之处。对于第(1)种类型的数据，假设在收入变化发生的那些年份之间，永久性收入的变化的绝对数额对所考虑的群组内的每一个"消费主体"都是相同的；对于第(2)种数据类型，则假设永久性收入的变化的百分比对所考虑的群组内的每一个"消费主体"都是相同的。

1. 永久性收入变化的绝对数额相同

令，y=所考虑年份的评定收入

y'=用来计算收入变化的上一年度的评定收入

$d=y-y'$=收入的变化

c=所考虑的那一年的评定消费

a=就所有"消费主体"进行的 c 对 y 的回归的截距

b=就所有"消费主体"进行的 c 对 y 的回归的斜率

再令下标 d 表示与上述符号(除了 d 本身之外)所代表的变量相对应的 d 都相同的某个"消费主体"群组的变量，即某个收入变化组别中的对应变量。

现在的问题是，如何确定 a_d 和 b_d 的值。

根据我们前面的分析，我们有：

$$b = kP_y \tag{4.1}$$

$$a = \bar{c} - b\bar{y} \tag{4.2}$$

通过完全相似的推理,我们可以得到:

$$b_d = k_d P_{yd} \tag{4.3}$$

$$a_d = \bar{c}_d - b_d \bar{y}_d \tag{4.4}$$

根据假设,永久性分量之间的关系对于每一个“消费主体”都是相同的,所以有:

$$k_d = k \tag{4.5}$$

由于收入的永久性分量的变化的绝对数额对所有“消费主体”都是相同的,因此任何“消费主体”之间在 d 的值上的差异,都可以用收入的临时性分量的差异来解释。但是,根据我们的假说,收入的临时性分量与收入的永久性分量互不相关,因此与消费的永久性分量也互不相关,从而与消费的临时性分量也互不相关。由此可知,消费与 d 的值不相关,因此有:

$$\bar{c}_d = \bar{c} \tag{4.6}$$

这样一来,我们就可以将注意力集中到对 P_{yd}、$\bar{y}_d$ 的求解上来了,或者说,集中到对收入分布特征的分析上来了。现在我们有:

$$P_y = \frac{\sigma_p^2}{\sigma_y^2} \tag{4.7}$$

其中,σ_p^2 是收入的永久性分量的方差,σ_y^2 则是评定收入的方差。类似地,我们有:

$$P_{yd}=\frac{\sigma_{pd}^{2}}{\sigma_{yd}^{2}} \tag{4.8}$$

但是,根据我们的假设,

$$\sigma_{pd}^{2}=\sigma_{p}^{2} \tag{4.9}$$

由于 d 的差异只是临时性分量的差异的反映,而根据假定,临时性分量是与永久性分量不相关的。收入的永久性分量的分布,就像消费的分布一样,对于所有的 d 值,不仅拥有相同的 d 的某个群组的"消费主体"都相同,而且所有的"消费主体"都相同,因此可以推得:

$$P_{yd}=\frac{\sigma_{y}^{2}}{\sigma_{yd}^{2}}\cdot P_{y} \tag{4.10}$$

这样一来,我们的问题也约简为如何确定 $\bar{y}_d$ 和 σ_{yd}^2 了。

为了保证简洁性,假设 y 和 y'服从联合正态分布。那么,y 和 $d=y-y'$ 也服从联合正态分布。因此,$\bar{y}_d$ 是 d 的一个线性函数,可以记为:

$$\bar{y}_{d}=e+f(d-\bar{d}) \tag{4.11}$$

其中的参数 f 和 e 由下面的式子给出:

$$f=\frac{E(y-\bar{y})(d-\bar{d})}{E(d-\bar{d})^{2}} \tag{4.12}$$

$$e=\bar{y} \tag{4.13}$$

但是,由于 $(d-\bar{d})=(y-\bar{y})-(y'-\bar{y}')$ 所以

$$f=\frac{\sigma_y^2-r_{yy'}\sigma_{y'}\sigma_y}{\sigma_y^2-2r_{yy'}\sigma_y\sigma_{y'}+\sigma_{y'}^2} \tag{4.14}$$

再假设 $\sigma_y=\sigma_{y'}$,那么有:

$$f=\frac{1}{2} \tag{4.15}$$

所以

$$\bar{y}_d=\bar{y}+\frac{1}{2}(d-\bar{d}) \tag{4.16}$$

现在,我们要计算

$$\begin{aligned}\sigma_{yd}^2&=E(y-\bar{y}_d)^2=E[(y-\bar{y})-\frac{1}{2}(d-\bar{d})]^2\\&=E\left[\frac{1}{2}(y-\bar{y})+\frac{1}{2}(y'-\bar{y}')\right]^2=\frac{1}{4}(\sigma_y^2+2r_{yy'}\sigma_y\sigma_{y'}+\sigma_{y'}^2)\end{aligned} \tag{4.17}$$

再次假设 $\sigma_y=\sigma_{y'}$, 于是

$$\sigma_{yd}^2=\frac{1}{2}\sigma_y^2(1+r_{yy'}) \tag{4.18}$$

代入(4.10)式,就得到

$$P_{yd}=\frac{2P_y}{1+r_{yy'}} \tag{4.19}$$

将(4.5)式和(4.19)式代入(4.3)式,并利用(4.1)式,我们得到,

$$b_d = \frac{2k \cdot P_y}{1 + r_{yy'}} = \frac{2b}{1 + r_{yy'}} \tag{4.20}$$

再将(4.6)式和(4.16)式代入(4.4)式,并利用(4.2)式,我们又可以得到,

$$\begin{aligned} a_d &= \bar{c} - b_d \bar{y} - \frac{1}{2} b_d (d - \bar{d}) \\ &= a + \bar{y}(b - b_d) - \frac{1}{2} b_d (d - \bar{d}) \end{aligned} \tag{4.21}$$

在实际应用中,a_d 可能会受到较大的抽样误差的影响,所以最好选用某个离观测到的收入区间的中点更近的“高度”指标。例如,可以选用平均收入处的消费,它的形式就是,

$$c(\bar{y}) = \bar{c} - \frac{1}{2} b_d (d - \bar{d}) \tag{4.22}$$

另一种选择是,确定对某个给定的 d 值的回归与对整个群体的回归相交处的 y 值。这个 y 的“交点”值由下式给出:

$$y = \frac{a_d - a}{b - b_d} = \bar{y} - \frac{1}{2}\left(\frac{b_d}{b - b_d}\right)(d - \bar{d}) \tag{4.23}$$

只要让 $r_{yy'}$ 取不同的表达式,我们就可以把(4.20)式转换成一个不同形式。令 p' 表示第一年的永久性分量对其平均值的偏差,t' 表示第一年的临时性分量的相应的偏差,p 和 t 表示第二年的同样的变量。根据我们的假说,$p = p'$,这样一来就有:

$$r_{yy'} = \frac{E(p + t')(p + t)}{\sigma_y \sigma_{y'}} = \frac{\sigma_p^2 + r_{tt'}\sigma_t \sigma_{t'}}{\sigma_y \sigma_{y'}} \tag{4.24}$$

这个式子已经把 p 和 t 之间，以及 p 和 t' 之间的零相关性考虑进去了。再一次，假设 $\sigma_y = \sigma_{y'}$，然后我们得到：

$$r_{yy'} = P_y + (1 - P_y) r_{tt'} \tag{4.25}$$

将(4.25)式代入(4.20)式，并将 P_y 替换为它的等价形式 b/k，结果可以得到：

$$b_d = \frac{2kb}{k + b + (k - b) r_{tt'}} \tag{4.26}$$

再将(4.26)式代入(4.23)式，就可以得到的 y 的“交点”值：

$$y = \bar{y} + \frac{k}{(k - b)(1 - r_{tt'})}(d - \bar{d}) \tag{4.27}$$

虽然这里假设 t 和 t' 与 p 不相关，但是在我们的假说中，并没有任何东西要求它们彼此互不相关。它们是否相关，其实取决于永久性收入所隐含的时间期限的长度以及所考虑的两个“年份”之间的时间间隔。如果时间期限的长度就是两年，那么即便所考虑的年份相邻，t 和 t' 也是不相关的；如果是三年，那么它们在相邻年份上就不会不相关了，因为“消费主体”会认为某些持续一年以上的影响是临时性的；但是它们在间隔一年的年份之间是不相关的。依此类推。

对于图 11 所示的美国农业安全管理局的数据，收入变化发生在中间间隔了一年的两个年份之间。后来提出的证据表明，三年的时间期限是一个很好的近似。如果确实是这样，那么对于这些数据，$r_{tt'}$可以取为0，从而将(4.26)式和(4.27)式化简为特别简单的形式。

(4.20)式或(4.26)式的一个独立于它们产生的具体数值的重要含义是，对于给定的d值，回归方程的斜率与d无关，即回归之间是平行的。另一个重要含义是，如果$k > b$，那么$k > b_d > b$，这也就是说，对给定的d值的回归比对整个群体的回归更加陡峭，同时又比永久性分量之间的关系更加平坦。

这里应该强调的是，我们的分析是对于一个给定的d值进行的。以介于两个值之间的d对"消费主体"进行分组会导致一个介于b和b_d之间的中间结果，所以一般来说，(4.20)式或(4.26)式可能会高估观察到的斜率。

2. 永久性收入变化的百分比相同

前面讨论的"案例"是根据美国农业安全管理局的数据构造的。美国农业安全管理局的是按照收入变化的绝对数额来对数据进行分类的。现在这个"案例"是根据消费者金融调查数据构造的，按照收入变化的百分比来对数据进行分类的。

因此，令

$$y_p = my'_p \tag{4.28}$$

两边取对数，并用大写字母表示对应的小写字母的对数，则

$$Y_p = M + Y'_p \tag{4.29}$$

令：

$$D = Y - Y' \tag{4.30}$$

现在考虑我们的假说的对数变体,其中

$$B = P_Y \tag{4.1'}$$

$$A = \overline{C} - B\overline{Y} = K + \overline{C}_t - \overline{Y}_t P_Y + \overline{Y}_p(1 - P_Y) \tag{4.2'}$$

相应地,我们有

$$B_D = P_{YD} \tag{4.3'}$$

$$A_D = \overline{C}_D - B_D \overline{Y}_D \tag{4.4'}$$

与前面一样,

$$\overline{C}_D = \overline{C} \tag{4.6'}$$

如果我们假设 Y 和 Y' 服从联合正态分布,这种情况就可以化简为前面那种情况,于是我们可以直接写出:

$$\overline{Y}_D = \overline{Y} + \frac{1}{2}(D - \overline{D}) \tag{4.16'}$$

$$B_D = P_{YD} = \frac{2P_Y}{1 + r_{YY'}} = \frac{2B}{1 + r_{YY'}} \tag{4.20'}$$

$$A_D = A + \overline{Y}(B - B_D) - \frac{1}{2}B_D(D - \overline{D}) \tag{4.21'}$$

$$C(\overline{Y}) = \overline{C} - \frac{1}{2}B_D(D - \overline{D}) \tag{4.22'}$$

从而,Y 的交点值为

$$Y=\bar{Y}-\frac{1}{2}\left(\frac{B_D}{B-B_D}\right)(D-\bar{D}) \tag{4.23'}$$

再一次

$$r_{YY'}=P_Y+(1-P_Y)r_{TT'} \tag{4.25'}$$

因此

$$B_D=\frac{2B}{1+B+(1-B)r_{TT'}} \tag{4.26'}$$

且 Y 的交点值为

$$Y=\bar{Y}+\frac{1}{(1-B)(1-r_{TT'})}(D-\bar{D}) \tag{4.27'}$$

第五章 | 永久性收入假说与关于消费和收入之间的关系的现有证据的一致性：时间序列数据

在第二章中，我们已经看到了，永久性收入假说意味着，在一定条件下，一个“消费主体”群体的永久性分量的总量之间的关系，在形式上是与单个“消费主体”的永久性分量之间的关系相同的，也就是说

$$c_p^* = k^*(\qquad)y_p^* \tag{2.10}$$

其中，c_p^* 和 y_p^* 是一个“消费主体”群体的永久性消费和永久性收入的总量，或者，它们也可以指人均数量；而对于单个“消费主体来说”，k^* 取决于函数 k 的形式以及“消费主体”的分布，即取决于进入函数 k 的各个变量，特别是 i、w 和 u。

现假设，要证明方程(2.10)的合理性，只要有了这样一个特定的数据集就足够了：它给出了某个“消费主体”群体在一系列时间的每

一个时间点上的总评定收入和总消费(或人均评定收入和人均消费)。然后进一步假设,k^* 的值在“消费主体”所经历的不同年份(或其他时间单位)上都大致相同,由此一来方程(2.10)的空括号内的那些变量不需要明确指定,可以直接加以忽略。在这些条件下,我们的假说在假想的家庭预算数据上的应用(见第三章),以及在实际家庭预算数据上的应用(见第四章),都可以直接转用到时间序列数据上来。只需要将结果更新表述一下,就可以纳入这样一个事实——观察是针对总体或人均评定消费和评定收入的,而不是针对单个“消费主体”的评定消费和评定收入的。特别是,利用时间序列数据计算出来的评定消费对评定收入的回归,将会产生一个小于平均倾向的边际倾向及一个大体上等于 P_{y^*} 的消费收入弹性——与前面一样,这个符号仍然表示评定收入的方差中可以归因于收入的永久性分量的变化的那部分的比率。

本章检验了这个简单的模型与现有的时间序列数据的一致性。第一节的主题是长期储蓄估计值的一般特征(最近,雷蒙德·戈德史密斯构建了美国的长期储蓄估计值)。它们提供了认为 k^* 在这个时间段内在数值上保持不变的主要理由。第二节更详细地介绍了消费对同期收入的回归的特征,特别是所涵盖的时间段和数据形式对观察到的弹性的影响,以及时间序列研究和预算研究弹性之间的差异。第三节解释了其他经济学家计算出来的回归(有的把消费表示为同期收入的函数,也有的把消费表示为过去收入的函数),并且陈述了一个与我们的假说相类似的消费函数。虽然本章考虑的数据涵盖了相当长的一个时期,涉及了消费行为的各种特征,但是与预算数据一样,这些数据在地理分布上的局限性仍然很大(它们几乎完全只限于美国),因而还不太理想。

第一节 对美国的总储蓄的长期估计

a. 一般模式

图 13 给出了 1897—1949 年间美国人均个人消费支出和人均个人可支配收入(均以 1929 年的价格表示),它所依据的是雷蒙德·戈德史密斯对储蓄的全面研究——很长一段时间以来第一项直接逐年估计储蓄的研究。图中的储蓄数字,已经把重要消费品上的支出中超过了它们所节省下来的服务的使用价值的那部分计算进来;消费数字则只包括它们所提供服务的估计使用价值。个人可支配收入是指"消费主体"在缴纳各种直接税后所取得的收入,这里所说的个人可支配收入还包括了政府养老金和退休基金的增量,也就是从"应计"的角度而不是从成本的角度来处理社会保险的;不过它不包括公司的未分配收入、私人养老金权利以及类似收入项目上的增量。目前尚不清楚这样一个收入概念是否最适合我们的目的,因为"消费主体"除了社会保障之外,还可能考虑自己的资金状况的应计变化,但不考虑已分配的变化。然而,这个概念确实已经非常接近我们所期

望的概念了。

即便只是粗略地浏览一下,也马上就可以发现这些数据的一般模式与我们的假说非常吻合。根据我们的假说,计划消费或永久性消费与永久性收入之比取决于收入水平以外的其他因素。如果这些其他因素大体保持不变,或者相互抵消,那么在1897—1949年间,永久性消费与永久性收入的比值就应该是一个常数,而这就意味着在图13中代表永久性消费和永久性收入的那些点都应该位于一条通过原点的直线上。图13中的粗线就是这样的一条线,它反映的消费收入比率为0.877,这也正是1987—1949年间平均消费与同期平均收入之间的比率(见表12的第14行)。在这条粗线两边的两条较细的线代表了消费率提高或降低0.5个百分点的情况。[1] 这三条直线构成的扇形区域,囊括了超过三分之二的点,很好地描述了这些点的“行为”模式。对图中显示的这些点的日期进行的更细致的研究表明,这里也不存在任何明显偏离中心线的时间模式。除了20世纪30年代和40年代之外,大部分较早时间的点都是围绕着这条粗线分布的,有些落在了线上,有些高于它,有些低于它;但是,20世纪30年代,大部分点都高于这条线,而40年代则大部分点都位于这条线以下的位置,关于这个现象,下文还将作进一步的讨论。很显然,在“表面证据”的意义上,图13中的这些散点与假说——观测到的点是由中心线上的点再加上收入和消费的临时性分量产

[1] 0.5个百分点这个数字是随意取的,并不具有什么特定的含义。参见下一个脚注。

生的——是一致的。

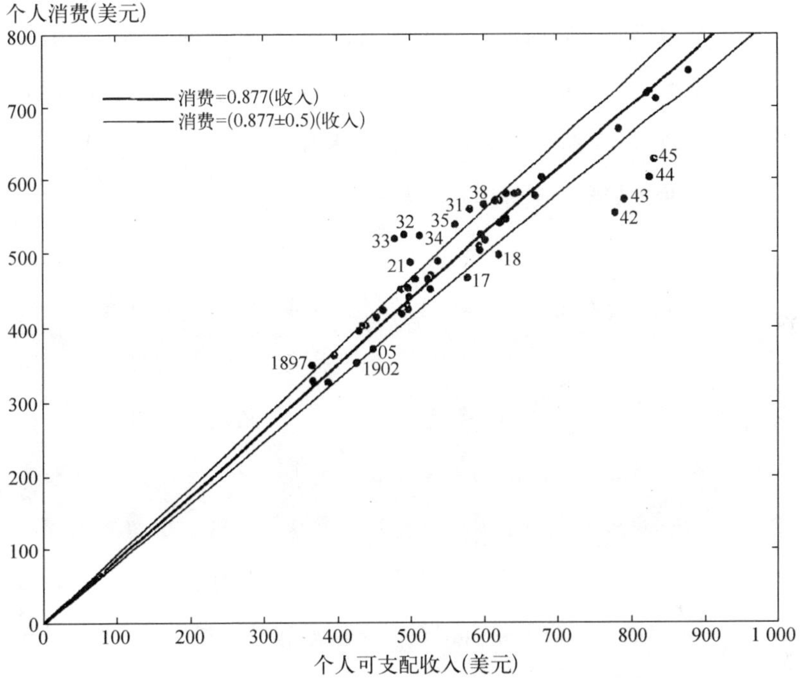

图 13 人均个人消费与人均个人可支配收入之间的关系，1897—1949 年(按 1929 年价格计)

资料来源：根据雷蒙德·戈德史密斯(Raymond Goldsmith)提供的数据绘制。

位于较细的直线之外的那些点的“身份”，甚至比位于这几条直线所构成的扇形的内部的那些点所展现出来的总体上的一致性更具启发性。位于这些直线下面的点分别属于 1942 年、1943 年、1944 年、1945 年、1918 年、1917 年和 1905 年(按消费收入比从低到高排序)；此外，1902 年的点则刚好落在了最下面那条直线上。[1] 前六个点都是战时通货膨胀的年份的点，而且战争期间发生了通货膨胀的每一年都包括在这里了。在这些年里，人们既可能观察到收入临时性分量的均值为正，也可能观察到消费的临时性分量的均值为负；前者是因为战时收入通常被认为是不正常的、短暂的高收入，后者则是因为商品短缺和限制了消费的“爱国潮流”所致。这两者都会导致评定消费与评定收入之比异乎寻常的低。上面列出的另外两点是 1902 年和 1905 年的，那是两个相对来说比较繁荣的年份。商业史记载表明，19 世纪 90 年代发生了有历史记录以来最严重的经济萧条之一：1894 年商业周期见底，紧接着出现的不完全复苏到 1895 年见顶并被淹没，到 1897 年又重新回到了另一个低谷。随后出现了一次强劲的复苏（那是有记录以来最强劲的复苏之一）并在 1899 年达到了顶峰，接着在 1900 年出现了短暂而温和的衰退，并在 1902 年重新出现了温和的扩张并达到了顶峰。从 1902 年到 1904 年的经济衰退是有记录以来最温和的衰退之一，然后就开始了从 1904 年持续到 1907 年的扩张。总的来说，1897 年至 1907 年是一个经济扩张的时期，其间只有短暂而温和的衰退。1902 年是这个扩张期的一个相对高峰时段；1905 年也是个好年份，尽管它不是一

[1] 在从 1902 年到次高的观察结果（1899 年）之间，按消费占收入的比例排列好的点的队列中出现了一个明显的裂口。消费收入比在 1902 年是 0.829，在 1899 年是 0.843，两者相差 0.014。如此大的差异在点的队列中往上搜寻时要直到 1938 年才会再次出现，那是第一个高于上面那条线的点。1938 年的消费收入比为 0.942，1911 年的消费收入比为 0.924，两者相差 0.018。相比之下，落在这两条细线内部的任何两个相邻的观测值之间的最大差异仅为 0.007。点的队列中存在这样一些裂口，是我们选择将细线置于距中心线±0.5 个百分点的位置上的主要原因。

个相对高峰期。在这两年里，假定收入的临时性分量为正并不是没有道理的，这就是为什么历史记录中消费占评定收入之比低得反常的原因。

位于上面那条细线以上的点分别是 1933 年、1932 年、1934 年、1921 年、1931 年、1935 年、1897 年和 1938 年的（按照消费与收入之比从高到低的顺序排列）。以上每一年都是深度萧条的年份，而且没有任何一个深度萧条的年份不包括在这个列表中。因此，这些都是收入的临时性分量为负数的年份，收入低于从长期来看本来可能达到的水平。根据我们的假说，这些年的消费与永久性收入之间的比例异常高并不值得惊奇。

如前所述，20 世纪 30 年代的所有的点都位于粗线以上，而 20 世纪 40 年代的所有的点除了一个之外都位于粗线以下。从前两段讨论过的那些因素来看，我们有理由认为，收入的临时性分量在 20 世纪 30 年代一般是负的，而在 20 世纪 40 年代一般是正的。这似乎是一个比突然出现的某种长期趋势更令人满意的解释。

当然，我们的假说与图 13 所示的一般模式的一致性，并不是这个假设的非常有力的证据。到目前为止，所有这些证据都只表明，这个假说可以解释过去半个世纪左右美国的储蓄的"行为"的一些比较引人注目的特征。本章后面的部分将对这个假说进行更加严格的检验，看它是否能够解释这些数据以及类似数据的"行为"的具体定量特征。不过，在着手进行这项检验之前，我们有必要先就这些数据以及上一章介绍的各项预算研究所揭示的消费与收入之比的惊人的长期恒常性，提出一些推测性的结论。这应该是一项很有意思的工作。

b. k^* 的长期恒常性

k^* 的长期恒常性虽然与永久性收入假说相一致，但是却不是永久性假说所需要的。我们的假说只是说，单个"消费主体"的 k 是当期收入水平之外的其他变量的函数，而并不是说 k 对于每一个"消费主体"都是一个数值常数，更没有说对于不同的"消费主体"都是一个相同的常数。即便随着时间的推移，函数 k 对于每一个"消费主体"或每一类"消费主体"（为了避免老年化导致的问题）都是相同的，由于决定 k 的各个变量的变化，它的数值仍然可能会发生变化；而且，即便它的数值真能保持不变（这要么是因为决定它的那些变量没有发生改变或相互抵消了，要么是因为该函数是对它的值完全不敏感），相对于总量的 k^* 的值仍然会因为不同类型的"消费主体"的相对数量的变化而发生改变。因此，观察到的 k^* 的大体上的恒常性，就像它的实质性变化一样，是一个谜。

对这个现象的详尽考察，本身就足以构成一项研究。我在这里提及它的目的只是就若干主要因素做出一些推测（这些因素是细致的研究所不得不详细考察的）。[1] 在进入函数 k 的三个变量中，有

[1] 请比较戈德史密斯，《储蓄研究》，第一卷，第 6—8 页，以及第 11—19 页。

两个——利率、财富与收入之比(或者,非人力财富与人力财富之比)——可能会对储蓄产生相反影响。利率(这里指某种平均利率)显然从世纪之交一路上升到了1920年左右,然后在接下来的30年里又持续下降,最后在一个比开始时更低的水平上结束。[1] 然而,对这些变化的解释(最充分地反映在了债券收益率的变化当中),既会受到价格水平的变化的影响(因为价格水平的变化会使得名义利率无法完美地衡量"实际"收益率),也会受到固定美元债券和股票的收益率经常出现的不同方向上的波动的影响。从表面上看,收益率最初的上升往往倾向于降低 k^*,而随后的下降则会进一步提高 k^*。另一方面,从估计的源于财产的收入在国民收入中所占的比例来判断,非人力财富与人力财富的比例似乎有所下降(尽管证据也不是很明确)。在其他方面不变的情况下,任何这样的下降都将倾向于降低 k^*。

下面,我们要从这些方面的变化转到另外三个肉眼清楚可见的变化上——也许就是因为它们如此引人注目,我更倾向于认为它们对 k^* 的"行为"更加重要。这三个变化包括:(1) 农业人口比例的急剧下降;(2) 按家庭规模划分的"消费主体"分布的不断变化;(3) 国家在社会保障中的作用的变化。

自19世纪与20世纪之交以来,以经营农业为主要收入来源的"消费主体"在总人口中的比例一直在大幅下降。任何其他带有创业

[1] 例如,布拉多克·希克曼(Braddock Hickman),《1900年以来公司债券融资规模》,普林斯顿大学出版社,国家经济研究局,1953年,第129页。

性质的经济活动的从业者的人数的占比，都没有出现过类似的变化。我们在前一章中已经看到了，包括农民在内的“企业家”的储蓄占永久性收入的比例相对较高。因此，农业家庭数量的减少，是导致储蓄收入比下降（或者说，使得 k^* 提高）的一个因素。只要非常粗略地计算一下，就可以求出这种效应的可能的数量级。农业经营者家庭目前获得的收入显然超过了个人可支配收入总额的十分之一。[1] 而从农业家庭数量的变化来看，1900 年时的相应比例不可能超过三分之一。假设当时和现在的农业家庭平均会将收入的 20%储蓄起来（根据上一章给出的证据来看，这个数字似乎太高了），非农业家庭平均会将收入的 11%储蓄起来，那么这意味着，这两个群体在 1900 年时合并计算的平均储蓄率为 14%，而在当前则为 12%（这大致相当于观察到的百分比）。这也就是说，储蓄占收入的比例下降了两个百分点。这肯定已经是可以归因于这个因素的最大影响了。

自 20 世纪初以来，家庭的平均规模急剧下降，从每普查家庭接近 5 人下降到了大约 3.5 人（下降了大约 30%）。此外，按家庭规模划分的家庭的分布也有了很大的变化；规模非常大的家庭相对来说已经变得很少了，因此家庭平均规模的下降与家庭在规模上的更大的同质性有关，并且在某种程度上是由这种同质性所导致的。有人往往会认为，随着家庭规模的扩大，储蓄与收入之比会下降。然而不幸的是，这个命题的统计证据由于在推导过程中使用了不恰当的技

[1] 例如，请参见，（美国）商务部商业经济办公室，《美国的收入分配，按规模列示，1944—1950 年》，华盛顿，1953 年，第 8—11 页。

术而受损了。就我所知,这方面的研究都是在保持评定收入不变的前提下,考察家庭规模的影响的;也就是说,它们使用的是前文第四章第二节 f 小节讨论过的偏相关技术。但是,平均收入——很可能平均永久性收入也一样——往往会随着家庭规模的扩大而提高。因此,即便不同规模的家庭的永久性消费占永久性收入的比例是相同的,给定的评定收入水平上的评定消费也往往会随着家庭规模的增大而增加,从而产生这种观察到的统计结果。

在我看来,只需要对证据进行不那么全面系统的考察(当然,也不能过分随意),就可以发现这种分析的缺陷并不能完全解释观察到的家庭规模的效应,而且即便对若干不同规模的家庭的平均收入水平上的消费进行比较,也会发现家庭规模越大,消费占收入的比例就越大。[1] 况且,统计数据给我们的这种印象与我们的先验预期也是一致的,毕竟"有自己的孩子"是老年人获得保障和安全感的一种途径;在许多文化中,这甚至是最主要的途径。抚养孩子可以视为资本积累的一种形式,只不过这是人力资本而不是非人力资本。[2] 有人也许会认为,这种形式的"储蓄"的减少,可能会伴随着其他形式的储

---

[1] 这种说法过分简化了所需要的比较,因为必须将可能使某一特定规模的家庭的平均终生收入和消费不同于平均长期收入和消费的任何因素都考虑进来。

[2] 任何时候的人口普查所衡量的家庭规模都不同于与这里的论述相关的家庭规模,在这里,存活下来的孩子的数量,不管他们是否与父母同住,可能是最好的衡量标准。但是,人口普查中的家庭规定可能要小得多,因为孩子们建立了自己的独立家庭。因此,我在正文中所用的语言是不够准确的,因为我同时在这两个不同的意义上使用了"家庭规模"一词。然而,我认为这种不准确性不会成为误差的一个来源;在这两种意义上的家庭规模之间往往存在着高度的相关性。

蓄的增加，但是我们的统计数据只将“其他形式的储蓄”视为储蓄，所以这种变化在我们的数据中会显示为储蓄的增加。容易想象，在任何给定的时候，那些与他们的邻居相比孩子更少的家庭（因此不能以这种形式为他们的安全提供充分的保障），可能会以其他方式为自己提供更充分的保障。随着时间的推移，文化传统和风俗习惯的变化会减少老年人的保障依赖于子女的程度——这种变化本身既是家庭规模变化的原因，也是家庭规模变化的结果——从而通常有利于促进非人力资本的积累。基于这两个理由，在美国，平均家庭规模的下降，就其本身而言，会导致储蓄起来的收入的占比上升，进而导致观察到的 k 值的下降。

如果暂且不考虑对家庭规模效应的统计测量中存在的偏差，那么就可以快速地大致了解这种效应的可能数量级。多萝西·布雷迪（Dorothy Brady）估计，对于给定的评定收入，消费支出与家庭成员人数的六次方根成正比。[1] 这个结果意味着，一个有 5 名成员的家庭，其消费支出要比一个只有 3.5 名成员的家庭多 6 个百分点。或者说，如果一个有 3.5 名成员的家庭的消费占收入的百分比为 88%（这是根据戈德史密斯的数据得出的近似平均倾向），那么一个有 5 名成员的家庭的消费支出差不多占收入的 93%。现在看来，这无疑高估了家庭规模变化的影响，不仅因为这种估计忽视了统计上的偏差，也因为它忽视了家庭规模上的同质性的增加，考虑到这一点就可

[1] 请参见，多萝西·布雷迪收录于由戈德史密斯、布雷迪和门德豪森主编的《美国储蓄研究》中的论文，第三卷，第 21 页。

以减少所需要的修正量。[1] 然而尽管如此,这个结果清楚地表明,这种效应可能是相当巨大的。或许,它本身不会使储蓄占收入的比例上升 5 个百分点(尽管这些计算结果表明了这一点);但是它确实很有可能抵消了 2 个百分点或更多的下降——而我们估计,使储蓄占收入的比例下降 2 个百分点,已经是“农民数量的相对下降”可能产生的最大影响了。在讨论储蓄的长期趋势时,很少有人会提到家庭规模变化的这种效应。[2] 然而,它确实可能是起到了重要作用的主要因素之一。

在这些数据所涵盖的期间内,国家所承担的向老年人、失业者和其他受抚养人提供援助的责任发生了巨大的变化。这种变化导致了我们要讨论的特定具体数据的不同的结果。国家提供的援助显然减少了个人对私人储备的需要,从而减少了私人储蓄——而根据我们的假说,这相当于减少了临时性分量的方差。然而,我们要讨论的数据已经将政府养老金和退休基金的增量包括进了私人储蓄。如果这些与累计可得福利的现值的相应增量完全匹配,那么应该可以预期合并后的结果可能会增加记录到的储蓄:以政府持有的储备形式出现,并且个人只有在范围狭窄的特定情形下才能使用的 1 美元对于个人的价值,肯定要低于私人持有的储备中的 1 美元,那是他可以随意处置的。因此,政府持有的储备每增加 1 美元,私人储蓄通常只需

[1] 严格地说,对于这种修正量的计算,不应该只针对算术平均值,而应该针对整个分布,或者,同样的,针对分布的几何平均值。

[2] 布雷迪在前面引述的论文中讨论的情况是个明显的例外。

要减少不到1美元。然而,事实上,社会保障义务从来没有得到过充分的资金支持;累计可得福利的增长超过了政府养老金和退休基金的增长。因此,这些资金的增长量很可能要低于私人储蓄的减少量(而私人储蓄的这种减少,正是相应的福利计划导致的)。由此而得到结论是,如果不进行更加详细的分析,就不可能说清楚政府的社会保障和其他计划的净效应到底是增加还是减少了储蓄占收入的百分比,更不用说增加或减少了多少个百分点了。[1]

这类推测都是高度非决定性的,需要更全面、更令人满意的分析;但是,它们也许已经足以表明,对于消费与收入的比例,存在着一些相互抵消的因素。如果这些因素都在同一个方向起作用,特别是如果它们都在减少储蓄的方向上起作用的话,观察到的恒常性将会对我们的假说以及更"常见"的绝对收入假说不利,因为那将很容易诱使人们把平均实际收入的上升视为对其他因素的抗衡力量。当然,这里提到的存在着在不同的方向上起作用的因素这个事实,很难作为证明我们的假说的有力证据,但是至少它没有引出关于这个假说与所观察到的 k^* 的一致性的令人不安的问题。

我们在前一章中已经注意到了,根据美国的预算研究计算出来的平均倾向在长达大约60年的时间内一直保持令人惊讶的恒常性。

[1] 另一个与这种通过政府进行的储蓄相类似的因素是通过公司进行的储蓄,这或者体现为公司的未分配利润,或者体现为公司养老金权利。在这里,我忽略了这种储蓄,原因有两个;第一,戈德史密斯的数据显示,在数据覆盖的这个时期内,储蓄占收入的比例大致保持不变;第二,在这个时期之后,这种储蓄才开始在数量上变得重要起来。

在认定这个发现与戈德史密斯的数据所显示的恒常性之间的明显一致性可以作为证明 k^* 大致恒定的额外证据之前，还必须考虑三个重要因素：(1) 如第四章第二节 d 小节所述，早期的预算研究只针对工资收入者阶层，后期的预算研究才涉及更广泛的群体。将提款作为创业型群体的收入的一个衡量指标，虽然能够降低数据的不可比性，但是仍然无法完全消除这种不可比性。如果能够针对覆盖范围上的这种差异对数据进行修正，那么修正后的数据也许能够显示出消费收入比的长期增长趋势（或储蓄率的长期下降趋势）。(2) 戈德史密斯的储蓄数据包括了耐用品存货的增量的价值，但是预算数据却没有包括这个。戈德史密斯指出，在他的数据所覆盖的时期内，耐用消费品在储蓄中所占的比例越来越大，扣除耐用消费品后的储蓄与收入之比也在不断下降。[1] （下降的幅度大约为 2 个百分点。）因此，对预算研究数据进行调整，剔除消费耐用品存货的增量的价值（并将之计入储蓄），将有助于消费收入比的长期下降，或储蓄率的长期上升。(3) 消费者预算数据没有将政府养老金和退休基金的增量包括进来（而是算入储蓄之内）。如果将这些项目包括进来，也将有助于消费与收入比的长期下降或储蓄率的长期上升。

预算数据与时间序列数据的一致性，很可能意味着上面的第(2)、(3)点刚好抵消了第(1)点。考虑到这些效应的可能大小，这样的结果完全不能说是令人难以置信的。

---

[1] 请参见，戈德史密斯，《美国储蓄研究》，第 7 页。

第二节　消费对当期收入的回归

表 12 总结了美国的消费-收入关系的若干方面，它们是由戈德史密斯根据上一节提到的时间序列数据、费伯(Ferber)根据他自己汇编的有关数据计算出来的。与前文的表 1 所总结的预算研究计算出来的边际倾向一样，在表 12 中，由于计算出来的每一种关系的边际倾向都低于平均倾向，所以消费相对于评定收入的弹性非常一致地都小于 1。我们已经一再指出，这正是我们的假说所要求的；而且由于平均倾向高度稳定，因此不可能将计算出来的函数直接视为消费与收入之间的稳定关系。

表 12　从美国的时间序列数据得出的消费与收入之间的关系，基于不同的时期和不同的消费概念

覆盖的时期	消费支出的定义	人均个人可支配收入(按 1929 年价格计，美元)	平均消费倾向[a]	边际消费倾向[b]	消费的收入弹性[c]
	A. 基于罗伯特·费伯(Robert Ferber)的数据和计算的结果				
1. 从 1929 年到 1940 年	D	489	0.97	0.78	0.80
2. 从 1923 年到 1940 年	D	490	0.97	0.79	0.82

续 表

覆盖的时期	消费支出的定义	人均个人可支配收入（按1929年价格计，美元）	平均消费倾向	边际消费倾向	消费的收入弹性
3. 从1923年到1930年，从1935年到1940年	D	510	0.96	0.93	0.97
B. 基于雷蒙德·戈德史密斯（Raymond Goldsmith）的数据和计算的结果					
4. 从1897年到1949年（1917年和1918年除外），从1930年到1933年，从1942年到1945年	D	559	0.91	0.91	0.996
5. 从1897年到1949年	D	578	0.89	0.74	0.83
6. 从1897年到1906年	ND	420	0.89	0.72	0.81
7. 从1907年到1916年	ND	495	0.89	0.65	0.73
8. 从1919年到1929年	ND	591	0.88	0.60	0.68
9. 从1929年到1941年	ND	607	0.94	0.45	0.48
10. 从1897年到1914年	ND	451	0.89	0.87	0.97
11. 从1915年到1929年	ND	581	0.87	0.69	0.80
12. 从1930年到1949年	ND	691	0.87	0.46	0.53

续 表

覆盖的时期	消费支出的定义	人均个人可支配收入（按 1929 年价格计，美元）	平均消费倾向	边际消费倾向	消费的收入弹性
13. 从 1897 年到 1949 年（1917 年和 1918 年除外），从 1942 年到 1945 年	ND	558	0.90	0.82	0.91
14. 从 1897 年到 1949 年	ND	578	0.88	0.70	0.80

注　释：

D=包括了用于耐用消费品的支出在内的消费。

ND=不包括用于耐用消费品的支出在内的消费，但包括耐用消费品提供的服务的估计价值。

a 指定时期的平均消费支出与同一时期的平均收入之比。

b 在形式为 $c=a+by$ 的回归方程中的 b 的值，其中 c=按不变价格计算的人均个人消费支出，y=按不变价格计算的人均个人可支配收入。

c 边际消费倾向与平均消费倾向之比（边际消费倾向和平均消费倾向的定义见上面的注释 a 和 b）。因此，它是在对应平均收入和平均消费的点处的回归的弹性。

资料来源：

A 部分：罗伯特·费伯（Robert Ferber），《总消费函数研究》，国家经济研究局，技术文件，第八卷，1953 年。

B 部分：1897 年至 1949 年的平均可支配收入和平均消费是用雷蒙德·W. 戈德史密斯提供的年度数据计算的，基于他的《美国储蓄研究》普林斯顿大学出版社，1956 年，第一卷，表 1－1、表 2 和表 T－6（第 1 栏减去第 5 栏）；第三卷，第五部分，表 N－2，第 5 栏；第三卷，第四部分，表 Y－1，第 393 页，以及表 Y－4，第 400 页。（边际消费倾向等于 1 减去边际储蓄倾向）

表 12 所示的边际消费倾向的变化要比平均消费倾向大得多，而且正因为如此，消费的收入弹性的变化也是如此（消费的收入弹性指边际倾向与平均倾向之比）。表中给出的边际倾向的波动范围为从 0.45 到 0.93；而弹性的波动范围则为从 0.48 到 1.00。从小的方面说，这些差异反映了消费定义的不同和基本数据上的差别（见下文 b 小节）。然而，从大的方面说，它们更反映了用来计算的时间序列数据所覆盖的时间期限上的差异。当覆盖的时间期限比较短时，边际倾向和弹性往往是相对较低的，特别是当所覆盖的时间期限包括了大萧条时期的时候。一般来说，覆盖的时间期限越长，边际倾向和弹性越高。这个结果是符合我们的假说的，对此我们将在下面的 a 小节中讨论。就美国而言，这些边际倾向和收入弹性的变化范围比从预算研究中计算出来的相对应的值（如表 1 所示）要大得多。为什么会这样？我们将在下面的 c 小节讨论。

a. 覆盖的时间期限长短的影响

在我们现在考虑的这个简单的模型中，覆盖的时期有两个特性会影响观察到的收入弹性，第一是长度，第二是特定的历史特征。

覆盖的时期的长度之所以很重要，是因为在其他因素保持不变的情况下，如果社会的收入正在经历系统性的长期变化的话，我们可以预期覆盖的时期越长，观察到的收入弹性越高。收入的总方差等于临时性分量"贡献"的方差加上永久性分量"贡献"的方差（假设这两个分量是不相关的）。临时性分量所"贡献"的方差不会因所涉时期的延长而受到系统性的影响，因为根据定义，临时性分量主要是随机的和短暂的。诚然，某个时期的方差可能会比另一个时期的方差更大——这也正是特定时期的历史特征如此重要的原因——但是没有理由认为，更长的时期内的临时性分量的方差与较短的时期相比，会系统性地更大一些或更小一些。[1] 另一方面，永久性分量所"贡献"的方差往往随着所涉时期的延长而逐渐增大；两个日期相隔越远，收入的长期差距就越大。在相邻的两年之间，相对于临时性分量的变化，永久性分量的变化可能很小；然而另一方面，在从1900年到1950年这样的长时间尺度上，任

[1] 这句话应该理解为指对数分量的方差，或者是指方差与平均收入的平方之比，否则的话，平均收入应该限定在"其他条件不变"（caeteris paribus）的前提下。

何临时性分量的影响都几乎肯定会被永久性分量的长期变化所淹没。因此,所涉时期越长,P_{y^*},即永久性分量所“贡献”的方差占总方差的比率,就会越高,并且会在时期无限延长的情况下趋近于1。如果长期变化是永久性分量变化的唯一来源,那么 P_{y^*} 的下极限将为0,而且这一极限将会在所涉时期的长度趋近于0时趋近这一极限。由于在永久性分量还存在来自其他来源的变化,所以我们只能说,当所涉时期的长度接近于0时,P_{y^*} 趋向于接近某个大于0的下极限。

表12给出的数字确实与这个预测非常一致。在几乎所有情况下,只要数据在其他方面具有可比性,更长时期内的弹性就全都高于较短时期内的弹性——这里需要注意的是,第3行、第4行和第13行所指的时期并不分别比第2行、第5行和第14行所指的时期更短,它们所指的其实是在长度相同的若干时期内仅根据某些年份计算出来的回归(下文将会分别对这方面的比较进行讨论)。费伯的数据只有第1行和第2行是有可比性的。更长时期的第2行比第1行具有更高的弹性。而对于戈德史密斯的数据而言,第194页的计算总结了相关的结果。

如果某个稳定的长期趋势是造成永久性收入上的差异的唯一因素,那么就有可能预测延长时期长度的定量和定量影响。例如,如果每个长度为11年的时期的收入弹性是0.675,那么一个长度为47年的时期的收入弹性就是0.974;如果每个长度为18年的时期的收入弹性为0.765,那么一个长度为53年的时期的收入弹性就是 0.965。[1] 正如这几个例子所表明的，在以这种方式计算时，延长时期的长度的影响全都大于表 12 所显示的影响。这是理所当然的。因为除了长期因素之外，其他因素也会造成长期收入的差异，根据我们的假说，由此计算出来的数字是对延长时期的长度可能产生的最大影响的估计。如果观察到的影响超过了这些最大值，那才是最令人不安的；事实上，它们也并没有为我们的假说提供更多的支持。

行　号	时期的平均长度（年数）	包括的年份	平均收入弹性
6、7、8、9	10.75	从 1897 年到 1941 年（1917 年和 1918 年除外）	0.675
13	47	从 1897 年到 1949 年（1917 年和 1918 年除外），从 1942 年到 1945 年	0.912
10、11、12	17.67	从 1897 年到 1949 年	0.765
14	53	从 1897 年到 1949 年	0.798

[1] 令 $y_p = a + xt$ 表示永久性分量，其中，x 为每个单位时间的常数增量，t 表示时间。这样一来，在任意一个时期，永久性分量的方差为 $x^2(n^2-1)/12$，其中 n 是那个时期内的时间单位的数量。设 σ^2 为临时性分量所“贡献”的方差，那么就有：

$$P_y = \frac{x^2\left(\frac{n^2-1}{12}\right)}{x^2\left(\frac{n^2-1}{12}\right)+\sigma^2} = \frac{\frac{n^2-1}{12}}{\frac{n^2-1}{12}+\frac{\sigma^2}{x^2}}$$

给定 P_y 和 n，我们就可以计算出 σ^2/x^2；而给定 σ^2/x^2 和 n，我们就可以计算出 P_y，正文中的相应数字就是这样得到的。

将表12第2行与第3行、第4行与第5行、第13行与第14行进行比较，可以证明各自所覆盖的时期的特性的影响。在每一组比较中，成对的两个回归都是针对覆盖了相同的时间段的数据的，只不过其中有一个回归是基于在那个时间段内的更少年份的数据的。在每一组比较中，被排除在外的那些年份都不是从所涉及时期的开始端或结束端任意选择的，而是一些通常被视为"异常"的年份。这是一些集中到一起的年份，而且都在一个时期内，因此它们不会缩小通过长期因素引入的永久性分量的变化范围。将这些年份排除在外，可能会减少永久分量所"贡献"的方差，但是即便真的如此，所造成的差异也要比从一个时期的开始端或结束端选取的同样数量的年份小得多；而且，将这些年份排除在外甚至也有可能会增加永久性分量所"贡献"的方差。另一方面，"异常"年份的明显特征是收入的临时性分量相对较高，因此排除这些年份比排除随机选择的同样数量的年份更能降低临时性分量所"贡献"的方差。因此，排除"异常"年份的结果可能是提高了而不是降低了 P_y 的值，从而这样做带来的效果与从所涉及时期的开始端或结束端选取同样数量的年份的效果完全相反。因此，在将这些"异常"年份排除在外之后，表12中给出的那些计算出来的弹性出现了系统性的提高，这与我们的假说完全一致，而且也正是我们的假说所预测到的。

在表12中，包括大萧条在内的较短的各个时期的弹性都较低，这是一个很强的趋势：第9行显示的弹性小于第6、7、8行；第12行显示的弹性则小于第10或11行。对此，我们的解释是，这可能是由于这段时期内收入的临时性分量的变化较大，从而导致 P_y 的值相对较低的。

b. 数据形式的影响

表 12 所总结的均为按人均计算的消费和收入之间的关系（相关的消费和收入数字都已经按价格变动作了平减调整）。其他按当前价格计算的人均数字之间的类似的关系，以及总量数字之间的关系，也都计算出来了（既有按当前价格计算的总量数字，也有根据通货膨胀率进行了平减处理的）。那么，根据我们的假说，我们应该预测数据的形式会影响结果吗？

首先，考虑人口校正。由于美国的人口长期以来一直是与收入一起增长的，因此总实际收入的长期增长速度是明显高于人均实际收入的长期增长速度的——前者大约为每年增长 3%，而不是 2%。根据前一节的分析思路，这肯定增大了长期因素对永久性分量的方差的"贡献"。另一方面，似乎没有什么理由认为，在总量数据中，临时性分量的方差会比人均数字中更大——不过却有一些理由认为会更小（当然，要考虑这两种序列在绝对水平上的差异）。美国的人口的变化是平稳地发生的，因此它不太可能成为总收入或人均收入的随机性变化（或临时性变化）的一个重要来源。

或者，换一种说法，我们的"总函数"是各单个"消费主体"的函数之和。总永久性分量是这些独立的消费主体的永久性分量的总和;总临时性分量是各单个“消费主体”的临时性分量的总和。我们可以认为,“消费主体”是对以人均形式或总量形式表示的永久性分量做出的反应。“消费主体”的数量或规模的长期变化,或者预期到的短期变化,都不会将临时性因素导入总收入和人均收入当中。它们只会改变永久性分量据以加总的“消费主体”的数量,或者只改变分量的总和与分量的人均值之间的关系。它们对永久性分量的方差的影响取决于具体情境中的事实。

如果人口增长同时伴随着人均收入的下降,那么总收入随时间的变化可能会小于人均收入随时间的变化。当然,在现实世界中,美国的人口增长一直伴随着人均收入的增长,因此很显然,趋势是永久性分量的(相对)方差比人均收入的方差更大。“消费主体”的数量或规模的意料之外的短期变化,不会影响永久性分量,尽管它们确实会引入某些临时性因素。这些因素是对总收入影响更大,还是对人均收入影响更大,仍然要取决于具体情况。不过我们可以推测,这种未预料到的变化最常见的一个来源是孩子的出生,通常可以认为这对“消费主体”的总收入没有影响,但是却会在人均收入中引入一个临时性分量。如果确实是这样,那么未预料到的人口变化将使得临时性分量的(相对)方差在人均收入方面比在总收入方面更大一些。因此,人口变化对永久性分量和临时性分量的影响是相互加强的:两者都会使得总量层面的 P_{y^*} 大于人均层面的 P_{y^*}。因此,根据我们的假说,我们预计在总量上计算的收入弹性将高于在人均数据上计算的收入弹性。

长期的价格变化和已预料到的短期价格变化与人口的相应变化的影响大致相同：它们不会将临时性的因素引入当期收入或(去通货膨胀的)平减收入当中。再一次，它们对永久性分量的方差的影响取决于当时情境下的特定事实。如果产出低时价格高且产出高时价格低，那么当期收入的变化应该会小于平减收入。但是再一次，现实世界中发生的情况恰恰相反。在过去的五十年里，平均价格和产出都呈现出长期的上升趋势；同时，周期性波动期间，价格和产出也通常同步波动。这种关系在两次世界大战之间的年月里也几乎是完全一样的。[1]

因此很显然，我们可以预期，永久性分量的方差在当期收入中会比在平减收入中更大一些。不过，要对意料之外的短期价格变化的影响做出准确的判断，则要困难得多。它们在当期收入和平减收入中都会引入临时性因素；而且，在短期内，价格和产出的变动在长期内更有可能是负相关的。尽管如此，即便是在短期内，出乎意料的价格变化也会给当期收入带来比给平减收入带来的更大的临时性变化。这应该也不是没有理由的。从这些分析可知，当期收入的永久性分量和临时性分量的方差都比平减收入要大，因此我们不能就 P_{y^*} 的大小得出明确的结论。尽管有人可能会猜想，对永久性分量的影响更明显，也往往更大，因此，P_{y^*} 对于当期收入通常要比对于平减收入更大。这是一个非常弱的结果，如果将时期的长度也考虑进去，这个结果可以变得更强。在上一节中，我们已经阐明，临时性分量受到

---

[1] 对于这些时期，还需要一个次要的限定条件：价格和总产出一起变动，但是有时价格和与消费者的可支配收入相对应的那部分产出可能向相反的方向变动。

的影响与所涉时期的长短无关;永久性分量所受到的影响则随着时期的长度延长而增大。因此,根据我们的假说,我们可以得出这样的预测,当从当期收入计算时,美国的收入弹性一般会高于从平减收入计算时的收入弹性;这种趋势在覆盖的时间非常长时最为强烈,但是在很短的时期内则可能较弱或不存在。

这些关于人口校正和价格变化的影响的预测,与现有的证据都是高度一致的。表 13 给出了费伯和戈德史密斯从不同形式的时间序列数据中计算出来的不同时期的边际消费倾向。诚然,我们给出的预测是针对收入弹性,而非针对边际倾向的。然而,因为平均消费倾向很可能只会随着数据形式的不同而呈现出微不足道的差异,所以任何一条直线上的边际倾向与弹性的比例大致相同,因此直接计算弹性似乎不是很值得。[1]

表 13 根据美国四种不同形式的时间序列数据计算出来的边际消费倾向

覆盖的时期	消费支出的定义	边际消费倾向			
		当期价格		平减后	
		总量数据	人均数据	总量数据	人均数据
		A. 费伯计算的结果			
1. 从 1929 年到 1940 年	D	0.848	0.853	0.800	0.777

[1] 当然,如果用相同的人口和价格序列来对消费和收入进行平减处理,那么无论采用何种数据形式,每一年的消费与收入之比都是相同的。但是,对于任何一个时期,平均消费与平均收入之间的比率却不一定相同,因为这是各个单个年份的比率的加权平均数,不同形式的数据的加权平均数也不同。然而,这些权重上的差异不太可能导致平均比率的巨大变化。

续　表

覆盖的时期	消费支出的定义	边际消费倾向			
		当期价格		平减后	
		总量数据	人均数据	总量数据	人均数据
2. 从1923年到1940年	D	0.864	0.870	0.858	0.792
3. 从1923年到1930年，从1935年到1940年	D	0.965	0.947	0.964	0.934
		B. 雷蒙德·戈德史密斯计算的结果			
4. 从1897年到1929年	D	0.89			0.82
5. 从1897年到1949年（1917年和1928年除外），从1930年到1933年，从1942年到1945年	D	0.913			0.907
6. 从1897年到1949年	D	0.84			0.74
7. 从1897年到1906年	ND	0.80	0.78	0.77	0.72
8. 从1907年到1916年	ND	0.77	0.72	0.65	0.65
9. 从1919年到1929年	ND	0.72	0.67	0.74	0.60
10. 从1929年到1941年	ND	0.60	0.60	0.52	0.45
11. 从1897年到1914年	ND	0.90	0.89	0.89	0.87
12. 从1915年到1929年	ND	0.89	0.89	0.84	0.69
13. 从1930年到1949年	ND	0.75	0.72	0.58	0.46
14. 从1923年到1940年	ND	0.57	0.60	0.60	0.36
15. 从1915年到1929年（1917年和1918年除外）	ND	0.87	0.88	0.82	0.73

续 表

覆盖的时期	消费支出的定义	边际消费倾向			
		当期价格		平减后	
		总量数据	人均数据	总量数据	人均数据
16. 从 1930 年到 1949 年（1942 年和 1945 年除外）	ND	0.81	0.80	0.69	0.61
17. 从 1897 年到 1929 年	ND	0.86	0.86	0.84	0.78
18. 从 1897 年到 1941 年	ND	0.88	0.86	0.89	0.82
19. 从 1897 年到 1949 年（1917 年和 1918 年除外），从 1942 年到 1945 年	ND	0.86	0.86	0.86	0.82
20. 从 1897 年到 1949 年	ND	0.81	0.80	0.79	0.70

注 释：

D=包括了用于耐用消费品的支出在内的消费。

ND=不包括用于耐用消费品的支出的消费，但包括耐用消费品提供的服务的估计价值。

资料来源：

第 1 行至第 3 行来自罗伯特·费伯（Robert Ferber），《总消费函数研究》，国家经济研究局，《技术文件》，第八卷，1953 年。第 4 行至第 20 行来自雷蒙德·W. 戈德史密斯，《美国的储蓄》，普林斯顿大学出版社，1956 年版，第三卷，表 Y-1，第 393 页，表 Y-4，第 400 页。

使用人均数量而非总体数据的影响如下：

根据总量数据计算的边际倾向	项数		
	当期数据	平减后的数据	合计
大于根据人均数据计算的边际倾向	9	16	25
相同	4	1	5
小于根据人均数据计算的边际倾向	4	0	4
合计	17	17	34

根据我们的假说，一般趋势是从总量数据计算得出的边际倾向要大于从人均数据计算得出的边际倾向。对此，只有四个明显的例外，而且即便是这些例外也可以用前面的分析来说明。这四个例外都是在用当期数据计算的时候出现的。其中两个是出自“从 1923 年到 1940 年”这个时期，另外两个分别出自“从 1929 年到 1940 年”，以及“从 1915 年到 1929 年（1917 年和 1918 年除外）”这两个时期。由于大萧条的原因，在 1923 年至 1940 年间，人口变化与实际产出之间可能是负相关的，同时人口变化与以当期美元计算的货币收入之间的相关性几乎肯定是负的；1929 年至 1940 年间的情况大体上相同，只不过程度稍低一些。至于从 1915 年到 1929 年这个时期，人口变化与实际产出的相关性是正的，但是 1921 年价格的急剧下降和 20 世纪 20 年代普遍较低的价格水平很可能会使得货币-收入的相关性为负。因此，这些情况是对显性的预测结论的例外，而不是对得出预测的分析过程的例外。

使用平减数据而不是当期数据的影响如下：

根据当期数据计算的边际倾向	项数		
	总量数据	人均数据	合计
大于根据平减数据计算的边际倾向	13	17	30
相同	1	0	1
小于根据平减数据计算的边际倾向	3	0	3
合计	17	17	34

由此可见,总体趋势再一次完全与预测一致——事实上,甚至比之前的比较更清楚地揭示了这一点。不过,这个结果有点令人不安,因为我们的分析得出了一个更加明确的结论即调整人口变化的影响比调整价格变化的影响更大。我们推测可以在之前的分析中忽略掉的一个因素中找到解释——人口和价格的长期变动的相对大小。从1900年到1950年,人口大约翻了一番。消费者价格则在1900年到1920年间翻了一番多之后,在1920年至1933年间下降了超过三分之一,然后到1948年又几乎翻了一番。所以到1950年,价格水平大约是1900年时的三倍,而且在这半个世纪里经历了更多的大幅波动。在许多较短的波动期间内,与人口波动相比更大的价格长期波动和价格与产出同向变化的趋势,都强化了调整价格变化对永久性分量的方差的影响。

在不符合一般趋势的这些例外中,价格方面的例外不如人口方面的例外那么能说明问题。价格方面的例外都出现在用总量数据进行计算的时候，所涉时期分别为从1919年到1929年、从1923年到1940年，以及从1897年到1941年。只有一种情况是我们的分析表明会出现例外的那种较短的时期，而且这三种情况之间并没有什么能够使得它们与其他观察结果区分开来的共同之处。

表13中有三项比较是前一个表格不包括的，那就是第4行、第5行和第6行。这三项比较都完全符合预期：用当前总量数据计算出来的边际倾向大于用平减处理过的人均数据计算出来的边际倾向，而且这两种调整都是在相同的方向上进行的。

表13中的各个条目绝不是完全独立的。费伯和戈德史密斯的数据有共同的"根源"。他们计算出来的许多关系所针对的也是在很大程度上相互重叠的时期（或者说，这些时期之间的不同之处仅仅在于，有没有包含某几个年份）。因此，前面的汇总表所列的比较的组数，大大夸大了独立观察点的数目，这种因素降低了经验与我们的假说的含义之间的这种一致性的重要意义。

c. 时间序列数据的弹性与预算数据的弹性之间的关系

根据我们的假说，从时间序列数据计算得到的消费收入弹性与从预算数据计算得到的消费收入弹性，是对不同事物的估计。它们都不能直接告诉我们关于消费行为的任何东西——或者更确切地说，它们没有给我们的假说增添任何东西。相反，这两个弹性都衡量了收入结构的一个特征，而且各自衡量的是不同的特征。预算数据中的弹性所衡量的是,在某一时点上,一组“消费主体”的收入的方差中永久性分量的差异的“贡献”所占的比例。而在时间序列数据中,弹性所衡量的是,在一系列时间单位中,总收入或人均收入的方差中永久性分量的差异的“贡献”所占的比例。当然,收入结构的这两个特征,并不是完全无关的。例如,如果“消费主体”之间的所有差异都可以归因于永久性分量,每一个“消费主体”临时性分量均为0,那么所有“消费主体”的临时性分量放到一起也为0。因此,不同年份之间(或者其他时间单位之间)的所有差异也都可以归因于永久性分量的差异,从而根据我们的假说,收入弹性应该为1(无论是从预算数据还是从时间序列数据计算出来的)。而在另一个极端,这种联系则要松散得多。即便“消费主体”之间的所有差别都是临时性的,因而所有“消费主体”都有相同的永久性分量,这个共同的永久性分量在不同年份(不同时间单位)之间也可能会发生变化。根据我们的假说,从预算数据计算出来的弹性为0,则从时间序列数据计算出来的弹性将大于0,而且实际上有可能接近于1,因为每个时间单位的临时性分量可能分别接近于0。对于中间情况,关系同样是相当松散的。第一种极端情况的影响提供了一些理由,使得人们可以预期,如果甲国从预算数据计算出来的弹性系统性地高于与之可比的乙国,那么从时间序列数据计算出来的(在相同长度的时期内的)弹性也应该是甲国的更高一些。但是,我无法找到任何方法来预测两者之间的定量关系。

我们已经看到了,从时间序列数据计算出来的弹性在很大程度上取决于所涉时期的长度和特征：它们在更短的时期内通常较低，并且会随着所涉时期的长度而增大——至少对于正在经历长期的收入变化的社会是这样。相比之下，从预算数据计算出来的弹性则主要取决于所涵盖群体的特征。考虑一个相当广泛的群体，在这个群体中，永久性收入存在着巨大的差异，因此弹性比较高——比如，美国的城市家庭或所有家庭的弹性大约是0.8。在较短的时期内，从时间序列数据计算出来的弹性可能会小于这个弹性，而在很长的时期内，从时间序列数据计算出来的弹性则可能超过这个弹性。而且，等于这个弹性的那些时期的长度也不会是一个常数，这主要取决于所涉时期本身的特征，以快速而平稳的进步为特征的时期相对较短，而以停滞及剧烈的短周期流动为特征的时期则相对较长。例如，1897年到1906年是一个平稳的快速增长的时期，戈德史密斯计算出来的弹性（0.81）大体上等于从预算数据计算出来的弹性，这个时期的长度为10年；而1929年到1941年则是一个停滞的、发生了剧烈的短周期波动的时期，戈德史密斯计算出来的弹性（0.48）明显小于从预算数据计算出来的弹性，这个时期的长度为12年；1897年到1949年是一个夹杂了平稳的快速增长时期和剧烈的短周期波动时期的"混合体"，长度为53年，弹性（0.80）大约等于从预算数据计算出来的弹性。因此，在一种情况下，期间的长度仅为10年，在另一种情况下则超过了50年。

在我们之前对表12的讨论中提到过的另一个特性也非常值得注意：对于情况相似的组别，从时间序列计算出来的弹性之间的易变性要明显大于从预算数据计算出来的弹性。为什么会这样？根据我们的假说可以推导出的其中一个原因是(这个原因在前面的讨论中已经呼之欲出了)：所涵盖的时期的长度的影响意味着，表 12 所示的从时间序列数据计算出来的弹性是对不同事物的估计，因此它们变化的原因不适用于类似群体的从预算数据计算出来的弹性。另一个原因则隐含在了对所涵盖的时期的特征的讨论中：从时间序列计算出来的弹性是用非常小的有效样本计算的——最大的一个样本只有 53 个样本点。因此，这些样本之间可能存在着很大的差异，从而即便 P_{y^*} 在一定意义上完全不受长期变化的影响，也会产生对于 P_{y^*} 的值的差异很大的不同估计。另一方面，从预算数据计算出来的弹性是从更大的样本中计算出来的，最小的样本也通常有几千个样本点。换句话说，这两种类型的弹性会因为如下两点而不同：一是它们所估计的收入结构特征在不同时间上存在的潜在差异，二是抽样误差。对于时间序列计算出来的弹性，这两种可变性的来源都可能更大：首先，时期的长度有更大的重要性；其次，因为样本的容量大大缩小了。

近年来，许多经济学家都尝试过将预算数据和时间序列数据结合起来，以便计算出特定商品的需求函数。[1] 他们采取的一般计算

---

[1] 例如，请参见，詹姆斯·托宾，《美国食品的统计需求函数》，《皇家统计学会期刊》，A 辑，第六十三卷，1950 年，第 113—140 页；赫尔曼·沃尔德(Herman Wold)，《需求分析》，第 228—234 页；以及，理查德·斯通(Richard Stone)[由 D. A. 罗(D. A. Rowe)、W. J. 科莱特(W. J. Corlett)、雷妮·赫斯特菲尔德(Renée Hurstfield)、穆里尔·波特(Muriel Potter)协助]，《消费者支出与行为的度量：英国，1920—1938 年》，第一卷，剑桥大学出版社，1954 年，第 275—278 页。

程序是，根据预算数据计算出在某个特定商品或某类消费品上的支出的收入弹性，接着在此基础上计算出需求函数。从预算数据计算出来的收入弹性被或多或少地直接应用于按时间序列报告的总量数据，然后再根据时间序列数据估计出想要得到的需求函数中的其余参数。

很明显，根据我们的假说，上述过程是错误的。虽然是从总支出弹性的角度来说的，但是我们的结论——从预算数据计算出来的弹性与从时间序列计算出来的弹性是对不同量值的估计——同样适用于其他特定类别的弹性（更详细的讨论见下文第八章第二节）。从预算数据中计算出来的收入弹性（一般来说）不可能与从某个特定时间跨度的时间序列数据中计算出来的收入弹性相同，除非收入的临时性分量对这两组数据具有同样的重要性。但是，我们没有理由期望这些临时性分量具有同样的重要性。而且正如我们已经看到的，如果它们在某个时间跨度中具有同样的重要性，那么它们就不会在更长或更短的时间跨度内具有同样的重要性。（关于合并预算数据和时间序列数据的其他方法的一些评论，见下文第八章第二节。）

第三节　消费对当期收入及以往收入的回归

用上一节所讨论的那种简单的消费对收入的回归去预测消费的

努力均以失败告终，所以一些经济学家转而开始尝试更加复杂的函数。莫迪利安尼(Modigliani)和杜森贝里(Duesenberry)非常强调相对收入状况，他们将消费表示为当期收入水平与此前获得过的最高收入水平之比的函数。露丝·麦克(Ruth Mack)则强调收入的变化，为此将消费表示为本年度收入与本年度收入相对于上一年度的收入的变化的函数。这些消费方程都很容易从我们的假说的角度来加以解释，而且这种解释反过来又意味着对它们的扩展。

a. 莫迪利安尼、杜森贝里和麦克的方程

莫迪利安尼和杜森贝里要计算的关系的形式如下

$$\frac{c^*}{y^*}=f\left(\frac{y^*}{y_0^*}\right) \tag{5.1}$$

其中，y_0^* 表示在所讨论的那一年之前曾经获得过的最高收入，而且所有的变量都是经过了平减处理的人均变量。如果这个关系是通过消费比率(或者等价地通过储蓄率)对收入比率的回归来计算的——或者说，是用消费(或储蓄)对 y^* 和 y_0^* 的回归来计算的——同时如果临时性分量的均值可以假设为0，那么根据我们的假说计算出来的回归式左侧的 c^* 就可以用 c_p^* 代替，就像用家庭预算数据来计算相应的回归时一样。

在我们的简单模型中，有

$$c_p^* = k^* y_p^* \tag{2.10}$$

或者重写为

$$\frac{c_p^*}{y^*} = k^* \frac{y_p^*}{y^*} \tag{5.2}$$

所以,(5.1)式的右边可以理解为对(5.2)式的右边的一个估计。一个合理的设想是,将引入 y_0^* 视为估计永久性分量的一个手段,而将 y_0^* 本身视为对永久性分量的一个估计似乎是不合理的,因为那将意味着,在下行和随后复苏并上升至新的高峰的整个过程中,估计出来的永久性分量都将保持不变。将 y_0^* 和 y^* 的加权平均值作为对 y_p^* 的估计值似乎更加合理,即,

$$y_p^* \text{ 的估计值} = w_1 y_0^* + w_2 y^* \tag{5.3}$$

其中

$$w_1 + w_2 = 1 \tag{5.4}$$

在他的一些回归分析中,莫迪利安尼将上一年度的收入作为一个新的变量引入进来,并将之记为 y_{-1}^*。这样一来,我们就可以将(5.3)式扩展为

$$y_p^* \text{ 的估计值} = w_1 y_0^* + w_2 y^* + w_3 y_{-1}^* \tag{5.5}$$

其中

$$w_1 + w_2 + w_3 = 1 \tag{5.6}$$

将(5.5)式插入到(5.2)式,并将 c_p^* 替换为 c^*,这样就有

$$\frac{c^*}{y^*}=\frac{k^*(w_1y_0^*+w_2y^*+w_3y_{-1}^*)}{y^*}$$

$$=k^*w_1\frac{y_0^*}{y^*}+k^*w_2+k^*w_3\frac{y_{-1}^*}{y^*} \qquad (5.7)$$

这就是莫迪利安尼计算的其中一个回归的精确形式,尽管他所使用的这个回归形式略去了 y_{-1}^* 项,即取 $w_3=0$。莫迪利安尼在他的其余的回归中所使用的形式则可以通过对(5.7)式的两边同时乘以 y^* 并在右边加上一个常数项得到:

$$c^*=a+k^*w_1y_0^*+kw_2y^*+kw_3y_{-1}^* \qquad (5.8)$$

当然在这两种情况下他都没有使用我们的符号。莫迪利安尼认为,除了一个例外(即他对瑞典的回归)之外,常数项在统计上没有意义,因此,除了这个例外之外,他的数值回归所采取的实质上就是(5.7)式。

杜森贝里使用的回归形式与(5.7)式略有不同,即:

$$\frac{c^*}{y^*}=a+b\frac{y^*}{y_0^*}$$

只需将 $\frac{y_0^*}{y^*}$ 替换为它的泰勒级数近似,就可以将这个式子替换为(5.7)式的形式。

麦克使用的是如下函数

$$c^* = a + by^* + c\Delta y^*$$
$$= a + by^* + c(y^* - y_{-1}^*) \qquad (5.9)$$

上式只需稍稍整理一下，就可以改写为与(5.8)式相同的形式，其中 $w_1 = 0$。

莫迪利安尼、杜森贝里和麦克计算的这些函数所隐含的 k^*、w_1、w_2 和 w_3 的值，只需利用方程(5.6)式、(5.7)式和(5.8)式，都很容易确定；结果见表 14 的上半部分。

k^* 的各种值之间的差异至少部分地(也或许主要地)反映了定义上的差异。对加拿大来说，最低的值不是消费与收入的比率，而是消费与国民生产总值的比率，但是后者本来就必定要比收入更大。而对于瑞典来说，采用(5.8)式那样的形式计算的回归包含了一个有显著意义的常数项。这既不符合我们的假说，也与其他回归的结果不一致，它意味着表中未加括号的(通过忽略常数项而计算的) k^* 值低估了消费与收入的平均比率。修正了这一点就可以将 k^* 提高到 0.93，与表中的其他值更接近。

虽然没有标明，但分配给不同收入的权重之间有一些相似之处。在所有情况下，以往的最高收入得到的权重都明显不到一半；而且在两种情况下，其权重甚至低至七分之一。表 14 的下半部分的数字也呈现出了相当高的相似度，那里给出的是对费伯利用相同的数据在可比的时期对所有关系进行重新计算的结果。不过，该表下半部分的数字的同质性似乎有所增加，主要是排除了加拿大和瑞典的结果的反映，而不是数据和时期有更大的可比性的反映。

表 14 由莫迪利安尼、杜森贝里和麦克计算并由费伯重新计算的消费对当期收入和以往收入的回归

国家,覆盖的年份,收入变量	永久性消费与永久性收入之比(k^*)	加权后计算的永久性收入与……之比		
		以往最高收入(权重为 w_1)	当期收入(权重为 w_2)	上一年度的收入(权重为 w_3)
莫迪利安尼				
1. 美国,1921—1940 年,可支配收入	0.90	0.14	0.86	
2. 美国,1921—1940 年,收入=可支配收入+企业储蓄	0.90	0.14	0.56	0.30
3. 加拿大,1923—1939 年,国民生产总值	0.79	0.32	0.17	0.51
4. 瑞典,1896—1913 年,1919—1934 年,国民收入	0.85(0.93)[a]	0.41	0.59	
杜森贝里				
1. 美国,1929—1940 年,可支配收入	0.95	0.20	0.80	
麦克				
1. 美国,1929—1940 年,可支配收入	0.86(0.97)[a]		0.93	0.07

续 表

国家,覆盖的年份,收入变量	永久性消费与永久性收入之比(k^*)	加权后计算的永久性收入与……之比		
		以往最高收入(权重为 w_1)	当期收入(权重为 w_2)	上一年度的收入(权重为 w_3)
费伯,重新计算(全为美国,可支配收入)				
1. 按照莫迪利安尼的计算方法				
a. 1923—1940 年	0.96	0.16	0.84	
b. 1923—1930 年,1935—1940 年	0.96	0.10	0.90	
2. 按照杜森贝里的计算方法				
a. 1923—1940 年	0.96	0.16	0.84	
b. 1923—1930 年,1935—1940 年	0.96	0.10	0.90	
3. 按照麦克的计算方法				
a. 1923—1940 年	0.79(0.97)[a]		0.96	0.04
b. 1923—1940 年	0.82(0.97)[a]		0.90	0.10
c. 1923—1930 年,1935—1940 年	0.96		0.87	0.13

注 释:

a 括号内系有常数项时的值。

资料来源:

弗兰科·莫迪利安尼(Franco Modigliani),《储蓄收入比率的波动:经济预测中的一个问题》,《收入与财富研究》,第十一卷,纽约:国家经济研究局,1949 年。

方程Ⅲ-1来源同上，第381页。因变量为个人储蓄（或个人消费）与可支配收入之比；自变量为当期收入和以往最高收入的差额与当期收入的比率，所有的变量都用价格指数进行了平减，并且都是人均数字。

方程Ⅻ-3来源同上，第423页。因变量为个人加企业储蓄；自变量为本年度的、上一年度的，以及以往的峰值年的可支配收入加上企业储蓄，所有变量都用价格指数进行了平减，并且都是人均数字。常数项亦已计算，但结果与0无显著差异。

方程Ⅵ-1a来源同上，第394页。因变量为个人消费加政府支出（耐用消费品上的支出不包括在内，但汽车不算这里的耐用消费品）；自变量为本年度、上一年度和以往的峰值年的国民生产总值，所有变量都按价格指数进行了平减处理，但是显然是用总量而不是人均数量来表示的。计算出来的常数项与0没有显著差异。

方程Ⅵ-2来源同上，第396页。因变量为个人消费加上政府在商品和服务上的支出；自变量为本年度和以往的峰值年的国民收入（包括税收和企业储蓄），所有的变量都按价格指数进行了平减，并表示为每个"消费主体"的数字。计算出来的常数项与0有显著的不同，这可能会使得我们的解释面临一些质疑，因为我们将它视为零。

詹姆斯·杜森贝里，《收入、储蓄与消费者行为理论》，哈佛大学出版社，1952年，第90—91页。

应变量为个人储蓄与可支配收入之比；自变量为本年度可支配收入与以往的峰值年的可支配收入之比。所有变量均按人均计算，并按价格指数进行了平减处理。

杜森贝里给出的线性方程的常数项为0.196；这可能是一个印刷错误，因为内部证据表明它应该是-0.196。斜率为0.25。在将他的方程转换成(5.7)式所述的形式时，他的 y^*/y_0^* 要用 $1.754-0.769\ y_0^*/y^*$ 代替——这是泰勒展开式的前两项，围绕值 $y_0^*/y^*=1.14$，那是所涵盖的时期的近似平均值。

露丝·P·麦克(Ruth P. Mack)，《收入变化的方向与消费函数》，刊载于《经济学与统计评论》，1948年，第256页。

因变量是消费；自变量是可支配收入和可支配收入的变化。所有变量都是按当前美元计算的国家总量。

罗伯特·费伯(Robet Ferber)，《总消费函数研究》，国家经济研究局，《技术文件》，第八卷，1953年。

序列1的a、b来源同上，第69页，方程(2.21b)和(2.21c)。因变量为个人储蓄与可支配收入之比；自变量为当期收入和以往的峰值收入之间的差额与当期收入之比，所有变量都按价格指数进行了平减，并表示为人均数字。

序列2的a、b来源同上，第69页，方程(2.22b)和(2.22c)。因变量为个人储蓄与可支配收入之比；自变量为当期收入与以往的峰值收入之比，所有变量都按价格指数进行了平减，并表示为人均数字。将这些方程转换成(5.7)式所描述的形式时，对于2a，要将 y^*/y_0^* 替换为 $1.84-0.846\ y_0^*/y^*$；对于2b，要将 y^*/y_0^* 替换为 $1.963-0.963\ y_0^*/y^*$。这是泰勒展开式的前两项，分别在 y_0^*/y^* 的值1.087和1.019附近，那是所覆盖的时期的均值。

序列 3 的 a、b、c 来源同上，第 66 页，方程（2.8a）、（2.8b）和（2.8c）。因变量为个人储蓄；自变量是本年度和上一年度的可支配收入，所有变量都按物价指数进行了平减并表示为人均数字。

费伯的重新计算与莫迪利安尼和杜森贝里的方程之间的实际上的同一性，只是一个纯粹的算术结果：所用的那两个方程，正如我们之前的讨论所表明的，彼此之间可以通过代数变换相互转换，因此如果产生了不同的结果，那可能只是因为它们意味着，在从可得数据估计参数时运用了不同的统计方法。[1] 对于麦克的重新计算，常数项在三个关系中的两个显著不等于 0。很显然，只包含上一年度的收入不如将以往的峰值年的收入包括进来更能实现使方程变齐次的目标。

或许，最有意思的一个结果是，在计算永久性收入时，所有三组方程都有一个共同的主导权重，即赋予当期收入的权重。然而，正如我们在下一节将会看到的，出现这一结果的部分原因在于计算这些方程的时间序列数据的“短暂性”。

---

[1] 费伯拟合的莫迪利安尼的方程为：

$$\frac{c^*}{y^*} = a + b\frac{y^* - y_0^*}{y^*} = (a + b) - b\frac{y_0^*}{y^*}$$

同时他拟合的杜森贝里的方程则为：

$$\frac{c^*}{y^*} = a + b\frac{y^*}{y_0^*}$$

两者之间的唯一区别在于，第一个方程中的自变量是另一个方程中的自变量的倒数。

b. 拟合长期数据的其他备选方程

表 14 总结的那些计算所针对的时期，都介于两次世界大战之间，或者是世界大战的期间的一部分。对于更长的时期，还可以用另外一些有可比性的函数去拟合戈德史密斯的数据。本节讨论了这个研究路径上得到的部分结果，此外，还给出了我们对表 14 所述的那些函数的解释所建议的相关函数进行拟合实验的结果。

根据这种解释，上一年度的收入是作为估计永久性收入的一种手段进入函数的。从这个角度来看，莫迪利安尼-杜森贝里的函数和麦克的函数在好几个方面都存在问题。首先，他们把永久性收入估计为两年或至多三年的收入的平均值，但是我们明明可以从更长的时期来估计永久性收入。更加重要的是，这不是一个适合预先决定的问题，因为应该让数据本身来确定适当的年数。其次，使用以往的峰值年的收入也似乎是过于武断的。它可能导致根据数据的形式使用不同的年份，例如某一年被用于经平减处理的人均数据，而另一年被用于对当期价格计的总量数据。最后，给以往的峰值年的收入赋予同样大的权重（而不管那一年与“本年度”之间相隔多少年），这种做法也是相当武断的。

为了化解这些问题，一个选择是构建一个有更多年份的加权平均时间序列，并允许权重和年数由数据本身来决定，即权重通过多重相关分析来确定，而年数则通过不断增加年份直到再多年份也不会显著增加相关性为止。从理论上看,这种方案的复杂程度简直令人心生怒意,而且在统计上也有一定缺陷,使用了过多的自由度。但是它确实指明了前进的方向。

在这个方向上继续向前推进的一个方法是,对加权模式的特征加以限制,即用数据来决定权重——将权重表达为任一给定时间点与正在估计永久性收入的那个时间点之间流逝掉的时间的函数。考虑到表 14 所示的赋予当期收入的相对较大的权重,使用如下这种加权模式应该是合理的:对当期收入赋予的权重最大,对以往各期的收入赋予的权重则依次递减。为了给出这种加权方法的最一般的形式,同时避免过于武断地指定时间单位,我们不妨把评定收入视为时间的连续函数,并将它记为

$$y^*(t) \tag{5.10}$$

然后,我们将时间 T 上的永久性分量的估计构造为:

$$y_p^*(T) \text{ 的估计} = \int_{-\infty}^{T} w(t-T)y^*(t)\,dt \tag{5.11}$$

其中,

$$\int_{-\infty}^{T} w(t-T)\,dt = 1 \tag{5.12}$$

有一种简单的加权模式的性质是我们能够接受的,它是指数形式的,随着时间向前回溯而递减,即

$$w(t-T) = \beta e^{\beta(t-T)} \tag{5.13}$$

菲利普·卡甘(Phillip Cagan)已经用这个加权模式研究过一个非常类似的问题了,他利用以往的价格变化的时间序列,估计出了价格在恶性通胀期间的预期变动率。[1] 他用来推导出这个加权模式的模型,很容易就可以被改造以适应当前的问题,而且有可能使这个加权模式的使用看起来不像我到目前为止所遵循的严格的经验方法那么武断。

为此,暂且将 y_p^* 视为当期评定收入的"预期值"或"预测值"。假设这个预期值可以随着时间的推移而修正,而且修正的速度与预期收入与实际收入之差成比例,即

$$\frac{dy_p^*}{dT}=\beta[y^*(T)-y_p^*(T)] \tag{5.14}$$

在适当的初始条件下,使常数项为 0 的微分方程的解为:

$$y_p^*(T)=\beta\int_{-\infty}^{T}e^{\beta(t-T)}y^*(t)\,dt \tag{5.15}$$

这也就是前面给出的估计值。[2]

这种方法的一个明显缺陷是,它没有纳入预料到的长期增长。由于是早期观测值的平均值,估计的 y_p^* 的值必定介于最低值和最高

[1] 参见菲利浦·卡甘《恶性通货膨胀的货币动力学分析》,《货币数量理论研究》,芝加哥大学出版社,1956 年版,第 25—117 页。

[2] 需要注意的是,对于一阶项,如果调整方程取的是对数形式,那么同样的估计也是有效的,即

$$\frac{dY_p^*}{dT}=\beta[Y^*(T)-Y_p^*(T)] \tag{5.14'}$$

值之间,因此将这种方法应用于稳步增长的时间序列时产生的估计值系统地低于观测值。为了将长期增长考虑进来,我们可以假设对 y_p^* 的估计包括了两个部分：第一部分是一个趋势值,表示以某个恒定的百分比持续增长;第二部分是过去值对该趋势的调整后的偏离的加权平均,这种调整允许趋势本身发生变化,从而使得所有偏离都与当前偏离处于同一水平上。这样一来,我们就可以得到：

$$y_p^*(T) = y_0 e^{\alpha T} + \beta \int_{-\infty}^{T} e^{\beta(t-T)} [y^*(t) - y_0 e^{\alpha T}] e^{\alpha(T-t)} dt \quad (5.16)$$

其中,α 是估计的增长率,y_0 为当估计的增长率为 0 时的收入。这个表达式还可以简化为如下更加简单的形式：

$$y_p^*(T) = \beta \int_{-\infty}^{T} e^{(\beta-\alpha)(t-T)} y^*(t) dt \quad (5.17)$$

这就是我们接下来将要使用的形式。我们将(5.17)式与基本消费方程(2.10)式结合起来就会发现,对于任何给定的评定收入值,平均评定消费都等于永久性消费,从而我们得到如下拟合总数据的消费函数：[1]

$$c^*(T) = k^* \beta \int_{-\infty}^{T} e^{(\beta-\alpha)(t-T)} y^*(t) dt \quad (5.18)$$

这个方程有三个参数：β、α 和 k^*。然而,我们认为这三个参数中有

[1] 有意思的是,罗伯特·索洛(Robert Solow)在《关于动态乘数的一个注记》(*A Note on Dynamic Multipliers*)一文中(刊载于《计量经济学》,第十九卷,1951 年 7 月,第 308 页)提出的消费函数也就是这种形式的。

一个必须以某种其他方式来确定,而不是通过获得(5.18)式的最优拟合近似来确定,因此,实际上只有两个参数需要根据一个关于评定消费和评定收入的数据集来确定。[1] 然而无论如何,从原则上说,这个方程是根据评定收入的全部观测值来估计永久性收入的。

当然,事实上,以往的年份在决定 y_p^* 时所占的权重随着回溯时间变早而迅速减少,因此,在超过了某个时间点后,观测结果对估计值的影响就可以忽略不计了。有重要意义的时间跨度的长短,取决于 β(即调整系数)的大小。β 越大,对实际收入和预期收入之间存在差异的适应程度就越高,因此调整的速度就越快,从而有重要意义的回溯时间跨度也就越短。测量有效时间跨度的其中一个方法是,计算被加权的观察点与当前观察点之间的加权平均时间,即,

$$T-\bar{t}=\beta\int_{-\infty}^{T} e^{\beta(1-T)}(T-t)\,dt=\frac{1}{\beta} \tag{5.19}$$

这是估计的永久性收入与据以估计它的观察点之间的平均时间间隔,将这个时间间隔翻倍,就得到了所谓的"有效加权期"。[2]

当然,(5.18)式不能直接用于拟合离散时间单位的数据,例如年度数据。在实际应用中,$y^*(t)$ 被当成一个阶跃函数来处理,在每一年的全年中都取相同的值。这相当于将方程(5.18)中的积分转换成

[1] 这种拟合过程使得确定我们有可能只需确定($\beta-\alpha$)和 $k^*\beta$。β、α 和 k^* 的任何"三元组",只要能够产生相同的($\beta-\alpha$)和 $k^*\beta$ 的值,就必然会导致从给定的一系列观察值 $y^*(t)$ 中得到相同的消费预测值。

[2] 衡量这里的时间间隔(滞后)的另一种方法是,确定需要向后"走"多远才能占到一半的权重。这种方法得出的中位时间间隔为$\frac{69}{\beta}$。

年度项的总和,每一年的权重为对应时期上的权函数的积分。被保留下来的项的数量是有限的,这个数量取决于 β 的值,并且要能够保证保留下来的那些项已经占到了大部分的权重。然后,将这种形式的方程拟合于图 13 的数据,即基于戈德史密斯的储蓄估计值的人均实际可支配收入和人均实际消费数据。这一拟合过程有许多细节值得明确指出:(1) 所用的拟合方法是由菲利普·卡甘在我们前面引用过的那个研究中提出的,它大体上是一种逐次逼近法。[1] (2) 由于必须利用以前年度的收入,因此不得不放弃更早的可用的 c^* 的值,至于要放弃的年份的数量具体是什么,则取决于 β 的值。在经过一些初步的尝试之后,最后的函数所拟合的是 1905—1951 年的数据。同时,为了保证可比性,这个时期的数据也被用于表 15 所示的其他函数。[2] (3) 在最后的计算中,计算预期收入时保留了 17 项;对于这些项,各个权重值均四舍五入到小数点后三位,且其总和为 1。由于对较早的时期使用了这些项,因此有必要面向过去扩展数据。

---

[1] 卡甘为现在这些统计计算工作提供了指导,我非常感谢他的帮助,他的贡献对本节后面的大部分内容有重要意义,尽管我有时没有明确说明对他的研究的引用。见,卡甘,《恶性通货膨胀的货币动力学分析》,第 92—93 页。

[2] 在完成了这项研究工作并撰写了本节之后,我才发现用于拟合这个函数的数据在整个时期内是不可比较的。最后两年(即 1950 年和 1951 年)的数据只是对根据截至 1949 年的详尽数据得出的估计的粗略的外推。而且,在这些外推结果问世之后获得的更广泛的数据表明,它们其实错得相当离谱,因此最好不要使用它们。同时,由于遗漏它们对结果几乎不会有什么明显的影响,因此我认为不值得花大力气去重新验算这些结果,特别是因为,可比性更高的数据、更近期的数据很可能在不久之前就可以获得,届时不但可以进行重新计算(从而纠正上述缺陷),而且还可以覆盖更长的时期。因此,我认为在图 14 中略去 1950 年和 1951 年是可以接受的。

具体的做法是，以 1897 年的数据为基础，按指数增长趋势向后进行外推，增长速度为每年 2%。由于应用于这些假想数字的权值之和永远不会超过 0.027，因此这种“权宜之计”无论如何都不会产生严重的错误，同时它最大的优点是使我们能够使用更长时间来进行估计。[1] (4) 根据 c^* 的长期增长率，给 α 取的值为 0.02；这不会影响拟合过程，最多只会影响对计算出来的常数的解释。(5) 1917 年、1918 年、从 1942 年到 1945 年，这些“战争年代”都已经排除在外，理由是这些年特有的情况意味着，用式(5.15)这样的公式去估计永久性收入是相当荒谬的，而且消费数据也存在着不正常的临时性因素。出于类似的原因，在计算战后各年的永久性收入时，战争期间各年的实际评定收入已经用战前最后一年(分别为 1916 年和 1941 年)的预期收入再加上每年 2%的长期增长代替了。[2]

下面的表 15 总结了计算出来的结果，并将之与用相同的数据去拟合莫迪利安尼-杜森贝里的函数以及麦克的函数得到的结果进行了比较。所使用的莫迪利安尼-杜森贝里的函数是：

$$c^* = k^*(w_1 y_0^* + w_2 y^*) \quad (5.20)$$

所使用的麦克的函数是：

$$c^* = k^*(w_2 y^* + w_3 y_{-1}^*) \quad (5.21)$$

---

[1] 保留多达 17 项无疑是对精确度要求过高了。如果只保留 9 项，并调整各权重值使它们加起来等于 1，那么结果也可能不会受到明显的影响。

[2] 值得注意的是，这种方法是在进行计算之前就决定的，而且也没有因为结果而改变。

所有这三个函数都需要根据消费和收入的数据集来确定两个参数，因此它们在这方面都是严格可比的。除了这张表给出的估计值外，根据利用(5.18)式、(5.20)式和(5.21)拟合数据的结果，我们还计算了相对应地增加了一个常数项的方程，以检验方程的齐次性。常数项在预期收入方程中最小，在其他两个方程中则明显更大；然而，在所有这三种情况下，强迫它等于0对其他参数的估计值的影响都相对较小。[1]

表15 美国的消费函数：消费对当期收入和以往收入的回归，从1905年到1951年的非战争年代[a]

回归	永久消费对永久性收入的比率(k^*)	对——(在计算永久性收入时已加权)				多重相关系数的平方(R^2)	估计误差(按评定消费的平均值的百分比计算)
		以往高峰值的收入	当期收入	上一年度的收入	以往各年全部合并		
以往峰值年的收入[b]	0.88	0.45	0.55			0.98	0.28
上一年度的收入[b]	0.90		0.64	0.36		0.94	5.0
预期收入[c]	0.88		0.33	0.22	0.45	0.96	4.0

注 释:

a 排除在外的年份是1917年至1918年、1942年至1945年。

[1] 常数项的数值分别是，对于预期收入方程为-4.0，对于上一年度的收入方程为+52.8，对于以往的峰值年的收入方程则为+98。这些数值分别大约相当于各自的近似标准差的0.24、0.6和2.7倍。

b 虽然在计算表中的各个回归时所用的“当期收入”是将1942年至1945年的“战争年代”排除在外的数据，但是1945年仍然被视为“以往的峰值年”，并且在考虑当期收入时被当成了“上一年度”，这是因为1941年的收入实在过于异常。而对于第一次世界大战，由于不存在断点，所以对于其他变量，1917—1918年的数据直接略去了。

c 作为各权重取值的基础的β的估计值为0.4。17个单个年份各自的权重(从当前年份开始，向以往后退)依次为：0.330、0.221、0.099、0.067、0.045、0.030、0.020、0.013、0.009、0.006、0.004、0.003、0.002、0.001、0.001、0.001。

说　明:

消费=实际人均消费；收入=实际人均可支配收入。

下面的图14以图形方式呈现了上表的结果，它给出了评定收入、评定消费和用那三个方程分别预测的消费的时间序列。从表15和图14中可以看出，所有这三个方程对观测数据的拟合都非常好：多重相关系数的平方介于0.94至0.98之间；估计的标准误差则介于消费的平均水平的3%至5%之间。

然而，表15所给出的多重相关系数的平方以及估计的标准误差，在一定意义上可以说是有误导性的，这有两个不同的原因。第一个原因，从图14中可以很清楚地看出，评定收入和评定消费都有一个共同的、相当稳定的上升趋势，即每年平均增长大约2%。对表中所示的高多重相关性，这个共同趋势可以解释很大一部分。从消费自身的趋势来进行预测，所产生标准估计误差为6.6%，这个值与表

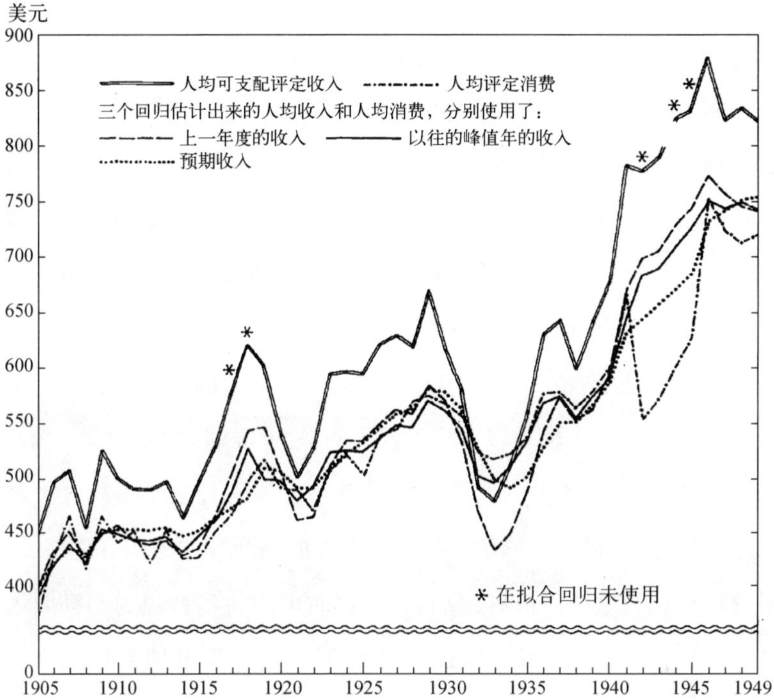

图 14 人均可支配评定收入和人均评定消费，以及从三个回归估计出来的人均收入和人均消费，1905—1949 年

资料来源：见图 13 和表 15 的说明。

15 所给出的多重相关系数的平方——其值为 0.90——之间有很强的可比性。因此，在所考虑的这个时期的消费的方差，有 90%可以直接用它自身的趋势来解释，从而也就可以用收入的类似趋势来解释。当然，收入与消费的共同趋势本身就是支持“收入与消费的永久性分量成比例”这个假说的有力证据；然而，这是来自一个观察点的证据，而不是来自 41 个观察点的证据——该表中的各个估计值就是根据这 41 个观察点计算出来的。

考虑到这一共同趋势,要解释相关系数的平方的值,一个更有可能见效的方法或许是,认为上一年度的收入方程可以解释用共同趋势未能解释的方差的 40%、预期收入方程可以解释 60%、以往的峰值年的收入方程可以解释 80%。从这个角度来看,方程之间的差异似乎更大,也更加重要。但是,即便是这一点也需要进一步的研究。现在,假设我们不根据消费自身的趋势来预测消费水平,而预测它将等于同一年的评定收入的若干倍(倍数为常数)。计算结果表明,标准误差为 5.7%,这个值与多重相关系数的平方(0.92)相差无几。因此可以认为,除了当期收入之外的其他各项分别解释了上一年度的收入、预期收入和以往的峰值年的收入方程的剩余方差的四分之一、二分之一和四分之三。最后,我们在预测时可以将消费视为当期收入的一个线性函数,而不再假设消费就等于收入简单地乘以某个常数——这正是绝对收入假说本身的要求,而且与前面的比较不同的是,它需要对表 15 中的那三个方程用相同数量的常数来进行计算。得到的结果是,估计标准误差为 4.9%,相关系数的平方为 0.94。与这种方法相比,上一年度的收入方程没有任何改善;预期收入方程解释了剩余方差的三分之一,而以往的峰值年的收入方程则解释了三分之二。

当期收入的重要性为我们提供了第二个原因,以解释估计的标准误差和表 15 给出的多重相关系数的平方在一定意义上是误导性的——尤其是在用预期收入和以往的峰值年的收入方程来预测当期消费显得比较成功这一点上。用来拟合这些方程的消费数据,是通过计算戈德史密斯所提供的储蓄的估计值与他另外独立地推导出来的可支配收入的估计值之间的差额得到的。没有理由假定这两个序列有任何重要的统计误差的共同来源。但是这也就意味着,它们之间的差额将同时兼具这两个序列的统计误差。对于我们目前的目的来说,至关重要的是,对可支配收入的估计中的任何统计误差,都意味着对消费的估计中的同样大小、同样符号的统计误差。这种共同的统计误差是评定消费和当期评定收入之间的"虚假"的相关性(伪相关性)的一个来源,它使得我们前面引述的所有相关系数都过高了。[1] 或者换句话说,给定这些与我们的理论建构相对应的"统计建构",只用评定收入就足以部分成功地预测消费中的统计误差了。这样做所得到的结果与消费和收入的临时性分量之间的正相关性相同,而且在统计上难以区分。我们估计的相关系数中的这种偏差,赋予当期收入的权重越高,就越重要。也正是因为这个原因,必须认为上一年度的收入方程在某种程度上优于简单的绝对收入方程(尽管两者产生的相关系数可能是相同的),因为前者赋予当期收入的权重为64%,而不是100%。同样地,还必须认为其他两个方程也比上一年度的收入方程更加优越,而且程度甚至比我们前面的比较所显示的更大。

这种伪相关性对预期收入方程与以往的峰值年的收入方程之间的关系的影响,还要更加难以评估得多。因为这种伪相关性与观察

[1] 这一点要归功于菲利普·卡甘。

到的相关性中的差异的方向是相同的。以往的峰值年的收入方程给出的相关性更高,它赋予当期收入的权重也更大,因此,消费与收入之间的共同误差对相关性的抬升作用就比预期收入方程下更大了。那么,观察到的相关性之间的全部差异是不是都可以用这种方式加以解释呢?这个问题将在本章的附录中讨论,得到的结论是,可能是这样,但是还不能确定就是这样。

因此,从统计的角度来看,只在以往的峰值年的收入方程和预期收入方程之间进行选择是没有什么根据的。在我看来,虽然以往的峰值年的收入方程从理论上说有一定缺陷,但是它对数据的拟合要比预期收入方程更具吸引力(尽管两者对数据的拟合都非常好),它们在拟合度上的差异的数量级则完全可以用伪相关性这种统计理由来解释。

在所有这些情况下,表 15 所列的各估计值赋予当期收入的相对权重,要比表 14 所列的各估计值在较短时期的方程中赋予的相对权重低得多。在以往的峰值年的收入方程和上一年度的收入方程中,当期收入仍然占了一半以上的权重;而在预期收入方程中,当期收入则只占了三分之一的权重。

预期收入方程证明了其他方程中假设的消费关系的一个特征,即平均滞后。计算出来的 β 的值为 0.4,这意味着平均滞后了 2.5 年,或者说,“有效加权期”为 5 年。[1] 在我们的假说中,这个期间的

---

[1] “中位数”滞后期为 1.72 年。

长短可能与个体“消费主体”对永久性收入的判断所隐含的时间视界有关。由于随机因素所起到的平均作用，认为这个期间对于总量数据来说，比对于相对应的个体“消费主体”的期间要长，似乎是合理的。

在卡甘对恶性通货膨胀的研究中，他推导出来的 β 的值与我们的结果是完全可比的，只不过他还把调整预期价格变动率的时滞与实际价格变动率联系起来了。然而，在可比的情况下，似乎没有理由认为，人们调整预期收入使之适应实际评定收入所需的时间（或者说调整速度），与调整预期价格变化率使之适应实际价格变化率所需的时间（或者说调整速度）会有太大的不同。事实上，只要我们认为人们既会估计预期货币收入，也会估计预期实际收入，那么他们自然会将对价格变化的预期转化为对收入的预期。在变化很迅速的那些时候，调整所需的时间视界可能会缩短，或者说，相对于这两个变量的调整都会加快；因此，平均滞后时间可能会变得更短，这也就是说，β 的值将会更高。从而卡甘所研究的那种恶性通货膨胀时期的 β 的值，就比在我们所计算的比较稳定的和平时期的要高。结果完全符合这种预期：卡甘得到的 β 的值介于0.6与4.2之间，而我们估计的 β 的值则仅为0.4；卡甘发现平均滞后期介于四分之一年与一又三分之二年之间，而我们估计的滞后期则为两年半。[1] 所有这些估计值在不同国家、不同时期、不同对象之间，都表现出了高度的一致性，这

[1] 卡甘中引用的数字是按月计算的。我将它们乘以12，以使它们与 β 的值在年度消费数据上具有可比性。《恶性通货膨胀的货币动力学分析》，第43页。

一点既引人注目,也与我们所采取的方法的合理性高度相关。当然,如果就恶性通货膨胀时期计算出来的 β 的值比其他时期小,那么就有必要拒绝对这一组或另一组数据的解释。

图 14 中的许多片段都强化了表 15 给出的汇总参数(summary parameters)给我们留下的印象。其中之一是两次世界大战。对于 1917 年和 1918 年(这两年都没有用于拟合函数),上一年度和以往的峰值年的收入函数都明显高估了评定消费;而预期收入函数则给出了非常接近的估计。而对于排除掉的第二次世界大战期间的各年(从 1942 年到 1945 年),所有这三个函数都明显高估了消费,尽管预期收入函数的高估程度要比其他两个函数小一些。这些结果与如下解释是一致的:两次世界大战期间的评定收入,都包含了一个显著为正的临时性分量,第一次世界大战期间的评定消费在很大程度上不受任何临时性分量的影响,而第二次世界大战期间的评定消费却包含了相当可观的负的临时性分量。对预期收入函数的估计,由其构造方法可知,是完全不受收入的临时性分量的影响的,其他的估计则会受到影响;而且,没有一个估计考虑到了消费的任何临时性分量。从两次世界大战期间的其他资料来看,这种解释显然是有一定合理性的。当然,在第二次世界大战期间,由于很多商品严重短缺,其他商品则大多实行明确的配给供应制,所以消费中的临时性分量肯定为负。不过,目前仍然不是很清楚,第一次世界大战期间是不是也出现了类似的情况,因为第一次世界大战持续的时间较短,动用的总资源也较少,且没有明确地实施配给制,同时对生产的直接控制也

很少。

图14中值得注意的另一个片断是大萧条时期。在1933年、1934年和1935年,消费高于前面三个收入函数中任何一个的预测;在1931年和1932年,消费高于上一年度的收入函数或以往的峰值年的收入函数的预测。此外,即使是在1936年和1937年,预期收入函数仍然大幅低估了消费。对此的解释似乎相当简单且直接。与我们用来总结人类行为的特定数学方程相比,人们的行动总是更加灵活;他们能够认识到,大萧条是一个特殊的、罕见的事物,在对待它的时候,所采取的方式必须与对待经济活动的一般起伏的方式不同,而这些方程式是不可能做到这一点的。这样一来,人们会把收入下降的大部分原因归结于收入中的负的临时性分量,而不是我们的方程中所包含的各种估计永久性收入的因素。因此,在大萧条时期,人们的消费水平要比这些方程式预测的更高。预期收入函数(可以说它是拥有最长的"记忆"的一个)比其他函数更晚"误入歧途",但是,也正是因为更晚"误入歧途",所以在其他函数回到正常路径后,它仍然"迷途未返"。[1] 大萧条时期出现的对设定的函数的这种偏离,也许违背了用来描述消费者行为的特定方程,但是似乎也支持了我们对消费者行为的一般解释。

---

[1] 对大萧条时期的消费者行为的这种解释,如果能够得到认可的话,对该时期的周期性解释有着明显且重要的意义。这种解释意味着预期远非一个如人们常说的不稳定因素,恰恰相反,至少在消费者方面,它是一个稳定因素。这里所说的稳定因素的含义是,对于这场大萧条的极端深重性,必须从其他途径加以解释,即从经济系统承受的某些压力的角度来解释,比如说货币存量在1929年到1933年间的急剧下降——尤其是从1931年到1933年。

第三节附录：评定消费和当期收入的共同误差对多重相关的影响

在本附录中，我将使用如下表所示的符号：

变 量	符 号		
	评定值	测量误差	“正确的”值
收入	y	δy	η
储蓄	s	δs	Σ
消费	c	δc	γ

此外，用下标 t 表示变量的当前值，用下标 l 表示滞后值，用下标 p 表示“永久”值。

假设所有变量的均值都为 0；这也就是说，它们均表示为与相对应的未调整变量的平均值的偏差。

预期收入方程以及以往的峰值年的收入方程都可以通过如下设定来解释：

$$y_p = \alpha y_t + \beta y_t \tag{5.22}$$

$$\eta_p = \alpha \eta_t + \beta \eta_t \tag{5.23}$$

$$\alpha + \beta = 1 \tag{5.24}$$

对于 y_t，在预期收入方程中应解释为本年度前各年收入的加权平均数,在以往的峰值年的收入方程中,则表示该峰值年的收入。所以,这两个方程都在 c_t 与 y_p 之间建立了关联,从而我们的问题可以简化为,给定 c_t 与 y_p 的共同误差,确定 β 的值对 c_t 和 y_p 之间的相关性(即 $r_{c_t y_p}$)的影响。

对于 c,我们是通过 $y-s$ 来计算的,而涉及的 y 和 s 则是分别独立地予以评定的。于是我们有,

$$\delta c = \delta y - \delta s \tag{5.25}$$

假设不管各变量指的是同一年还是不同的年份,都有

$$r_{\delta y \delta s} = r_{\eta \delta y} = r_{\Sigma \delta s} = r_{\eta \delta s} = r_{\Sigma \delta y} = r_{\gamma \delta y} = r_{\gamma \delta s} = 0 \tag{5.26}$$

同时假设

$$r_{\delta y_t \delta y_l} = r_{\delta s_t \delta s_l} = 0 \tag{5.27}$$

$r_{c_t y_p}$ 的值为(β 的大小对它的影响如何,正是我们要探究的目标):

$$r_{c_t y_p} = \frac{Ec_t(\alpha y_t + \beta y_t)}{[Ec_t^2]^{\frac{1}{2}}[E(\alpha y_l + \beta y_t)^2]^{\frac{1}{2}}} \tag{5.28}$$

从而

$$Ec_t(\alpha y_l + \beta y_t) = E(\gamma_t + \delta c_t)(\alpha \eta_l + \beta \eta_t + \alpha \delta y_l + \beta \delta y_t) \tag{5.29}$$

$$= E\gamma_t \eta_p + \beta E \delta c_t \delta y_t \tag{5.30}$$

根据(5.26)式和(5.27)式,所有其他交叉乘积均为 0,从而

$$= r_{\gamma_t \eta_p} \sigma_{\gamma_t} \sigma_{\eta_p} + \beta E(\delta y_t - \delta s_t)\delta y_t = r_{\gamma_t \eta_p} \sigma_{\gamma_t} \sigma_{\eta_p} + \beta \sigma^2_{\delta y_l} \quad (5.31)$$

其中的 σ 代表由相应的下标指定的变量的标准偏差。

$$Ec_l^2 = E(\gamma_t + \delta c_t)^2 = E(\gamma_t + \delta y_t - \delta s_t)^2 = \sigma^2_{\gamma_t} + \sigma^2_{\delta y_t} + \sigma^2_{\delta s_t} \quad (5.32)$$

$$Ey_p^2 = E(\eta_p + \alpha \delta y_l + \beta \delta y_t)^2 = \sigma^2_{\eta_p} + \alpha^2 \sigma^2_{\delta y_l} + \beta^2 \sigma^2_{\delta y} \quad (5.33)$$

让我们再假设

$$\sigma^2_{\delta y_l} = \sigma^2_{\delta y_t} = \sigma^2_{\delta y} \quad (5.34)$$

从而

$$\sigma^2_{y_p} = \sigma^2_{\eta_p} + (\alpha^2 + \beta^2)\sigma^2_{\delta y} \quad (5.35)$$

将之代入(5.28)式,我们就可以得到

$$r_{c_t y_p} = \frac{r_{\gamma_t \eta_p} \sigma_{\gamma_t} \sigma_{\eta_p} + \beta \sigma^2_{\delta y}}{[\sigma^2_{\gamma_t} + \sigma^2_{\delta_y} + \sigma^2_{\delta s_t}]^{\frac{1}{2}} [\sigma^2_{\eta_p} + (\alpha^2 + \beta^2)\sigma^2_{\delta y}]^{\frac{1}{2}}} \quad (5.36)$$

$$= \frac{r_{\gamma_t \eta_p} + \dfrac{\beta \sigma^2_{\delta y}}{\sigma_{\gamma_t} \sigma_{\eta_p}}}{\left[1 + \dfrac{\sigma^2_{\delta_y} + \sigma^2_{\delta s_t}}{\sigma^2_{\gamma_t}}\right]^{\frac{1}{2}} \left[1 + (\alpha^2 + \beta^2) \dfrac{\sigma^2_{\delta y}}{\sigma^2_{\eta_p}}\right]^{\frac{1}{2}}} \quad (5.37)$$

通过计算,我们得到了如下表所示的数值:

	根据预期收入方程计算	根据以往的峰值年的收入方程计算
$r^2_{c_t y_p}$	0.96	0.98
$r_{c_t y_p}$	0.98	0.99
α	0.67	0.455
β	0.33	0.545
$\alpha^2+\beta^2$	0.557 8	0.504 0

为了利用(5.37)式,我们必须得到$\frac{\sigma_{\delta y}}{\sigma_{\gamma_t}}$, $\frac{\sigma_{\delta s}}{\sigma_{\gamma_t}}$, $\frac{\sigma_{\delta y}}{\sigma_{\eta_p}}$的估计值,为了方便起见,我们分别将它们称为 R、S 和 T。

现在我们知道,近似地说,

$$\gamma = 0.9\eta_p \tag{5.38}$$

因此有
$$\sigma_\gamma = 0.9\sigma_{\eta_p} \tag{5.39}$$

$$R = \frac{1}{0.9}T = 1.11T \tag{5.40}$$

为了得到 S 的估计值,假设

$$\frac{\sigma_{\delta s}}{\sigma_\Sigma} = \frac{\sigma_{\delta y}}{\sigma_y} \tag{5.41}$$

从上式可以得到

$$S = \frac{\sigma_{\delta s}}{\sigma_\gamma} = \frac{\sigma_\Sigma}{\sigma_y} \cdot \frac{\sigma_{\delta y}}{\sigma_\gamma} = \frac{\sigma_\Sigma}{\sigma_y} \cdot R \tag{5.42}$$

现在,$\frac{\sigma_\Sigma}{\sigma_\gamma}$近似地等于$\frac{\sigma_s}{\sigma_c}$,后者可以从数据中计算出来——其值等于

0.36。这样一来

$$\sigma_{\Sigma}=0.36\sigma_{\gamma}=0.36(0.9)\sigma_{\eta_p} \tag{5.43}$$

但是,根据我们的假说,消费对收入的回归的弹性是 y 的方差中可以归因于 η_p 的比例的估计。对于现在考虑的时期,计算出来的弹性为 0.87。于是可以得到

$$\sigma_{\eta_p}^2=0.87\sigma_y^2 \tag{5.44}$$

因此有

$$\sigma_{\Sigma}=(0.36)(0.9)(0.87)^{\frac{1}{2}}\sigma_y \tag{5.45}$$

或者

$$S=\frac{\sigma_{\Sigma}}{\sigma_y}\cdot R=(0.36)(0.9)(0.87)^{\frac{1}{2}}(1.11)T=0.33T \tag{5.46}$$

现在,假设我们将得自(5.40)式和(5.46)式的 R 和 S 用 T 表示的表达式、利用以往的峰值年的收入方程计算出来的 $r_{c_t y_p}$ 的值,以及相应的 β 的值($\beta=0.545$),都插入(5.37)式,并假设 $r_{\gamma_t \eta_p}=1$(因此只有统计上的测量误差可以解释相关性小于 1),这样就可以得到一个 T 的方程式。我们可以计算出其值为

$$T=(0.0397)^{\frac{1}{2}}$$

现在,我们就用 T 的这个值,再加上分别根据(5.40)式和(5.46)式计算出来的 R 和 S 的值,并取 β 的值为 $\beta=33$,同时假设

$r_{\gamma_t\eta_p}=1$，以此来计算(5.37)式所隐含的 $r_{c_ty_p}$ 的值。由此得到的值是对预期收入方程中的相关系数的估计(假设该方程与以往的峰值年的收入方程之所以不同，唯一原因是 β 的值更小)。得到的结果是

$$r^2_{c_ty_p}=0.957$$

这是一个比观察到的 0.960 稍小一点的数字。因此，根据我们的假说，观察到的两种相关性之间的全部差异都可以用 β 的差异来解释。

检验我们的假设的合理性的一个方法是，看它们是否可以推导出各个标准偏差的合理值。我们有：

$$T^2=0.04=\frac{\sigma^2_{\delta\gamma}}{\sigma^2_{\eta_p}}$$

或者

$$\sigma^2_{\delta y}=0.04\sigma^2_{\eta_p}=(0.04)(0.87)\sigma^2_y=(0.0348)\sigma^2_y$$

但是，σ^2_y 是可以从数据中计算出来的。由此得到的 $\sigma_{\delta y}$ 的值大约为 25 美元，或者说，大约为平均评定收入的 4%。用类似的方法，还可以计算出 $\sigma_{\delta s}$ 的值大约为平均储蓄的 13%。这些数字看上去似乎都是不无道理的。如果非要说有什么意外之处的话，那就是它们意味着储蓄和收入方面的误差比我预期的还要小得多。

作为对这些结果的合理性的另一个检验，我在两个似乎很极端的假设下进行了类似的计算：

假设 1：$R=S=T$

假设 1A：$R=T;S=0$。

说这是两个极端的假设并不是无的放矢,因为储蓄相比于消费和收入是如此之小,以至于人们似乎有理由预料储蓄中的测量误差的绝对大小要比收入中小得多(尽管在要估计的量值中所占的百分比很有可能会大得多)。得到的结果如下:

取 β 的值为 $\beta = 0.33$ 时, $r^2_{c_t y_p}$ 的假想值:

假设 1: 0.973

假设 1A: 0.956

这两个值分别位于观测值 0.96 的两侧。类似地,前面计算出来的值 0.957 也介于它们之间。

第六章｜永久性收入假说与相对收入假说之间的关系

在前面两章中，我们证明了永久性收入假说与关于消费行为的各种实证证据之间的一致性。无论是在相隔甚远的不同时期的预算研究中，还是在跨越了半个多世纪的总量时间序列数据中，都呈现出了大体上不变的平均消费倾向，我们的永久性收入假说为此提供了一个简单的解释。它合理地解释了：(1) 在居住在不同国家的“消费主体”身上观察到的消费-收入回归之间的差异，其生计依赖于不同的职业，而且在种族上也存在差异；(2) 以不同年龄的人为主导的“消费主体”在储蓄占收入的比例上表现出来的差异。这个假说不仅能够正确地预测按照较早时期的评定收入的变化进行家庭分类对预算研究的消费-收入回归的影响，而且也能够正确地预测数据覆盖的时期的长短和数据表达的形式对利用总量时间序列数据计算的回归的影响。它不仅能够解释很长的时段的时间序列数据的主要特点，还能够解释这种数据的许多细节，而且它给出的总消费函数在拟合这些长期数据时得到了好得“令人吃惊”的结果。

这是我们的假说的有力证据。但是，就像在实证研究中经常会发现的情况一样，必定还有许多其他的假说，同样的证据都与它们相一致。我们之所以选择现在这个假说，或者是因为我们认为它比我们已经注意到的其他假说更加简单、更能产生丰硕成果，或者是因为我们找到了更多与我们的假说相一致的证据，但是这些证据却与其他的假说不一致。这里特别值得一提的是，许多与我们的假说一致的证据也经常被作为另一个备选假说的证据，那就是由布雷迪、弗里德曼、莫迪利安尼和杜森贝里提出的相对收入假说。事实上，与相对收入假说相关的许多文献，也是我们在前两章中引用的数据的重要来源。本章的目的是探讨永久性收入假说和相对收入假说之间的关系。这两种假说都可以作为前面所说的绝对收入假说的替代假说（绝对收入假说认为，消费是当前的实际评定收入的绝对值的函数），因此我们在下文中偶尔也会考虑绝对收入假说。

相对收入假说认为，评定消费与评定收入之比是“消费主体”在收入分布中的相对位置的函数。现在，从直观上看很清楚，这个假说与我们的永久性收入假说之间至少存在着一定的“家族联系”。假设任何一个群体的收入和支出的临时性分量的均值为0，那么评定收入等于其所在群体的平均收入的那些“消费主体”的收入的永久性分量相等，同时根据我们的假说，他们的平均消费等于 k 乘以他们的收入。对于那些处于评定收入阶梯的这个位置上的“消费主体”来说，不同群体之间的消费与收入之比之所以会出现不同，只是因为 k 的不同；在永久性收入与实际收入之比上，则没有任何差异会带来更多的变化。类似地,推理可知,对于收入高于平均水平的“消费主体”来说,收入的临时性分量的均值为正,而收入低于平均水平的“消费主体”的收入的临时性分量的均值为负。因此按照“消费主体”在收入阶梯上的相对位置来对它们分类(而不是按照他们的绝对收入来分类),至少可以保证属于同一相对收入等级但不属于同一收入变化组别的“消费主体”的收入的临时性分量的符号相同。这样一来,在一定条件下,我们的假说预测,评定消费与评定收入之比是相对收入地位的一个函数。

这两个假说虽然在这个方面有密切的联系,但绝不是完全相同的。为了更深入地研究它们之间的关系,我们必须分别考虑相关文献中运用的相对收入假说的两个变体:(1) 在第一种变体中,基本变量通过“消费主体”在其所属群体的收入分布中的百分位来衡量相对收入地位;(2) 由于现有数据往往不允许对百分位进行令人满意的估计,第二种变体将“消费主体”的收入与所属群体的平均收入之比作为相对收入地位的近似值。在就不同群体计算出来的消费收入比对相对收入的回归之间的差别的程度是相同的这个意义上,当且仅当不同群体的收入分布只差了一个比例因子(这就相当于他们都有相同的洛伦茨曲线),这两个变体得到的结果才会是相同的。虽然通常认为变体(1)是更基本的一个变体,但是变体(2)与我们的假说之间的关系更简单、更容易说明,因此,我们将首先考虑这个变体。

在对这两个假说进行比较之前,最好事先明确需要提出来讨论的问题。如果只考虑一组单独的“消费主体”,那么这两个假说之间不可能存在冲突：只需进行适当的代数变换即可，包括坐标（尺度）的变化，消费对根据我们的假说所认定的评定收入的回归关系（下文称之为“A 型关系”），就可以转化为评定消费-评定收入之比与评定收入-平均收入之比之间的关系（下文称之为“R 型关系”）。相对收入假说没有说明参数的大小，因此也没有说明只考虑一个单独的“消费主体”时的情况。我们的假说则指出，回归的参数依赖于 k 和 P_y。而且，在这两个参数可以独立估计的范围内，我们的假说确实可以说明不少关于单个群体的事情，因此也就比相对收入假说更有成效。相对收入假说的基本内容都是关于不同群体之间的比较的。相对收入假说告诉我们，首先，“A 型关系”的表达在收入分布不同的群体之间会有显著的不同；其次，如果将“A 型关系”转换为“R 型关系”，那么这种差异就可以减少或消除。这也就是说，它的预测是，如果根据“A 型关系”来判断，群体的消费行为必须被视为异质的，但是如果根据“R 型关系”来判断，那么就会发现这些群体的消费行为是同质的。现在，可以用我们的假说来预测什么时候“R 型关系”将会是相同的，而这就是可能会出现冲突的地方。因此，对于我们的假说，需要提出的问题是，根据假说，不同群体之间的“R 型关系”在什么条件下是相同的，以及在另外的哪些条件下是不同的。对于第一组条件，两个假说是一致的；这个假说的证据，也就是另一个假说的证据。而对于第二组条件，这两个假说却是不一致的；如果这些条件在经验上是可以识别出来的，那么它们就提供了区别这两个假说的一个途径。

无论考虑的是相对收入假说的哪种变体，根据我们的假说，在

“R 型关系”(或就此而言,“A 型关系”)上可能出现歧异的一个原因是,收入或消费的临时性分量的均值存在差异。这种差异往往会改变这种关系的“高度”,但是不会影响其斜率。而且,由于这种影响是如此直接,我们将把接下来的详细讨论只限制在对其他影响的讨论上。因此,为了简单起见,我们将在下两节中假定:对于所考虑的任何群体(组别),收入和消费的临时性分量的均值为 0,因此该群体的评定收入和评定消费的均值就等于相应的永久性分量的均值。

第一节　用评定收入-平均收入比来衡量的相对收入状况

在上一段假设的条件下,从(3.10)式和(3.11)式可知,消费对评定收入的回归由下式给出

$$c = k(1 - P_y)\bar{y} + kP_y y \tag{6.1}$$

两边同时除以 y,我们就可以得到

$$\frac{c}{y} = kP_y + k(1 - P_y)\frac{\bar{y}}{y} \tag{6.2}$$

上式给出的是消费(收入)比与评定收入-平均收入之比的倒数之间的一个线性关系。然而,在一个足够窄的区间内,它可以直接用

相对收入本身的一个线性关系来逼近。[1] 而且,更加重要的是,(6.2)式表明,根据我们的假说,当且仅当 k 和 P_y 各自分别在不同的群组之间相同的时候,“R 型关系”对不同的群组才是相同的。[2] 对于任何这样的群体,相对收入假说的这个变体得到的结果与我们的假说是相同的。不过,我们的假说要更富有成效一些,因为它能够说明函数的形式和它的参数的决定因素。

如果,除了 k 和 P_y 之外,$\bar{y}_t$ 对于不同的群体也是一样的,那么“A 型关系”,即(6.1)式对于不同的群体也是一样的,因而所有这三个假设——永久性收入假说、相对收入假说和绝对收入假说——都能够得到相同的结果。然而,至少对于关系的线性项来说,这个要求比必要条件更加严格。为了让“A 型关系”与线性项相同,kP_y 和 $k(1-P_y)\bar{y}_t$ 必

[1] 这里需要提请读者注意的是,我们的假说并没有预测线性回归可以拟合连续的收入阶层中观察到的平均数。(6.1)式的推导,其实就是问这样一个问题:如果就该假说所描述的一组数据来进行计算,那么线性回归的参数是什么?根据我们的假说,如果短期因素在所有水平上的长期收入中都同样重要,那么观察到的平均值实际上会落在一条直线上,反之则不然。这也就是为什么我们在理论探讨中,以及在实证研究中,经常使用该假说的对数变体的原因之一。从经验上看,与原始数据相比,对数数据似乎更能满足短期因素影响相等的条件。

类似地,我们的假说表明,只有在相同的条件下,消费比对相对收入的倒数的回归才会是线性的。因此再一次,我们可以预测对数变体比算术变体更接近于线性。

[2] 再来看另一个对数形式的方程

$$C = K + \bar{Y}(1 - P_y) + P_y Y \tag{6.1'}$$

两边同时减去 Y,我们得到

$$C - Y = K + (1 - P_y)(\bar{Y} - Y) \tag{6.2'}$$

至于算术关系,根据我们的假说,当且仅当 k 和 P_y 各自分别在不同的群组之间相同的时候,“R 型”的对数关系才是相同的。

须相同;k、P_y 和 $\bar{y}_t$ 的值的任何一个三元组,如果能够使得这两个组合相同,就会产生相同的“A 型关系”。比如说,一个群体比另一个群体更高的平均收入,可能会被适当更高的 P_y 值和适当更低的 k 值所抵消。

在一定程度上,这是一个明显的结果:因为在假说的这个变体中,相对收入被定义为绝对收入与平均收入之比,因此它必定至少能够解释反映了平均收入差异的消费-收入回归中的某些差异;另一方面,它却不能解释平均收入相同的群体之间的差异。除了平均收入的差异之外,我们的假说对这种情况的推论也许不是那么明显,而其他两个假说在这种情况下都归于失败。

现在假设,有两个群体,他们的消费对收入的回归由(6.1)式给出。这也就是说,对于他们,我们的假说的算术变体成立,而且认为 $\bar{c}_t=\bar{y}_t=0$ 也是适当的,不过他们的 P_y 或(和)k 不同。那么,怎样对这两个“R 型关系”加以比较呢?由(6.2)式可知,消费比率随$\frac{\bar{y}}{y}$的增大而提高,因为 $k(1-P_y)$ 必定为正。但是,$\frac{y}{\bar{y}}$(即相对收入)却是随$\frac{\bar{y}}{y}$的增大而下降的,因此“R 型关系”的斜率为负。不妨假设 k 是相同的,但是 P_y 则不同。那么 P_y 越大,(6.2)式的正斜率越小,这表示“R 型关系”的负斜率的绝对值越小,或者说这种关系相对于相对收入轴越平坦。[1] 这

---

[1] 更正式地,对(6.2)式的右侧与左侧分别对 $y/\bar{y}$ 求微分,得到的结果是:

$$\frac{d\left(\frac{c}{y}\right)}{d\left(\frac{y}{\bar{y}}\right)}=-k(1-P_y)\left(\frac{\bar{y}}{y}\right)^2$$

因此,P_y 越大,斜率的绝对值越小(k 也越小)。很显然,对储蓄率的导数在数值上是相同的,但是符号相反。

两个关系相交于平均收入处或相对收入等于1的地方,那里消费比率等于k。给定P_y的值,k越大,消费比率越高,“R型关系”也越高;而且在相对收入的所有值上的同一比率中,都更高。给定P_y的值,k越大,“R型关系”的斜率的绝对值越大,或者说,越陡峭。

这些代数结果都可以直接用我们的假说来加以解释。例如,考虑这样一些“消费主体”,它的评定收入是所属群体的平均收入的两倍。这样一来,这些“消费主体”的永久性收入将会介于它们所属群体的平均收入与它们的评定收入之间。它们会将消费调整为与永久性收入相适应的水平,这个水平应该不到这些“消费主体”所属群体的平均消费的两倍。因此,消费比率将低于群体平均消费与平均收入之比。这样也就解释了“R型关系”的负斜率。

现在,再假设这些“消费主体”当中有一部分来自一个P_y的值较低的群体(这也就是说,这个群体中短期因素在产生评定收入之间的差异中起着相当大的作用);其余的“消费主体”则来自一个P_y的值较高的群体。这样一来,前一组“消费主体”的消费水平将调整为与一个比第二组“消费主体”更低的永久性收入水平相适应,因为短期因素在它们的收入与平均收入的偏差中起到了更大的作用。因此,第一组的消费比率将低于第二组,即便这两组“消费主体”的平均消费与平均收入之比是相同的。这样也就解释了P_y值较低时的“R型关系”要比P_y值较高时更加陡峭的原因。

更简洁地说,在不同群体之间有不同的“R型关系”的条件是:仅当相对收入状况对不同群体是同样稳定的时候,评定相对收入才会对不同群体意味着同样的事情。而且，P_y 就是衡量相对收入状况稳定性的一个指标。

布雷迪和弗里德曼的论文中有一个图表可以说明这些效应。他们图中绘制出了四项预算研究中城市家庭的储蓄与收入（绝对收入及相对收入）之间的比例：1901 年、1917—1919 年、1935—1936 年，以及 1941 年（见表 1）。[1] 使用相对收入显著地减少了这四个回归的离散度，但是仍然留下了一些重要的差异。斜率之间的主要区别包括：1901 年的回归曲线要比后来的年份更加陡峭；1917—1919 年和 1935—1936 年的回归曲线的斜率大致相同，而 1941 年的回归曲线则略微平坦一些。[2] 我们已经看到，k 在这些不同的研究中并没有系统性的差异。因此，根据我们的假说，这些差异意味着，在 1901 年，P_y 的值要比后来那些年份更低，而 1917—1919 年和 1935—1936 年的 P_y 值则只比 1941 年的 P_y 值略低一点。如表 1 的最后一栏所示，我们在消费-收入回归中估计出来的 P_y 值分别为：1901 年，0.75；1917—1919 年，0.86；1935—1936 年，0.82；以及 1941 年，0.87。这里应该强调的一点是，这个结果在很大程度上只是说明了 P_y 的值的差异对“R 型关系”的斜率的影响，而不能说它提供了区分这两个假说的自足的、独立的证据。当然，原因是显而易

[1] 布雷迪和弗里德曼，《储蓄与收入分配》，第 261 页。

[2] 布雷迪和弗里德曼在图中绘出的是储蓄率与收入比的对数（而不是收入比本身）。然而，如果在收入比的任意值处，相对于对数值的曲线中某条曲线的斜率要比另一条曲线更加陡峭，那么相对于算术值的曲线的斜率也是一样。

见的：这两种类型的回归的斜率之间的关系，完全只是一种算术上的关系，而且我们是从 A 型回归的斜率中推导出对 P_y 的这些估计的。要想区分出这两个假说，需要关于这四项研究中的 P_y 的值的独立证据。

如果给刚才所说的图表中加入一个相对应的对 1935—1936 年的农业家庭的回归，那么可以获得一些独立的证据。因为这样一个回归明显要比对同一年和其他年份的城市家庭的回归更加陡峭。[1] 根据我们的假说，这意味着农业家庭的 P_y 的值更小。毫无疑问，无论是在定性的意义上，还是在定量的意义上，[2] 都有足够的独立证据表明，农业家庭的 P_y 低于城市家庭。

第二节　用收入分布中的百分位来衡量的相对收入状况

在以一种简单的方式将百分位与我们的假说认为至关重要的那些变量联系起来之前，必须先对收入分布的形式加以说明。不妨暂且假设所有的收入分布都是正态分布，那么每个分布都可以用其均

[1] 布雷迪和弗里德曼没有绘制这种回归，因为他们在比较农业家庭和非农业家庭时使用了衡量相对收入状况的百分位数。正文中给出的论断是根据他们的表 1 的数据粗略地计算出来的，《储蓄与收入分配》，第 253 页。

[2] 见下文。第七章第二节和第三节。

值和标准偏差来描述。[1] 任何评定收入均可写成如下形式

$$y = \bar{y} + g\sigma_y \tag{6.3}$$

其中，如前所述，$\bar{y}$ 表示所属群体的平均收入，σ_y 则为收入的标准偏差，g 表示收入对平均收入的偏差（以标准偏差的单位表示）。对于正态分布，g 的值唯一地决定了百分位的位置（反过来也是一样），因此我们可以用 g 来代替百分位数。将(6.3)式代入(6.2)式，我们就可以得到：

$$\frac{c}{y} = kP_y + k(1 - P_y) \cdot \frac{\bar{y}}{\bar{y} + g\sigma_y} = kP_y + k(1 - P_y)\frac{1}{1 + vg} \tag{6.4}$$

其中，v 是评定收入的变异系数，即 $\sigma_y/\bar{y}$。

现在，为了使“R 型关系”对不同的群体都相同，对所有群体都必须相同的参数的数量变成了三个，即 k，P_y 和 v。

在这个变体中，对于平均收入相同的不同群体，相对收入假说与绝对收入假说给出的结果就不再是一样的了。如果说“A 型关系”对于一组这样的群体是相同的，那么如(6.4)式定义的“R 型关系”就不会是相同的，除非不同群体的收入的标准偏差也全都是相同的。因此，绝对收入假说和相对收入假说之间的关系对于这一变体来说就更加复杂化了。如果我们只考虑“R 型关系”的线性部分，或者，殊

[1] 假设收入的对数是正态分布，而不假设收入本身是正态分布，这更接近于收入分布形态的经验证据。然而，无论采用哪种假设，得到的主要结果都是相同的，因此，假设绝对收入正态分布不会导致一般性的损失，反而会因为更容易解释而有所斩获。

途同归地，只考虑平均收入处的高度和斜率，那么就只需要涉及两个参数。将(6.4)式中的 $\frac{1}{1+vg}$ 替换为它在 $g=0$ 处的泰勒展开式前两项就可以看出这一点。由此可以得到

$$\frac{c}{y} = kP_y + k(1-P_y)(1-vg) = k - k(1-P_y)vg \quad (6.5)$$

只要 k 和 $(1-P_y)v$ 对于不同的群体都是相同的，那么像(6.5)式这样的关系对于不同的群体就都是相同的，因此能够让 $(1-P_y)v$ 相同的 P_y 和 v 的组合都可以。[1] 对于这样的 P_y 和 v 的特定组合，我无法给出简单的解释。[2] 因此，最好的方法也许是分别考虑 P_y 和 v 的变化的影响，同时还要认识到这些变化是可以相互抵消的。对于相对收入假说的第一个变体来说，P_y 和 v 的变化对“R 型关系”的影

[1] 如果采用对数形式，我们有

$$Y = \overline{Y} + G\sigma_Y \quad (6.3')$$

将之代入(6.2′)式，就可以得到

$$C - Y = K - (1-P_y)G\sigma_Y \quad (6.4')$$

对数标准偏差 σ_Y 是用算术数据对变异系数的估计，而且与后者一样，是一个纯数量，不受——例如——将每个人的收入翻番的影响。因此，与(6.5)式相比，(6.4′)能够能更直接、更优美的方式得出相同的结果。

[2] 可以用永久性分量和临时性分量的标准偏差通过多种不同的形式表示，但是似乎没有一种形式特别有启发性。因此，

$$(1-P_y)v = \left(1 - \frac{\sigma_p^2}{\sigma_y^2}\right)\frac{\sigma_y}{\overline{y}} = \frac{\sigma_t^2}{\sigma_y^2}\cdot\frac{\sigma_y}{\overline{y}} = \left(\frac{\sigma_t}{\sigma_y}\right)\left(\frac{\sigma_t}{\overline{y}}\right)$$

响是相同的。k 越高,在 g 的所有值处的关系都越高;而且,因为变高的是一个常数百分比,而不是变高某个绝对数额,所以"斜率"的绝对值也会变高某个百分比,因而关系就变得更加陡峭了(相对于 g 轴或百分位位置轴[1])。P_y 越高,斜率的绝对值越小,从而在任何给定的 g 值处的关系就越平坦;反之亦然。就像 P_y 的变化一样,v 的变化也只会影响斜率,而不会影响平均收入($g=0$)处的高度。v 越高,平均收入处的斜率的绝对值越大,因此关系就越陡峭。[2]

从我们的假说的角度对这些结果的解释基本上与相对收入假说

---

[1] 需要注意的是,k,v 或 P_y 的变化对相对于百分位或百分位数的对数的斜率的影响,与相对于 g 斜率的影响在方向上是相同的。

[2] 这里应当指出的是,关于 k 和 P_y 的变化的影响的这些结论,既可以应用于(6.5)式描述的线性近似,也可以应用于(6.4)式所描述的原始方程,但是关于 v 的变化的影响的结论,则只适用于前者,这也就是为什么要在正文的那句话中加入"在平均收入处"这几个字。

为了证明这些结论,在(6.4)式中对 g 求导,我们可以得到

$$\frac{d(c/y)}{dg} = -k(1-P_y)\frac{v}{(1+gv)^2}$$

由上式明显可见,对于给定的 g 和 v,右侧的绝对值随 P_y 的减少而增大、随 k 的增大而增大。为了确定它相对于 v 的变化形式,对最后一个比率(记为 z)求微分,我们可以得到

$$\frac{dz}{dv} = \frac{1-gv}{(1+gv)^3}$$

不难看出,当 g 的值为 0 或为负时,只要 $1+gv>0$,$dz/dv>0$,根据 g 的定义,这是正收入的情形。而对于正的 g 值,当 $v<\frac{1}{g}$ 时,$\frac{dz}{dv}>0$;当 $v=\frac{1}{g}$ 时,$\frac{dz}{dv}=0$;当 $v>\frac{1}{g}$ 时,$\frac{dz}{dv}<0$。因此,在等于或低于平均收入处,v 越大,g 的每个值上的关系都越陡峭。在平均收入之上,g 的每个值上的关系随着 v 的增大,先是变得更加陡峭,随后变得平坦,而且在开始变得平坦之后,v 的值越小,g 的值越大。

的第一种变体相同。不同之处在于，只有当 v 相同时，某个给定的 g 值才能够对应于不同群体之间的相同的相对收入，这就是 v 会进入到这个图景当中的原因。如果某个群体的 v 比另一个群体大，那么相同的 g 值意味着这个群体的评定收入与平均收入之比高于另一个群体，而这反过来又意味着更低的消费比率。为了抵消这个影响，假定两个群体的平均消费与平均收入之比相同，那么评定收入对平均收入的偏离中必须有更大的部分可以由永久性分量来解释，这也就是说，P_y 必须越高。因此，更高的 v 的影响可以被更高的 P_y 所抵消。

再一次，我们还可以用布雷迪和弗里德曼提供的一些材料来说明这些影响。例如，他们发现，与非农业家庭相比，农业家庭的储蓄率随百分位的上升而上升的速度更快，而且除了低收入者之外，农业家庭的储蓄率也普遍较高。[1] 我认为，这种高度上的差异主要反映了 k 的差异，而且 k 的差异也会影响斜率，但是它本身导致的斜率上的差异却与所观察到的恰好相反，所以 $v(1-P_y)$ 上的差异肯定不仅仅抵消了它的影响。根据第四章表 4 给出的估计，农业家庭组与非农业家庭组之间在 v 上几乎没有差异。因此，这两个群体之间在 P_y 上的实质性区别才是可能的解释。对于农业家庭而言，与非农业家庭相比，P_y 值越低，“R 型关系”就越陡峭。再一次，这只部分地说明了不同类型的关系之间的代数联系；然而，既然已经有了关于农业和非农业家庭的 P_y 的相对值的独立证据，这也就在一定程度上支持了

[1] 布雷迪和弗里德曼，《储蓄与收入分配》，第 253 和 262 页。

我们的假说。

布雷迪和弗里德曼提供的另一个例子是他们绘制的一张图表，它给出了所有白人非农业家庭的储蓄率和收入百分位，以及基于前述对1935—1936年的研究的纽约市、哥伦布市、亚特兰大市、南部中型城市、南部小城市以及南部村庄的黑人非农业家庭的储蓄比率和收入百分位。[1] 根据他们给出的这张图表，白人家庭的储蓄率一般高于黑人家庭——至少在收入阶梯中高于50百分位的那些家庭中是如此。而且在高于50百分位的家庭中，恰恰是那些紧邻50百分位的家庭的储蓄率随收入的上升而上升得更快，位于更高的百分位上的家庭则不明显。然而，不幸的是，图表中低于50百分位的各组，每一组的一个百分位都只包含了一个点，所以这个区域几乎没有提供什么证据。不同的黑人群体之间的关系极其不稳定，给出的证据随抽样波动表现出了相当大的差异，因此无法进行精确的比较。唯一有合理依据的一般化结论似乎是，农村组和小城市组的关系要比其他组别更加平坦。

从第四章的表4和表7可以看出，在六个社区中的四个中，所有非农业家庭（白人加黑人）组的 v 的值都高于黑人家庭组。根据（相对于评定收入的）消费弹性估计出来的 p_y 的值，在这四个社区中也更低，尽管这四个社区所涉及的 v 的 p_y 不尽相同。这些差异可以解释白人家庭的"R型关系"的更加陡峭的斜率。如表7所示，在南方

[1] 《储蓄与收入分配》，第264页。

小城市和南方乡村,黑人家庭的 v 的值很明显低于其他社区,同时 p_y 的值明显高于其他社区;这两者都有助于解释观察到的这几个群组的更加平坦的关系。[1]

杜森贝里则针对纽约市的黑人家庭、哥伦布市的黑人和白人家庭绘制了一张更加详细的图表。考虑到各种相当大的、不稳定的变动,各个城市内部的关系在黑人和白人家庭之间的差别很小,很难被察觉到。但是,这两个城市之间的差别相当明显:哥伦布市的储蓄率要通常比纽约市高,而且随着百分比位置的变化而变化的幅度也更大。哥伦布市较高的储蓄率应该是较低的 k 值的反映;而哥伦布市的关系更加陡峭,则应该是 p_y 的值明显更低、同时 v 的值的差异却不大的反映(见表7)。[2]

第三节 相对收入假说的基础

我们在前面一直从我们自己的假说的角度来解释相对收入假说,因此一直强调作为衡量相对永久性收入的一个指标的相对评定收入。但是请读者注意,还有一种完全不同的考虑,它使相对收入假

[1] $v(1-P_y)$的值,对所有非农业家庭组为0.140;对纽约市、哥伦布市、亚特兰大市、南方的中等城市、南方的小城市和南方的乡村的黑人农业家庭则分别为0.056、0.122、0.166、0.101、0.031和0.035。

[2] $v(1-P_y)$的值,对纽约市的白人家庭和黑人家庭分别为0.086和0.056;对哥伦布市的白人家庭和黑人家庭则分别为0.131和0.122。

说的创始人重新“认识”了这种假说。这种考虑要求以“攀比”和“模仿”为理由去说明相对收入的重要性，亦即，认为“消费主体”消费标准部分是从他们的“邻居”的行为中推演出来的。据此，一个绝对收入水平给定的“消费主体”，在某个其绝对收入水平属于相对低收入水平的社区中的消费，将会大于其绝对收入水平属于相对高收入水平的社区中的消费，这一方面是因为他必须在消费上花更多钱才能与自己的“邻居”（与自己地位相同的人）看齐，另一方面是因为在那样的社区中他有更多的机会观察到许多“优质品”，面临着更大的消费诱惑（这就是杜森贝里所说的“示范”效应）。[1]

这种观点实际上是把评定收入当成永久性收入来看待了。它通过考虑平均收入的增长对（对应任一给定绝对收入水平的）相对收入的影响，将观察到的平均消费倾向在时间上的稳定性，与平均消费倾向在任何给定的时间点上随收入的下降而下降的趋势调和了起来。这样一来，也就通过常见的理由，合理地解释了倾向随收入在横截面上的下降。对此，不妨引用杜森贝里的话来说，“在（相对）低收入的情况下，当前的消费欲望压倒了对未来的考虑，以至于他们很少进行储蓄或根本不进行储蓄。而在较高的收入水平上，增加当期消费的压力减轻了，允许人们对未来予以适当的关注”。[2] 正如第二章所阐述的，这种分析至少在纯理论的层面是绝对无法令人满意的。

---

[1] 杜森贝里沿着这些思路对相对收入假说进行了最明确和最广泛的合理化解释。见杜森贝里，《收入、储蓄与消费者行为理论》，特别是其中的第三章。

[2] 《收入、储蓄与消费者行为理论》，第37—38页。

总之,给相对收入赋予重要性的理论基础的不同,导致了不同的预测;而且,正是通过比较这些预测与经验的一致性,我们才能在它们之间做出选择。如果相对收入是因为攀比效仿效应(emulation)而获得其重要性的,那么也就没有任何理由认为它在农业家庭中所起的作用与在非农业家庭中所起的作用会是不一样的;或者说,这样的话,在任何情况下都必须将某种额外的东西引入到假说中来,才能解释为什么会起到不同的作用,从而导致假说变得更加复杂。如果相对收入是因为示范效应(demonstration)的存在而获得其重要性的,那么,仍然没有理由认为这种效应在农业家庭和非农业家庭之间应该存在着什么不同。事实上,这种"示范"可能是不那么无处不在、不那么迫切的,这个事实或许可以解释农业家庭的更高的储蓄率,但是这种差异可能在所有的相对收入水平上都是相同的,所以没有理由认为它会影响"R 型关系"的斜率。另一方面,如果相对评定收入是作为永久性收入与平均收入之比的一个指数而获得其重要性的,那么它就应当有充分的理由在农业与非农业家庭间产生不同效应。由于相对评定收入状况在农业家庭中比在城市家庭中更加不稳定,所以平均而言,相对评定收入上的给定差异就对应着相对永久收入地位上的较小的差距。因而,观察到的"R 型关系"的高度在农业家庭和非农业家庭之间有所不同,而且如永久性收入假说所预测的,在方向上也有所不同,这个事实就是支持永久性收入假说的证据,同时也是反对用"攀比"效应或"示范"效应来解释相对收入重要性的证据。

同样地,基于"攀比"效应或"示范"效应,也没有理由预期"R 型关系”会在不同年份之间、不同规模的城市之间或不同种族的“消费主体”之间出现系统性的差异。根据我们的假说,只要这些群体在收入分布的某些特定的特征上存在差异,就可以预测到这些差异。正如我们在上面已经看到的,在这些群体之间观察到的“R 型关系”上的差异似乎是符合我们的假说的。然而,这个证据只是不完备的间接证据。收入分布的一个相关特征,即 P_y,是不能直接观察到的,而是从消费行为中推断出来的,这个推论只有在我们的假说得到了接受的情况下才能证明是正确的,所以至此我们已经在某种程度上触及了最关键的问题。为了让这个证据成为一个完备的证据,我们必须独立地证明——正如我们在下一章将要证明的那样——从消费行为中推断出来的 P_y,就是根据收入数据计算出的 P_y 的估计值。完成了这项工作,现在说的这个比较才能真正成为支持我们的假说和反对从“攀比”或“示范”的角度解释相对收入的重要性的有力证据。

在我看来,永久性收入假说确实优于相对收入假说,这有如下三个理由:首先,永久性收入假说有一个更简单的、更有吸引力的理论基础,它使用相同的理论建构去解释横截面的和时间序列的结果;而相对收入假说则必须引入非常不同的因素,去分别解释出现在预算研究的消费对收入的回归中的消费与评定收入之比的递减性,以及出现在长跨度的时间序列中的总消费与总收入之比的恒定性。其次,永久性收入假说更有成效,因为它预测到了更广泛的观察到的消费行为特征。最后,我们引用的证据在某种程度上更加符合永久性收入假说。不过,关于第三点,现有的证据并不足以证明坚决拒斥相对收入假说是正确的。对这两个假设进行更全面的检验,仍然是非常有必要的。

关于收入的变化,这里也应强调一点,接受永久性收入假说并不意味着拒绝将相对收入视为一个有意义和重要的相关变量。永久性收入假说解释了为什么相对收入是有意义的和重要的,在什么情况下可以认为"A 型关系"转化为"R 型关系"就能够用同质性取代异质性,以及在什么情况下不能期望这一点。

第四节 相对收入假说与绝对收入假说

主张相对收入假说的经济学家提供了不少经验证据——我们在本章前面几节中以及本书前几章中已经引用过其中一些证据了——证明相对收入假说对现有数据的解释比绝对收入假说更胜一筹。这些证据虽然肯定不是结论性的,但无疑是有说服力的。从这些证据来看,我在前面几节中描述的相对收入假说的种种缺陷或不足,只能解释为永久性收入假说优于相对收入假说的证据,而不构成对相对收入假说优于绝对收入假说的结论的反驳。然而,正如我们在本书第一章中已经提到过的,詹姆斯·托宾检验了绝对收入假说和相对收入假说与一些经验证据的相容性,并得出了不同的结论。尽管他认为他所研究的证据的含义是不完全明确的,但是他的结论仍然是:总的来说,这些证据支持的是一个稍作修正的绝对收入假说,而不是相对收入假说。他的分析值得加以仔细研究,这既是因为它有其内在意义,也是为了搞清楚托宾所发现的经验证据和相对收入假说之间的差异,是否也构成了对永久性收入假说的反驳,或者,是不是可以用永久性收入假说来解释。

托宾为了比较这两个假说的相对可接受性,考察了四项证据。前三项证据来自预算研究:(1) 两个样本的家庭在连续三年的一段时间内的预算数据,(2) 关于黑人家庭和白人家庭的储蓄模式的预算数据,(3) 关于若干城市的消费-收入关系的预算数据,及(4) 关于总储蓄与总收入之比的时间序列数据。他得到的结论是,第(1)项和第(3)项证据支持绝对收入假说,第(2)项和第(4)项证据则支持相对收入假说。为了解决这个矛盾,托宾的建议是,对绝对收入假说加以修正,方法是引入收入以外的金融资源数量,作为影响消费的额外变量。他提出了一些间接的证据,来证明进行这种修正后的绝对收入假说符合第(2)项证据的程度至少与相对收入假说一样高,而且也可能符合第(4)项证据。托宾的修正后的绝对收入假说虽然与我们的假说不完全一样,但是在精神上却是与我们的假说相一致的。

我们已经相当详细地考察过第(2)项和第(4)项证据了。[1] 由于这个原因,也由于托宾证成绝对收入假说——即便是其修正形式——主要取决于第(1)项和第(3)项证据,因此在这里我们只需要进一步考虑这两项证据。

---

[1] 《收入、储蓄与消费者行为理论》,第75—83、112—119页。

a. 连续预算数据

这些数据来自伊利诺伊州、艾奥瓦州和明尼苏达州的两个农业家庭样本，研究者取得了三年预算记录（1940—1942 年）。[1] 第一组预算数据是美国农业安全管理局从那些曾经到该局申请贷款以购买农场的农业家庭中收集来的，这也就是我们在第四章中分析收入变化的影响时使用过的那个数据集。另一组预算数据是由农业试验站（或者说，推广服务中心）收集来的。托宾对第一个样本进行了详细分析，并声称从第二个样本中也可以得到类似的结果。

在美国农业安全管理局样本中，从 1940 年到 1942 年，平均收入实现了大幅增长——按货币计算增长了将近 75%，按实际计算也增长了 37%；然而，这一增幅只相当于同期美国整体实际人均农业收入增幅的一半。这个群体的平均消费支出也有所增长，但是实际增长幅度不到 15%，因此消费与收入之比出现了大幅下降。这个结果显然是与绝对收入假说相一致的，因为该预算研究表明，收入越高，消费支出占收入的比例就越低。但是，与相对收入假说则不一致。根据相对收入假说，如果相关的收入分布是样本本身的收入分布，那么这个群体整体的相对地位显然没有改变，因此消费与收入的比例也应该保持不变。如果相关的收入分布是农业家庭整体的收入分布，

[1] 见，威拉德 · W. 科克伦（Willard W. Cochrane）和玛丽 · D. 格里格（Mary D. Grigg），《玉米带若干组农民家庭预期的收入构成变化》。

那么这个群体在收入分布中的相对位置是下降的,而这意味着消费与收入的比率将上升,而不是下降。

托宾在图中绘出了不同收入阶层和不同年份的消费-收入比,以及与之相对应的(a) 绝对实际收入,和(b) 收入与群体作为一个整体的平均收入之比。与(a)相对时,这三年的消费比率落在了一条可以明确定义的曲线上,几乎没有散开。与(b)相对时,这三年的消费比率定义出了三条曲线(每年一条):对于给定的相对收入,年份越晚,消费比率越低。

在判断这项证据的分量时,有两个重要的因素需要考虑。首先,所分析的样本是一个非常特殊的样本,这一点从它的选择方法上就完全可以预料到。1940 年,平均消费只占到了平均收入的 53%,1941 年进一步下降为仅占 48%,1942 年更是仅占 43%。这些消费比率全都大大低于通常观察到的农业家庭的消费比率,也大大低于同一年度对作为一个整体的农业家庭的估计结果。不过,这个样本的平均收入与所对应的各州的所有农业家庭的平均收入则没有太大的差异。[1] 考虑到对农业家庭的收入和消费支出的衡量都存在着不少困难,这些不正常的消费比率无疑会令人对数据的准确性产生怀疑。

其次,美国农业安全管理局样本似乎在两个方面都与相对收入假说相矛盾:样本作为一个整体的消费-收入比的"行为",及样本中不同收入阶层的消费-收入比的"行为"。但是这两个方面其实是一

[1] 请参见,瑞德,《收入概念对农业家庭支出曲线的影响》,第 154 页。

回事，因为第二个方面其实是伪装后的第一个方面。评定消费和评定收入之间的相关性很低，所以消费对收入的回归是非常平坦的——根据我们的假说，p_y 是相当小的，处于 0.3 至 0.5 的邻域。[1] 托宾给出的图 1 显示，任何一年的消费-收入比与绝对实际收入之间都呈负相关关系，这主要是将几乎不变的消费支出除以依次提高的收入所得到的结果；它只比直角双曲线稍微平坦一点，而直角双曲线可以由严格恒定的支出产生。在那 3 年时间里，平均实际消费只略微增长了 0.12%。这三年所对应的直角双曲线之间只相差相同的数量，而（由于平均实际收入的增加而）与这些双曲线依次在右边更远的地方相交的三条更加平坦的曲线之间就相差得更少了。因此，它们在托宾给出的图形中基本上重合这一点，反映的主要是平均消费的变化非常微小且消费与收入之间呈低相关性。当把消费比率与相对收入画到一起时，得到的曲线再一次只比直角双曲线稍微平坦一点，不过这一次，直角双曲线的水平的差异是由平均消费与平均收入之比的差异给出，后者大约为 20%，且没有被抵消，因为转换成相对收入时，要将所有三个样本的均值放在水平轴的同一点上（即 100），所以更平坦的曲线在更上面的位置与双曲线相交。

虽然这些资格要求降低了分配给美国农业安全管理局样本的证据的权重，但是它们绝对不能构成无视这些证据的正当理由。就其本身而言，这些证据支持了绝对收入假说，反驳了相对收入假说（至

---

[1] 《收入概念对农业家庭支出曲线的影响》，第 154、第 165—166 页。有关 P_y 的直接证据也请参见下文第七章。

少在用“消费主体”的收入与所属群体的平均收入之比来衡量收入地位的相对收入假说变体中是这样）。我们在本章前面的第一节中已经看到了，如果(1) k 和 p_y 对于要比较的各个群组都是相同的，同时(2) 对于所考虑的每个群组，收入和消费的临时性分量的均值均为0，那么这个假说就会得到与永久性收入假说相同的结果。对于这些数据涉及的这 3 年，似乎没有理由认为第(1)点不能得到满足；根据我们的假说，第(1)点上的差异会导致消费（或消费比率）对收入（或相对收入）的回归在斜率上出现差异，但是就这 3 年进行的回归，没有出现比较大的斜率上的差异。不过，另一方面，我们却有充分的理由认为第(2)点是严重错误的：在 1941 年和 1942 年，收入的临时性分量的均值几乎肯定是正的，而在 1942 年，消费的临时性分量的均值则几乎肯定是负的。1941 年和 1942 年都是经济异常繁荣的年份，而且到了 1942 年，战争时期的物资短缺就开始显现了。

用这些效应来解释消费比率的差异，方向是正确的。但是，它们的大小也是正确的吗？对此，我们可以借助图 13 进行一个粗略的检验。让我们假设永久性收入假说正确地描述了这张图，这样一来可以认为这张图上的各个点是由中央粗线再加上收入和消费的临时性分量生成的。为了估计出 1940 年、1941 年和 1942 年的收入的临时性分量的均值，让我们进一步假设这三年的消费的临时性分量的均值为 0。这个假设从表面上看显然是不合理的（尤其对于 1942 年来说），但是对最后的结果的影响微乎其微，因为在这个分量更可能是负数的时候，将之假设为 0，这个做法只会使对收入的临时性分量的均值的估计更大一些。但是这些误差是相互抵消的,因为消费的负临时性分量的均值与收入的正临时性分量的均值的影响大致相同。在这些假设之下,我们可以从图 13 中估计出评定收入与永久性收入之间的比率——对于 1940 年、1941 年和 1942 年,该比率分别为 1.00、1.04 和 1.25。[1] 这些估计值是针对整个国家的,我们不妨假设美国农业安全管理局样本的相应估计值也是如此。如果我们将这些估计值乘以观察到的消费-收入比(我们应该不难回忆起,这三年的消费-收入比分别为 0.53、0.48 和 0.43),那么得到的数字就是永久性消费与永久性收入之比的估计值;而根据我们的假说,这些比率应该保持不变。用这种方法得到的 1940 年、1941 年和 1942 年的数值估计值分别是为 0.53、0.50 和 0.54。它们相互之间已经足够接近了,足以证明认为美国农业安全管理局样本的证据与我们的假说一致的结论是合理的,尽管在一个更加复杂的变体中,它也会产生与相对收入假说一样的结果。

---

[1] 由(5.2)式,可以得到

$$\frac{c_p^*}{y^*} = k^* \frac{y_p^*}{y}$$

将 c_p^* 替换为 c^*,并将观察到的消费与收入之比记为 r,则由(5.2)式可得,

$$\frac{y^*}{y_p^*} = \frac{k^*}{r}$$

在图 13 中,我们设 $k^* = 0.8875$,r 在 1940 年、1941 年和 1942 年的值分别等于 0.886、0.853 和 0.712。

b. 地理预算比较

对于前述六个社区,[1]托宾比较了每一个社区的两个回归:消费与收入之比对收入分布百分位的回归(这也正是杜森贝里对1935—1936年的消费者购买调查中未接受救济的本土白人家庭数据计算的回归[2]);以及消费与收入之比对绝对收入的回归(这是门德斯豪森对同一个数据集计算的回归[3]),并对估计的不同城市之间生活成本的差异进行了调整。托宾一共选择了四个百分位数(1.0、3.4、30.2和90.2),然后对每一个百分位,他从百分位数回归中确定了丹佛市的消费比率,再从绝对收入回归中确定了丹佛市的实际收入的值(与四个百分位数相匹配的实际收入分别为9 800美元、5 000美元、2 380美元和1 470美元)。对于百分位的每个值,他从百分位回归中计算出了六个城市的消费比率,以及这六个值的变异系数。同样地,对于每一个实际收入值,他从绝对收入回归中计算出了这六个城市中每个城市的消费比例,以及这六个值的变异系数。在这四个点的每一个点上,百分比估计数的变异系数都大大超过了绝对收入估计数的变异系数。托宾的结论是,不同城市之间的消费比例的同质性,相对于给定绝对收入时要比给定百分位时更高,因

---

[1] 哥伦布市、普罗维登斯市、丹佛市、芝加哥市、奥马哈市,以及这些城市的合并。

[2] 《收入概念对农业家庭支出曲线的影响》,第54页。

[3] 霍斯特·门德斯豪森,《家庭储蓄的差异》,第122—137页。

此,这项证据支持了绝对收入假说。

然而,这项证据并不足以证明这个结论的正确性,一方面是因为这项证据并不适合对这两种假说进行检验,另一方面是统计分析仍然很不充分。对这些数据和类似数据采用其他分析方法时得出的结果要模糊得多。

正如我们在上文第二节中已经阐明的,只有当各个群组的收入分布有所不同、从而相同的百分位点对应着不同的实际收入值时,绝对收入假说和相对收入假说才会在不同群组之间产生不同的结果。托宾比较的这六个"消费主体"群组在平均实际收入方面差别非常有限;平均实际收入最高的那一组的平均实际收入只比最低的那一组高出了 20%,第二高的那一组则只比倒数第二高的一组高出了 10%。[1] 虽然各个群组围绕均值分布的离散度不同,但是对数据的检查表明,这种差异并不是很大。因此从总体上看,就检验这两个假说而言,这几个社区可以说是最不能令人满意的。由于这几个社区的同质性如此之高,从这两个假说所能预期的结果的差异非常小,很容易被影响比较的外部因素所淹没。

各种外部因素的存在是显而易见的。它们之所以存在,不仅是由于偶然的变异和观测误差,也由于杜森贝里和门德斯豪森所使用

[1] 这些结果由门德斯豪森提供(《家庭储蓄的差异》),是根据美国劳工统计局发布的第 642 号、644 号、645 号和 646 号公告所刊载的未接受救济的本土白人家庭的平均收入计算出来的(收入已经根据不同城市的生活成本进行了平减处理)。杜森贝里在计算回归时排除了一些低收入阶层(那些平均工作时间少于 48 周的人),因此这些结论可能不适用于他的具体数据。但是误差不可能很大。

的统计方法是不同的。因此,计算出的变异系数既反映了不同城市之间可能存在的各种“实际”差异,也反映了在计算出来的回归参数的估计值中可能被当成了抽样误差的那些东西。托宾并没有尝试过将这两个变异来源分离出来,也没有试图去检验变异系数是否大过了仅凭抽样误差就可以解释的范围。对百分位回归的补充计算表明,它们的变异系数大约是只考虑偶然性时所能预期到的值的两倍,这种差异显然要比可以轻易地归因于偶然性的差异更大。[1]

---

[1] 杜森贝里给出了他的参数的标准偏差。从这些数据以及他提供的其他数据,可以计算出每个城市的每一个百分位点的回归纵坐标的方差。这六个城市的这些方差的均值的平方根就是对随机期望的标准偏差的估计。计算出来的标准偏差与观测到的标准偏差比较如下表所示:

百分位点	理论标准偏差估计值	观察到的标准偏差
1.0	2.3	4.6
3.4	1.4	3.3
30.2	1.4	2.7
90.2	2.2	3.5

这个表中给出的观察到的标准偏差大于那些托宾所用的标准偏差,因为它们是用平方和除以5(自由度的数量)计算出来的,而托宾在计算时则对平方和除以6(观测点的数量)。

如果认为理论标准偏差估计值是完全正确的,那么观测到的标准偏差与理论标准偏差之间的差异的显著性就可以很容易地加以检验,因为观测到的方差5乘以5的结果,与理论标准偏差之比,服从自由度为5的卡方分布(χ^2 分布)。通过这个检验可知,观察到的方差显著大于理论方差,观察到的χ^2 被随机地超过的概率,在稍小于0.05与小于0.001之间波动。当然,并不是所有这四个比较都是独立的。被比较的回归有两个参数,所以这里只有两个独立的比较是可能的。对这些参数之间的差异进行直接检验,将更加直接,而且在统计意义上也更加有效。

还应该指出,用于推导理论标准偏差的方法是对一系列“得分”的近似。而且值得注意的是,观察到的标准偏差虽然较高,但是与理论标准偏差基本一致。

对于门德斯豪森的回归,则没有进行类似的计算,因为这样做需要从原始数据开始进行大量的重新计算。

百分位数回归的抽样误差很可能超过绝对收入回归的抽样误差，原因至少有三个：第一，百分位数回归只包含了两个参数，而绝对收入回归则包含了三个；第二，估计百分位时所受的抽样误差的来源，不会影响估计的实际收入，因为对实际收入的估计取决于抽样收入的频率分布，而抽样收入的频率分布只是对作为一个整体的社区的分布的估计；第三，在计算回归的时候，杜森贝里排除了一些低收入阶层(那些平均工作时间少于48周的人)，而门德斯豪森则利用了所有数据。[1]

结果证实了上述预期。杜森贝里报告的六个社区的回归的相关系数，都低于门德斯豪森报告的相关系数。从这些相关系数计算出来的回归结果的平均方差(标准偏差的平方)大约是绝对收入回归的结果的2.6倍。[2] 同时，从根据托宾的四组数字计算出来的平均方差来看，百分位回归的结果也达到了绝对收入回归的2.3倍。[3] 这两个假说的变异系数之间的全部差异看上去似乎只是杜森贝里的相

[1] 应该指出的是，杜森贝里把这些收入阶层排除在外的做法，虽然可能是为相对收入假说提供的合理化解释所要求的，但是永久性收入假说并不证明这样做是有理由的。

[2] 相关系数的平方(r^2)是回归所能解释的部分占总方差的比例；1减去r^2则是未能解释的部分所占的比例。对于杜森贝里的回归，$1-r^2$的平均值是为0.103；而对于门德斯豪森的回归，$1-r^2$的平均值则为0.040。这里需要注意的是，这种平均方法隐含地通过总方差的倒数对回归的方差进行了加权。

这种比较的一个含糊之处是，杜森贝里没有明确说明他是根据各收入阶层的平均值还是根据最初的观察值来计算相关系数的。前者往往会产生比后者更高的相关系数。从“内在证据”来看，我认为他所做的是前者，正如孟德斯豪森明确声明的那样。

[3] 方差是对每个收入水平或百分位计算的；然后对由此产生的四个百分位方差求平均值，再除以计算出来的四个实际收入方差的平均值。这些平均值是方差的未加权平均值，而不是像刚才提到的2.6倍那样的加权平均值。百分位数方差与实际收入方差的平均比率为3.0。严格地说，这个比率与回归观测值的方差没有可比性。对于任何给定的回 (转下页)

关系数更低这一点的反映。这些较低的相关系数本身则可以解释为百分位假说比实际收入假说更不符合数据的证据。但是,这个证据只是针对每个社区的,并没有反映出社区之间的差异。更加重要的是,由于在计算百分位回归和绝对收入回归时使用了不同的统计方法,这种对低相关系数的解释变得非常可疑。

托宾对这些数据的分析不仅是不完整的,而且在统计上的效率也很低下。托宾给出了四个选定的百分位点的回归的纵坐标;其实他完全可以对 40 个百分位点这样做;但是百分位点的倍增,并不能增加新的信息。只要拥有了关于任意两个点的百分位数回归的纵坐标和任意三个点的绝对收入回归的纵坐标的信息,就可以计算出所有其他点的纵坐标,因为百分位数回归有两个参数,而绝对收入回归有三个参数。因此,回归之间最多只可以有三种独立的比较。

事实上,对托宾的结果进行解释时的困难,更主要源于如上所述:杜森贝里和门德斯豪森的计算有很大差异,而不在于绝对收入假说与相对收入假说之间的差异。他们在估计回归时使用了不同形式的回归方程、不同类型的自变量,也使用了稍微不同的数据集。不过,这个困难可以通过只利用门德斯豪森的回归来检验绝对收入假说或相对收入假说是否给出了在不同城市之间差异较小的估计值来

(接上页) 归,给定横坐标值的回归的纵坐标的方差,与回归方差成正比。然而,比例因子通常会因回归的类型不同而不同,在同一种回归中也会随横坐标的值的不同而不同。对于门德斯豪森的回归,我无法根据他公布的数据来计算出这些比例因子。而且,我看不出有什么理由认为对这一缺陷的修正能够实质性地改善结果。

消除。通过一个简单的转换，我们就可以将门德斯豪森的回归公式重写为如下形式：将消费与收入之比表示为(a) 绝对实际收入，或(b)“消费主体”的收入与所属社区的平均收入之比的函数。[1] 后者就是相对收入假说的一种变体，只不过不是杜森贝里所使用的那种百分位数变体。然后，我们可以看一下，回归方程写成了(a)形式和(b)形式时，变量之间的差异在哪种情况下更大。门德斯豪森所用的回归方程有三个参数，而在这两种形式的回归方程之间，有一个参数是相同的，因此差异只可能出现在另外两个参数中。

下面的表16按上述思路总结了托宾对6个社区进行的比较的结果，另外还给出了包括了这6个社区在内的10个社区的生活成本的城际差异的估计值，包括了这10个社区的20个社区的由门德斯豪森报告的白人家庭的回归结果，[2]此外还给出了门德斯豪森报告的4个社区的黑人家庭的回归结果，以及所有这24个群组的回归结

---

[1] 门德斯豪森用来拟合的回归方程的形式为：$s' = a + by + c\left(\frac{1}{y}\right)$，其中，$s'$是储蓄与评定收入的比率，$y$是家庭总收入，$a$、$b$和$c$是统计估计的参数。遵循托宾的思路，设$k$为哥伦布市的生活成本与所讨论城市的生活成本之比。绝对实际收入回归的参数分别为a、$\frac{b}{k}$和kc，这通过变换$y' = ky$就可以得到，其中y'为托宾所定义的“实际”收入。通过变换$y'' = \frac{y}{\bar{y}'}$就可以得到相对收入回归方式，其中y''为所考虑城市的相对收入，$\bar{y}$为所考虑城市的平均家庭总收入。相对收入回归的参数分别为a、$b\bar{y}$和$\frac{c}{\bar{y}}$。消费与收入之比为1减去s′，因此表16的表头中描述的关系的参数与a、b和c是通过以上关系式联系起来的：$\alpha = 1 - a$、$\beta = -b$、$\gamma = -c$。

[2] 这里的计数指的是各单个社区。门德斯豪森还报告了这些社区的组合的回归结果，不过我没有必要利用它们。

果。除了6社区组和10社区组之外,必须用绝对收入假说的一个较差的变体进行比较,该变体不考虑价格差异。表格的前两行所代表的比较表明,对价格差异的调整系统性地减少了参数之间的差异。然而,这种影响是很温和的,我们可以在进行其余的比较时定性地考虑它;因此,扩大比较范围所带来的"收益"似乎明显大于无法直接对价格进行调整所带来的"损失"。

表16 利用不同社区组比较相对收入假说与绝对收入假说,1935—1936年

比较是基于如下回归方程的参数进行的:

$$c' = \alpha + \beta y + \gamma \frac{1}{y}$$

其中,c'=评定消费与评定收入之间的比率,

y=或者是绝对名义收入(按名义单位计的评定收入),或者是绝对实际收入(对生活成本差异进行了平减处理后的评定收入),或者是相对收入(评定收入与所属群组的平均收入之比),以及

变异系数=标准偏差除以均值。

被比较的群组	……的估计值的变量系数						平均收入的变异系数
	β			γ			
	绝对收入		相对收入	绝对收入		相对收入	
	名义	实际		名义	实际		
6个社区的白人家庭	0.33	0.32	0.32	0.20	0.18	0.23	0.04

续 表

被比较的群组	……的估计值的变量系数						平均收入的变异系数
	β			γ			
	绝对收入		相对收入	绝对收入		相对收入	
	名义	实际		名义	实际		
10 个社区的白人家庭	0.53	0.51	0.54	0.33	0.30	0.35	0.11
20 个社区的白人家庭	0.71		0.71	0.38		0.40	0.13
4 个社区的黑人家庭	0.23		0.34	0.79		0.72	0.35
20 个社区的白人家庭以及 4 个社区的黑人家庭	0.74		0.64	0.53		0.49	0.24

资料来源:

所有的估计都是基于霍斯特·门德斯豪森(Horst Mendershausen)报告的参数值计算的,见《白人和黑人家庭储蓄的差异,来自不同规模和位置的城市的证据》,刊载于《经济统计评论》,第 22 卷,1940 年 8 月,第 122 页。生活成本数据也来自门德斯豪森。平均收入数据来自劳工部《劳工统计署公报》,第 642—647 号,以及农业部,B. H. E,第 339、345 号杂项出版物。

对于这三组白人家庭中的每一组,绝对真实收入假说对这两个参数而言似乎能够与相对收入假说平分秋色,或者说优于相对收入假说——对于第三组,我们可以从用名义收入得到的结果做出同样的判断。差异非常有限,而且很可能落在了抽样误差的范围之内;不过,由于有好几组都包含一些共同的社区,因此这些比较并不是独立的;然而,所有结果都是一致的,并且与托宾最初的发现相一致。但是对于黑人家庭来说,从这些参数得出的结果却相互矛盾;对于其中一个参数,绝对收入假说更优;而对于另一参数,绝对收入假说却更劣。最后,对于所有的群组,相对收入假说对两个参数都给出了更好的结果;可以想象,如果生活成本的调整能够实现,那么上述情况将会逆转,但是这种调整似乎不太可能做到。

最后两项比较中,相对收入假说得到了更好的证明,为什么这么说?上表的最后一列提供了理由,它给出了各个不同社区的平均收入的离散度。在最后两项比较中,离散度明显要比前三项比较更大;在这两项比较中,平均收入的差异要大得多,这种差异导致了相对收入假说所预测的不同的绝对收入回归之间的差异。而前三项比较中,如前所述,平均收入的差异如此之小,以至于相对收入假说几乎没有任何用武之地。随着平均收入的离散度的增加,相对收入假说相对于绝对收入假说的表现会变得更好,这个事实当然必须认定为支持相对收入假说的证据。

不过,表 16 所总结的这些比较本身并不能完全令人满意,因为它们是分别处理每一个参数的;它们没有考虑不同参数的差异可能会相互抵消或相互加强这种可能性。[1] 在我们现在讨论的这篇论

[1] 我感谢詹姆斯·托宾,他提醒我关注这些比较的不足之处,因为它们忽视了参数之间的相互作用。

文发表以后，已经出现了不少相关研究，其中，托宾进行的比较已经考虑到了这种可能性。然而，那只是针对 6 社区组和 10 社区组的，这也正是为什么我要在表 16 中加入这些不那么令人满意的比较的原因。托宾对数据进行方差分析的方法是，分别对每一个城市计算一个门德斯豪森形式的回归模型拟合数据的平方偏差之和。相对应的均方差，如表 17 第(2)列所示，在这两个假说下是相同的，因为正如前面已经阐明了的，对于任何一个社区，“R 型关系”只是“A 型关系”的一个简单变换，两者导致的关于消费比率的预测完全相同。

表 17　相对收入假说与绝对收入假说的比较，基于对两组社区的方差分析，1935—1936 年

比较的组别(1)	从偏差估计的方差			城市之间的方差与取自回归的方差之比	
	从单独的回归(2)	在城市之间			
		绝对收入假说(3)	相对收入假说(4)	绝对收入假说(5)	相对收入假说(6)
6 个城市的白人家庭	0.046	0.213	0.478	4.7	10.5
10 个城市的白人家庭	0.067	0.498	0.555	7.4	8.2

资料来源：

詹姆斯·托宾未发表的计算结果。感谢他非常慷慨地提供给我。

然后，托宾对所有城市的数据用相同形式的回归进行了拟合分析，并分别将绝对实际收入和相对实际收入作为自变量。这种回归的偏差平方和既反映了城市内的差异的影响，也反映了城市间的差异的影响。相对应的均方差如表中的第(3)列和(4)列所示,它们明显大于城市内的方差(如表中最后两栏给出的比率所示,所有这些比率都要比偶然因素所能导致的比率大得多)。[1] 从这个证据来看,无论是绝对收入假说,还是相对收入假说,都不能说令人满意地解释了城市之间的这种差异。肯定有什么这两个假说都未能解释的因素,导致了城市之间如此明显的差异。

相对收入假说下得到的城市间的均方差,对于6个社区的社区组而言,相当于绝对收入假说下的两倍多,而对于10社区组而言则大了大约10%。然而不幸的是,似乎不存在用来确定这种差异偶然出现的概率的简单方法。我个人的猜想是,在6社区组中如此大的差异已经远远超出了随机因素所能解释的范围,而10社区组的差异则小到了几乎肯定可以用这种方法解释的程度。[2] 在这两组社区之间出现的这种结果上的差异,也可以用平均收入的离散度上的差异来解释。从表16中可以看出,尽管这两组社区的离散度都很小,但是10社区组的离散度几乎是6社区组的3倍。因此再一次,当相对收入假说有更大的发挥作用的空间时,它就能够表现得更好。如果将这种比较进一步扩展到一组更加多样化的社区,那么结果似乎

[1] F值为0.01时,所涉及的自由度数量分别是:6社区组大约为2.4,10社区组大约为1.9。

[2] 如果在相对收入假说和绝对收入假说下得到的城市之间的均方差之间是在统计上相互独立的估计,那么它们之比就会服从F分布,而且偶然之下超出观察到的比率的概率对6社区组将会略微高于5%、对10社区组将明显高于20%。然而,这两个估计在统计上并不是相互独立的,因为它们是在相同的自由度下计算出来的。我推测,它们之间的相互依赖会使得较大的F不太可能是偶然产生的,但是我无法证明这一点。

并非不可能——如表16所示——扭转城市间的均方根的相对大小。

也许,城市之间的这种显著差异虽然无法用绝对收入假说或相对收入假说来解释,但是至少部分可以用我们的假说来解释,即通过 p_y 的差异或 k 的数值(它们反映了其决定因素的差异)来解释。然而,我一直未能找到足够多的独立证据,因此无法确定是否确实如此。

c. 对证据的总结性评价

我们对托宾的证据进行了重新分析,结果表明,托宾的证据对绝对收入假说的支持度要比他所认为的低得多,而对相对收入假说的支持度则比他所认为的高得多。在托宾详细考察过的四项证据中,有两项显然更倾向于简单的相对收入假说,而不是简单的绝对收入假说。我们认为,托宾所依据的其余两项证据,最多只能为绝对收入假说提供相当微弱的支持。而且,第一项证据,即美国农业安全管理局的样本提供的证据,之所以能够为绝对收入假说提供一定支持,原因似乎在于第二次世界大战所引入的收入和消费支出的临时性分量。至于第二项证据,即社区之间的比较结果,原因则似乎在于这两种假说是在对相对收入假说所强调的因素无法发挥多大作用的情况下被比较的。当把这些条件扩展为能够容许平均收入在更大的范围内变动时,相对收入假说(相对于绝对收入假说)的表现就会大为改善,这就是说,我们同样可以认为这个证据是有利于相对收入假说的。因此，总而言之，我看不出有任何理由基于这项证据否定先前的结论（即相对收入假说优于绝对收入假说）。

正如前面已经暗指过的，相对收入假说明显会陷入失败的地方，却很容易用永久性收入假说来解释，这就构成了永久性收入假说较优的另一个证据。不过，关于社区之间的差异，我们还没有证据证明它们是否能够用永久性收入假说来解释。

第七章 | 收入数据中关于收入的永久性分量和临时性分量的相对重要性的证据

永久性收入假说区别于其他假说的最明显特征是,它使收入分布的某些特征在解释消费行为的经验证据时起到了核心作用。在前面的章节中,在检验我们的假说与现有证据的一致性时,我们一直局限于从消费和收入的成对数据中推断这些特征,要么从若干"消费主体"的同一年的成对数据,要么从一组"消费主体"在若干年内的成对数据。然而,正如已经多次指出过的那样,这些特征其实只利用收入数据就可以确定了。对 p_y(收入的方差中由永久性分量"贡献"的比例)的估计可以根据同一个"消费主体"在不同年份产生的收入数据来构造。[1] 这个可能性为检验我们的假说提供了一个独立的方法;此外,扩大了可用它来解释的数据范围,也就增加了这个假说的

[1] 类似地,可以根据相同"消费主体"在不同年份的消费支出数据来构造对 p_c(消费支出的总方差中由消费的永久性分量"贡献"的比例)的估计。接下来在对 p_y 的讨论中涉及的内容只要加以适当的变化,同样适用于对 p_c 的讨论。

潜在有用性。

考虑一个“消费主体”群体，假设我们知道这些“消费主体”在连续两年内的评定收入，再假设每一年，该群体的成员之间在收入上的差异都可以完全归因于收入的永久性分量上的差异，同时从上一年到下一年的“老龄化”的影响是可以忽视的（或者说，假设影响群体内部的所有成员受“老龄化”的影响都相同）。这样一来，在一定程度上，我们说这个群体的成员的相对评定收入地位在这两年内应该是相同的（尽管仍需精确地加以界定）；他们这两年的收入之间存在着完美的相关性（这种相关性在某种意义上也需要给出准确定义）。而在另一个极端，假设该群体的成员在至少一年内的收入差异可以完全归因于临时性分量上的差异（临时性分量的影响在当年就会完全发挥掉）；这样一来，第二年的收入就与第一年的收入完全不相关了。因此，连续两年的收入之间的相关性的大小，为我们提供了一些证据，可以说明永久性分量在“生成”评定收入的差异中的重要程度。

第一节 估计 P_y 的方法

令 $\bar{y}_i$ 表示第 i 年的评定收入的均值，s_i 表示第 i 年的评定收入的标准偏差；再令 r_{ij} 表示第 i 年的评定收入和第 j 年的评定收入的相关系数的乘积矩，b_{ji} 表示第 j 年的评定收入对第 i 年的评定收入的回归的斜率，b_{ij} 表示第 i 年的评定收入对第 j 年的评定收入的回归的斜率，P_i 表示第 i 年的评定收入的总方差中由永久性分量贡献的比例。我已经在其他地方给出了两种不同的估计 P_i 的统计方法，它们之间在永久性分量的恒定性的确切含义上有所不同。[1] 第一种方法是，从我所称的"均值假设"(mean assumption)开始推导，这个假设的含义是，永久性分量与群体的平均值的比例在不同年份之间保持不变，因此永久性分量的相对变异性也是不变的。根据这样一个假设，我们有，[2]

$$\begin{cases} P_i = b_{ji} \dfrac{\bar{x}_i}{\bar{x}_j} = r_{ij} \dfrac{s_j}{s_i} \dfrac{\bar{x}_i}{\bar{x}_j} \\ P_j = b_{ij} \dfrac{\bar{x}_j}{\bar{x}_i} = r_{ij} \dfrac{s_i}{s_j} \dfrac{\bar{x}_j}{\bar{x}_i} \end{cases} \tag{7.1}$$

另一种方法是，从我所称的"可变性假设"开始推导，这个假设的含义是，总可变性中由永久性分量贡献的部分在各年之间是一样的，也就是说，P_y 在第 i 年和第 j 年之间是相同的。令 P' 指代 P_y 的共同值，那

[1] 正文中下面的内容，基本上是对弗里德曼和库兹涅茨的论著《独立职业的从业收入》中的相关内容的总结性重述（第 325—338、352—364 页），正文下面给出公式的完整证明也见于此。

[2] 在其对数变体下，均值假设可以展宽而不影响结果。如果永久性分量的绝对值有一个共同的比例（无论是占算术均值的比例，还是其他什么共同比例），P_Y 的估计值就可以由下式给出

$$\begin{cases} P_{Y_i} = B_{ji} \\ P_{Y_j} = B_{ij} \end{cases} \tag{7.1'}$$

其中，B_{ji} 表示第 j 年的对数收入对第 i 年的对数收入的回归的回归系数，B_{ij} 表示第 i 年的对数收入对第 j 年的对数收入的回归的回归系数。

么根据这个假设,我们有,[1]

$$P' = \sqrt{P_i P_j} = r_{ij} \tag{7.2}$$

从上面这个公式可以非常清楚地看出,在可变性假设下估计出来的永久性分量的贡献,就是在均值假设下估计得到的两年的贡献的几何平均值。尽管可变性假设下得到的结果在数学形式下更加简单一些,但是理论上的吸引力仍然是均值假设更高。此外,玛格丽特·里德(Margaret Reid)完成一系列统计检验表明,均值假设在解释消费数据方面的效果也更好。[2] 这些公式所计算的是绝对单位表示的收入;不过,当数据用对数表示时,也可以使用非常相似的公式,而且一般来说,对数变体对经验证据的拟合似乎更好。

接下来考虑连续三年的情况(比如第1年、第2年和第3年)。假设,我们根据(7.1)式计算出了 P_3 的两个估计值:第一个估计值是用第2年和第3年的数据计算出来的(不妨记为 $P_{3.2}$),第二个估计值是用第1年和第3年的数据计算出来的(不妨记为 $P_{3.1}$)。很显然,这两个估计结果不一定相同。一般来说,我们可以预期 $P_{3.2}$ 大于 $P_{3.1}$,因为连续两年的收入之间的相关性通常要高于中间间隔了一年

---

[1] 在其对数变体下,相应的公式基本上也是相同的,只要将可变性假设的含义解释为:对数方差中由永久性分量贡献的比例在连续几年内都是相同的,即

$$P'_Y = \sqrt{P_{Y_i} P_{Y_j}} = r_{Y_i Y_j} \tag{7.2'}$$

[2] 这些结果包含在玛格丽特·里德(Margaret Reid)的一篇未发表的论文中,题为《群体内部收入的临时性分量与家庭支出的收入弹性之间的关系》。

的非连续的两年的收入。数值结果上的这种差异，恰恰反映了永久性分量定义上的隐含差异——这一点我们已经在几个地方提到过了，但是迄今为止还没有机会加以精确地说明。在将 $P_{3.2}$ 作为第三年的总方差中永久性分量贡献的比例的估计值时，我们已经隐含地将永久性分量定义为可以归因于连续两年或两年以上都影响收入的因素的分量了，同时还将相应的临时性分量隐含地定义为可以归因于在一年内且只在一年内影响收入的因素的分量。而在将 $P_{3.1}$ 作为第三年的总方差中永久性分量贡献的比例的估计值时，我们已经隐含地将永久性分量定义为可以归因于连续三年或三年以上都影响收入的因素的分量了，同时还将相应的临时性分量隐含地定义为可以归因于在一年或两年内但不会在三年内影响收入的因素的分量。

更一般地说，我们可以把收入理解为它的分量的连续统的总和，按照相应因素影响收入的时期的长度和这些因素首次出现的时间单位来分类。为了简单起见，我们可以用永久性分量、准永久性分量和临时性分量的三分法来表示这一连续统。其中，“真正的”永久性分量可归因于在最长的时期内影响收入的因素；“真正的”临时性分量可归因于只在一个时间单位内影响收入的因素；介于其间的准永久性分量则可归因于在多于一个时间单位内但又不是在所有的时间单位影响收入的因素。给定一系列年份的收入数据，我们可以构造出关于收入总方差中各分量贡献的百分比的统计估计量。[1]

[1] 请参见，弗里德曼和库兹涅茨，《独立职业的从业收入》，第352—364页。

在用永久性收入假说解释经验数据时，可能有必要分别考虑准永久性分量——甚至额外的子分量——的单独影响来进一步阐述它。[1] 不过，就目前而言，似乎最好还是坚持最简单的理论结构，即只考虑永久性分量和临时性分量；而且，这样做仍然可以在确定永久性分量的精确定义时留下相当大的余地，因为正如前面已经指出过的，永久性分量的精确定义应该根据经验来确定，而不是先验地强加某个固定的定义。[2]

上面描述的分析收入数据的方法，不仅可以用来估计各分量对作为一个整体的群体的收入的总方差的贡献百分比，而且也可以用来分析特定收入等级的平均收入对作为整体的群体的平均收入的偏差中各分量的贡献。如果在第 i 年，这一偏差中由永久性分量贡献的比例（当我们以二分法对所有分量进行分类时，即分为永久性分量的和临时性分量时）对所有收入阶层来说都是相同的，那么第 j 年的收入对第 i 年的收入的回归将是线性的，反之亦然。因此，根据我们的假说，这也是第 i 年消费对收入的回归是线性的条件。

这里值得注意的是，这种分析只适用于收入中的差异；它没有为任何群体提供关于收入的临时性分量的均值的任何证据。但是，对若干群体的平均收入数据——例如对一组社区连续两年的平均收入数据——进行同样的分析，就可以得到一些这样的证据。

---

[1] 这相当于允许不同的“短期”和“长期”边际倾向消费。

[2] 《独立职业的从业收入》，第 24—26、89—90、139 和第 146—147 页。

表 18　单位相同的不同年份的收入之间的相关系数

组　别	收入定义	相关的年份	在相关的年份之间插入的年数	相关系数
1. 内科医生	独立执业的劳动所得	a	0	0.93
		b	1	0.91
		1929 年和 1932 年	2	0.88
2. 牙科医生	独立执业的劳动所得	a	0	0.92
		b	1	0.88
		1929 年和 1932 年	2	0.76
3. 律师	独立执业的劳动所得	c	0	0.84
		1929 年和 1932 年	1	0.80
4. 注册会计师	独立执业的劳动所得	d	0	0.88
		e	1	0.78
		1929 年和 1932 年	2	0.82
5. 咨询工程师	独立执业的劳动所得	1929 年和 1930 年	0	0.67
		1929 年和 1931 年	1	0.63
		1929 年和 1932 年	2	0.52
6. 33 个城市的家庭	家庭总收入	1929 年和 1933 年	3	0.74[f]（0.63 到 0.86）
7. 威斯康星州的纳税人，按家庭单位分组	家庭单位的“经济收入”	g	0	0.84
		h	1	0.78
		i	2	0.76
		j	3	0.71
		k	4	0.70
		1929 年和 1935 年	5	0.69

续 表

组 别	收入定义	相关的年份	在相关的年份之间插入的年数	相关系数
8. 城市支出主体	总收入	1947年和1948年	0	0.83
9. 向农业实验站报告的农业家庭	家庭总现金收入的对数	1 1940年和1942年	0 1	0.41 0.33[m]
10. FHA家庭	家庭总现金收入的对数	1 1940年和1942年	0 1	0.48 0.46[m]
11. 上面9、10两组的合并	家庭总现金收入的对数	1 1940年和1942年	0 1	0.52 0.47[m]

注 释:

a 1929年和1930年、1932年和1933年、1933年和1934年的系数平均值。

b 1929年和1931年、1932年和1934年、1934年和1936年的系数平均值。

c 1932年和1933年、1933年和1934年的系数平均值。

d 1929年和1930年、1932年和1933年、1933年和1934年、1934年和1935年、1935年和1936年的系数平均值。

e 1929年和1931年、1932年和1934年、1934年和1936年的系数平均值。

f 33个不同城市的系数的平均值。单个城市的系数的波动范围是

0.63到0.86,其中有5个城市小于0.7,12个介于0.7至0.75之间,12个介于0.75至0.8之间,4个介于0.8至0.86之间。

g 从1929年到1935年所有连续成对的两个年份的六个系数的平均值。

h 1929年和1931年、1933年和1935年的系数的平均值。

i 1929年和1932年、1932年和1935年的系数的平均值。

j 1929年和1933年、1931年和1935年的系数的平均值。

k 1929年和1934年、1930年和1935年的系数的平均值。

l 六个系数的平均值:伊利诺伊州,艾奥瓦州和明尼苏达州这三个单独成组州在1940年和1941年,1941年和1942年的系数。

m 伊利诺伊州、艾奥瓦州和明尼苏达州这三个单独成组州的系数的平均值。

资料来源:

第1至5项出自米尔顿·弗里德曼和西蒙·库兹涅茨,《独立职业的从业收入》,国家经济研究局,1945年,表56,第305页。

第6项出自霍斯特·门德豪森,《大萧条时期收入分布的变化》,《收入与财富研究》,1946年,国家经济研究局,第七卷,表30,第90页。

第7项出自弗兰克·A. 汉娜(Frank A. Hanna)、约瑟夫·A. 匹克曼(Joseph A. Pechman)、西德尼·M. 勒纳(Sidney M. Lerner)主编,《威斯康星州收入研究》,《收入与财富研究》,第九卷,国家经济研究局,1948年。其中的第三部分由弗兰克·A. 汉娜执笔,题为《会计期间与收入分布》,表15,第232页。

第 8 项根据联邦储备委员会密歇根调查研究中心收集的消费者金融调查的回访样本的数据计算。系数取自玛格丽特·里德(Margaret Reid),《收入的组内临时性分量与家庭支出的收入弹性的关系》,未发表的论文。

第 9 项至第 11 项,出处同上。

第二节 关于 P_y 的经验证据

上面的表 18 给出了一组不同年份的收入之间的相关系数。[1] 这些相关系数,在可变性假设下,可以视为对永久性分量在相应的年份中的贡献的估计;在均值假设下,则可以视为对其平均贡献的估计。正如人们预料的那样,这些系数随着相关年份之间的间隔年数的增加而下降。然而,从总体上看,下降是温和的;因此采用的永久性分量的精确定义上的不同,不大可能对结果产生重大影响。

此表各项最显著的特征是不同群体和不同时期的相关系数之间的一致性(农业家庭除外)。表 19 对三个主要的非农业家庭数据集的相关系数的总结,进一步突出了这种一致性。

---

[1] 就我所知,表 18 总结的相关性已经是现在讨论的数据可得的全部了。表中的遗漏——例如,1930 年和 1931 年的内科医生的收入之间没有建立起相关性——与原始资料中的遗漏相对应。

表 19 对表 18 中三个主要的非农业家庭数据集的相关系数的总结

相关年份之间的间隔年数	平均相关系数		
	专业人士	威斯康星州的纳税人	城市家庭
0	0.85	0.83	0.83
1	0.80	0.78	
2	0.74	0.76	
3		0.71	0.74
4		0.70	
5		0.69	

很明显,不同群体之间的差异很小,小到了可以将它们归结为“抽样变异”的程度。根据这些数据,对于非农业家庭来说,永久性分量对收入差异的贡献率,在对永久性分量最广义的定义下不可能高于0.85,在对永久性分量非常狭义的定义下也不可能低于0.70。对于一个为期3年的永久性分量跨度(也就是说,在两个相关年份之间间隔1年),P_y 的相关值大约为0.80。常识已经告诉我们,农业家庭的相关系数明显小于城市家庭。对于表18中所包含的小规模且不具有代表性的农业家庭样本——不幸的是,这些是我们目前仅有的有可用数据的样本——连续年份的系数在0.4到0.5之间,间隔一年的非连续年份的系数则介于0.3到0.5之间。

农业家庭和非农业家庭系数之间的这种差异,部分可能反映了如下事实:在计算农业家庭的相关系数时使用的是对数,在计算非农业家庭的相关系数时则使用了绝对收入。一些证据表明,对于像这里所用的这样的数据,计算出来的对数值之间的相关系数,通常会低于绝对值之间的相关系数。但是,这最多只能解释其中的一小部分差异。[1]

第三节 比较对 P_y 的估计值和对消费的收入弹性的估计值

根据我们的假说,消费相对于从预算数据中计算出来的评定收入的弹性也等于 P_y——因此可以将表 18 和表 19 给出的相关系数视为对相应的消费的收入弹性的估计值。[2] 这两张表格中的这些数值,对消费收入弹性的估计在数量级上显然是正确的。根据表 1,直接从消费-收入数据计算出来的弹性,在美国各种类型的非农业"消费主体"群组中为 0.70 到 0.87 不等,其中,0.83 可以作为一个合理的典型值;而两个农业"消费主体"样本的消费的收入弹性则分别为 0.65 和 0.69。对于各非农业群组,这些数值既很好地总结了表 18 和表 19 中的相关性,也很好地总结了表 1 中的弹性值;而对于农业家庭组来说,表 18 中的相关系数低于表 3 中的弹性系数。但是,正如我们马上就会看到的,表 18 中所包含的那些特定的农业家庭群组

---

[1] 玛格丽特·里德利用对数值计算出了相关系数,与门德斯豪森就 1929—1933 年计算出来的 14 个相关系数相匹配。对数之间的相关系数均较低——对数之间的平均相关系数为 0.64,而原始值则为 0.74。

[2] 这种说法对于算术线性回归而言,只有在平均点上和临时性分量均值为 0 时才是准确的;而对于对数线性回归而言,它在更一般的情况下都是准确的。

的弹性系数的计算结果也是这样,因此仍然保持了很好的一致性。

独立地从收入数据得到的对 P_y 的估计值,与从消费支出对评定收入的回归的中得到的估计值之间的这种一致性,无疑应该视为支持我们的假说的有力证据。有两方面的原因使这得这种一致性特别引人注目:首先,表 18 所依据的大部分数据,完全独立于表 1 中的弹性所依据的数据;其次,我们完全是为了检验我们的假说而去比较这两组数据的,而不是在之前注意到的这两组量值之间的相似性的引导下去这样做的。据我所知,迄今为止还没有人对这两组数据进行过这种比较——事实上,也从来没有人对这两种数据进行过任何类型的比较。也许应该明确指出的是,在计算的数学过程中没有任何东西可以生成对观察到的一致性的度量。相关系数限制在了-1~+1的范围内;弹性可以取-∞到+∞之间的任意值(虽然我们知道在经验上它们都一贯地小于+1)。

迄今为止,我们的比较一直没有考虑到定义永久性分量的时间期限的长度。我们之所以可以忽略这一点,是因为如前所述,时间期限的长度对 P_y 的影响不大,最多只会使之——对非农业群组——从 0.70 上下变为 0.85 上下。因此,即使不给永久性分量下确切的定义仍然能够给出一个足够狭窄的值域,也能检验我们的理论对 P_y 的两组估计值之间的"相符性"的预测并给人们留下深刻的印象。在这种一般意义上的"相符性"的基础上,我们可以使用这些数据来估算时间期限的适当长度。对于非农业家庭群组来说,连续两年的相关系数一般要比从预算数据中计算出来的收入弹性高一些:一个相关系数是0.67，其他六个相关系数为0.83到0.93不等，这七个相关系数的平均值是0.84。非农业家庭组的弹性为0.70到0.87不等，其中在1944年为0.70。第一次世界大战后的其他四个弹性为介于0.80至0.87之间。所有这八个弹性的平均值为0.80，其中第一次世界大战后的五个的平均值为0.81。非连续年份(间隔一年)的相关系数与三年的时间跨度相对应，它们与弹性值的吻合程度要高一些：一个是0.63，其他五个为0.78到0.91不等，六个的平均值为0.80。根据这个证据，在三年的时间期限上定义永久性分量时，对这些数据的拟合程度是最优的。[1]

玛格丽特·里德(Margaret Reid)对仅利用收入数据中计算出来的对 P_y 的估计值(严格地说，是对 P_Y 的估计值，因为她始终在使用对数)与从消费收入回归中得出的弹性之间的关系进行了更精确、更详细的检验。[2] 她对一系列不同的家庭组别进行了比较，这些家庭组别都有连续多年的收入数据可用，同时还有那些年间的一年或一年以上的支出数据；她对从预算数据计算出来的收入弹性与从不同年份的收入数据计算出来的对 P_Y 的估计值进行了比较。针对同一个家庭组别构建这两种估计，可以消除影响了之前比较表1中的弹

[1] 这个比较需要具备的一个前提条件是，弹性是通过对数回归以图解法估计出来的，相关关系则是由算术数据计算出来的。目前还不清楚这些差别的最终影响是什么；使用对数可能会减少相关性(见第291页脚注1)；另一方面，从所有数据计算而不是用图解法估计弹性，可能会减少估计出来的弹性(见第四章，第75页脚注1)。所以这两种差别可能会相互抵消，至少是部分抵消。

[2] 这是里德在《群体内部收入的临时性分量与家庭支出的收入弹性之间的关系》一文中描述的。

性系数与表 18 中的相关系数时的不可比性的一个来源。此外,她还在均值假设下利用收入数据估计出了 P_Y,从而分别得到了每一年的估计值。

在里德所用的数据中,有许多就是托宾分析过的农业家庭数据(见上文第六章第四节),我们也曾经在上文第四章中利用这些数据讨论了收入变化的影响。如前所述,对于这些数据的代表性和准确性,人们有相当大的怀疑。虽然这些缺陷应该会以几乎相同的方式影响对 P_Y 和收入弹性的直接估计,因而不会破坏这些数据对当前这个研究目的的价值,但是它们可能会在结果中引入大量的可变性。

图 15 很好地总结了上述结果(本图转引自里德女士未发表的论文)。对收入弹性的估计值和从收入数据得到的对 P_Y 的估计值,都是根据原始观测值的对数计算出来的。对于这样的数据,我们的假说意味着所观察到的消费的收入弹性应该等于 P_Y,当然,前提是"永久性分量"已经得到了恰当的定义。如果数据完全符合这个预测,那么所有的观测结果都将会落在图中的对角线上。

在图 15 的第 1 栏中,P_Y 的估计值是根据连续两年的收入数据计算出来的,这种估计方法隐含着对永久性分量最广泛的定义。这样得到的估计值应当成为适当的 P_Y 或收入弹性的上估计值。结果与这个预期完全相符。图中各个点的聚类遵循了围绕对角线分布的模式,同时又更倾向于位于对角线的右边。它正是一种高估 P_Y 的效应的表现。在解读这张图时,需要注意以下几点:(1) 除了一个点之外,其余所有的点都是针对农业家庭的,这个唯一的例外的点对

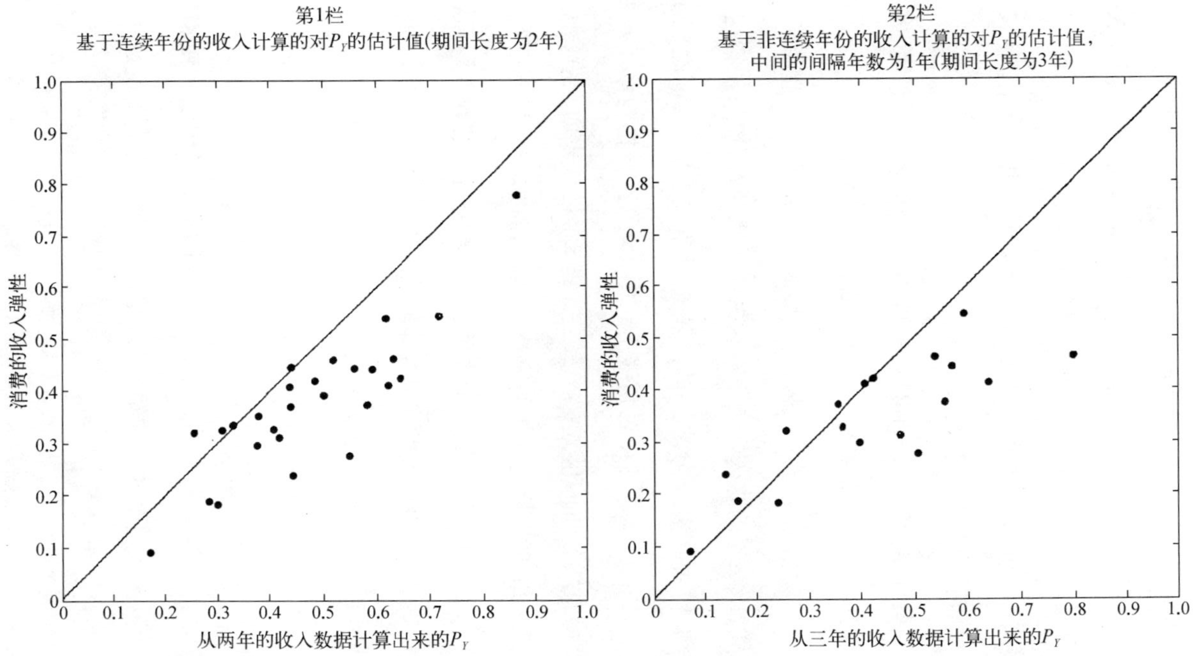

图 15 计算出来的消费的收入弹性与计算出来的永久性分量的重要程度之间的关系

资料来源：玛格丽特·里德,《群体内部收入的临时性分量与家庭支出的收入弹性之间的关系》,未发表的论文。

应于 P_Y 的最高值,它源于密歇根调查研究中心收集的城市样本;(2)从1937年到1948年,各个年份对应的点都有所不同;(3)农业家庭的点都是从相对较小的样本中计算出来的,样本规模从60户到229户不等;(4)正如刚才所指出的,至少有一些(也许有很多)农业家庭样本可能是非常不具有代表性的。

其中一些样本有连续三年的数据可用。对于这些样本,里德还根据第一年和第三年的数据估计了 P_Y,这种估计方法隐含着对永久性分量的更加严格的定义。结果如图15的第2栏所示。正如我们预料的那样,以三年的永久性分量取代两年的永久性分量,使得这些点向左移动了;现在有三分之一的点位于对角线上方了,而在图15的第1栏中只有七分之一在对角线上。图15的第2栏与第1栏相比,各个点沿直线分布的模式似乎要差一些;而且从表面上看,似乎需要一条比对角线更平坦一些的直线。然而,对这个差异不必过多重视。变得"更平坦"了只是一个表象,这完全是由那些比较可疑的农业家庭样本点造成的;而且这组样本点在图15的第1栏中也表现出了相同的趋势,只是被图中更多的其他点所掩盖罢了。[1]

第2栏这张图意味着,永久性分量的适当定义要在三年或还要更长一点的时间期限上给出。这与之前从数据中得出的结论是一样的,那主要是针对城市家庭的数据,在图15的第2栏中没有使用过一个这样的数据。这个共同的结果与时间序列数据的证据也是一致

[1] 这里所说的这些点都是关于美国农业安全管理局样本的。对于这些样本,托宾专门进行过分析,我们在上文中也讨论过。

的。第五章中计算的实际人均消费与当前和过去收入的加权平均数之间的预期收入回归，给出的对平均滞后期的估计为 2.5 年，对有效时间期限的估计则为 5 年。这比横截面数据所隐含的时间期限要长一点。不过，很可能本就应该如此。缩短个人有效视界的那些变化无常的因素，在平均数据中往往会相互抵消掉。而且，三个独立的数据组分别“建议”的永久性分量的精确定义的时间期界竟然如此一致，这是特别令人鼓舞的一个结果。

本节前面这部分的初稿曾经以油印本的形式在小范围内传阅，在那之后，联邦储备委员会的约翰·弗雷希特林（John Frechtling）给我提供了一些额外的数据，涉及只利用收入数据估计的 P_y，以及利用收入和消费数据估计的消费收入弹性（见下面的表 20）。这些额外的数据来自一个与 1953 年消费者金融调查相关的回访样本（reinterview sample），涵盖了一个人数不多的“支出主体”群体 1951 年、1952 年和 1953 年初的收入和部分财富项目数据。对于我们的研究目的来说，这些数据最严重的局限性包括：(1) 收入是税前的而不是税后的；(2) 由于没有各种形式的储蓄的数据，所以储蓄是用流动资产的变化加上短期债务的变化来近似表示的，因此遗漏了以房地产形式和其他合约形式存在的储蓄，这是很重要的储蓄项目；(3) 与现在使用的大多数其他数据一样，在耐用消费品支出的全部都不被视为储蓄。我在表 20 中给出的“消费”，其实是收入减去这种储蓄近似值之后的结果，这也就意味着，它还包括了个人所得税、一些正储蓄或负储蓄项目，以及在耐用消费品上的支出。

储蓄定义的上述缺陷,大体上可以解释为什么表20的第2行所示的“独立企业(家)”(independent business)“支出主体”的平均消费倾向要比其他数据给出的高得多;另外两个组别的平均倾向则没有偏离太远。第4行中显示的收入弹性似乎比我们讨论过的其他大多数研究都要高一些,特别是两个非农业家庭组别;这很可能不仅反映了那不完整的储蓄定义的影响,而且还反映了内隐地将个人所得税纳入消费的影响。表中最后三行给出的对 P_y 的直接估计值与收入弹性惊人地相似。对于第5行中的相关系数——那是可变性假设下得出的 P_y 的估计值——一致性尤其突出。而在均值假设下,则显然没有那么接近,特别是对于如第7行所示的1952年。至少应该给予这个比较同等程度的重视,因为一些非常有限的证据已经使我的天平略微倾向于均值假设而不是可变性假设了。

表20　对 P_y 的其他估计,以及源于1953年消费者金融调查回访样本的三个职业组别的其他数据

	非农业独立企业(家)	农业经营者	办事员和销售人员
1. 回访案例数	83[a]	99	132
基于1952年的收入和消费数据的指标:			
2. 平均消费倾向	0.99	0.89	0.95
3. 边际消费倾向[b]	0.83	0.62	0.85
4. 消费的收入弹性[c]	0.83	0.69	0.90
基于1951年和1952年的收入数据的指标:			

续 表

	非农业独立企业(家)	农业经营者	办事员和销售人员
5. 相关系数(对 P' 的估计值)	0.83	0.68	0.88
6. 对 P_{1951} 的估计值[d]	0.85	0.52	0.94
7. 对 P_{1952} 的估计值[d]	0.81	0.91	0.83

注 释:

a 略去了1951年和1952年中收入特别高的一个案例。

b 消费对收入的算术线性回归中计算出来的斜率。

c 边际倾向除以平均倾向,即平均收入处的弹性。

d 根据前文给出的公式(7.1)式计算。

资料来源:

根据约翰·弗雷希特林在联邦储备系统理事会任职期间好心向我提供的各观察值、平方和以及交叉乘积计算。所有的计算都是未加权的,而这意味着高收入阶层的影响被夸大了。

虽然这个证据与上面提出的其他证据一致,都证明了从消费收入数据计算出来的收入弹性与直接从两年内的收入数据计算出来的 P_y 的估计值之间存在着密切关系,但是它有一点与其他证据有重要的区别。这里得到的弹性与连续年份下得到的相关系数大体上相同或更大,而在其他比较中,它们则更小。我倾向于将这种差异归因于对弹性的过高估计,这既是储蓄定义被"截断"的结果,也是个人所得税被纳入了消费的结果,但是我没有独立的证据来证实这个猜想。

第四节 连续多年的储蓄-收入比之间的相关性

卡托纳(Katona)对消费者行为的可变性的讨论,在很大程度上依赖于1947年和1948年的消费者金融调查的回访样本数据(那也是表18第8行给出的相关系数的来源);他给出一个相关表,以说明655个城市"消费主体"在1947年和1948年的储蓄占收入的百分比之间的关系。[1] 这个表格可以作为永久性收入假说的一个补充证据,甚至更直接地,可以作为说明时间期限长度的一个补充证据。

接下来,让我们把这些数据视为一组"消费主体"的数据来处理,这些"消费主体"都有相同的 k 值。不妨暂且假设每个"消费主体"的消费和收入的临时性分量都是0。这样一来,根据我们的假说,他们的消费与收入之间的比率(以及储蓄与收入之间的比率)也是相同的,即所有的 k(或者,对于储蓄,$1-k$)都一样。对于某个给定的 k,"消费主体"之间在这个比率上的差异,只反映了收入和消费的临时性分量的影响。如果相关的时间期限的长度是两年,那么只有在一年之内影响收入和消费的因素才会被认为是临时性的,所以连续几

[1] 乔治·卡托纳(George Katona),《消费者行为的可变性与调查方法》,该文也是卡托纳、克莱因、兰辛和摩根主编的《调查方法对经济学的贡献》一书的第二章,第71页。

年间的临时性分量之间是互不相关的。因此（如本章附录所阐述的），这两年内的消费与收入之比也将是互不相关的。[1] 再假设时间期限为三年。那么有些因素即便影响了两年的收入，也会被认为是临时性的，所以连续多年的临时性分量将会是相关的，尽管在相隔一年的两个年份之间它们将是不相关的。这样一来，就会在连续多年的消费-收入此之间引入相关性，而间隔一年的那两年的消费-收入比仍然互不相关。一般来说，时间期限越长，连续年份的消费-收入比之间的相关性就越高，存在相关性的年份的跨度也就越长。

我相信，即使是从这样一个简略的草图中，也可以看得很清楚了：根据永久性收入假说，一对年份的收入之间的相关性的高低（无论是连续的两年，还是间隔开来的两年），以及时间期限的长度，是决定连续两年的消费与收入的比率之间的相关程度的关键因素。也许，不那么清楚的是在相当一般的假设下，是否仅凭这些信息就足以确定相关系数的数值了（然而，本章的附录证明了确实可以）。卡托纳的相关表所涉及的时间期限的长度为 3 年，他在那里估计出来的相关系数的值为 0.25；计算出来的相关系数的值则是 0.26。[2] 我们或许可以把这看作是长度为三年的时间期限最适当的第四个

---

[1] 请注意，两年的消费与收入之比的相关性，在数值上是与相对应的储蓄与收入之比的相关性相同的。

[2] 如此接近的一致将被视为一种意外。然而，它并没有以任何方式反映出附录中拟合观察到的值对计算所依据的假设的选择；在计算实际相关性之前，我估计出来的相关性为 0.25。

证据。

卡托纳深入分析了他的表格,以确定特定的储蓄比率模式是否与“消费主体”的其他特征有系统性的联系,这些模式是否以及如何延续到特定的储蓄形式上,等等。无须多说,他得到的结果几乎完全是否定性的(除了它们在算术意义上是必需的那些情况之外)。[1]如果我们对他这张表的解释是正确的,那么他采取的方法与以下做法几乎没有什么差别。抛一千枚“公平”硬币,每枚抛两次,然后对所有硬币按以下标准分成三类:两次都是正面向上为第一类,两次有一次是正面向上、另一次是反面向上为第二类,两次都是反面向上为第三类;然后再来考察这三类硬币的“行为表现”为什么会有所不同。这个类比唯一不准确的地方是,卡托纳的表格所涉及的“消费主体”之间在 k 上可能存在一些系统性的差异。然而,从我们之前得到的定量结果来看,这种差异可能比临时性分量所带来的差异要小得多。这就好比是,那一千枚硬币不全部都是完全“公平”的,它们在正面向上的概率上有轻微的不同,或者说,绝大部分硬币都是“公平”的,但是其中有几枚是略有偏差的。要根据正面朝上的概率确定这些硬币

[1] 例如,他认为这张表格揭示了“一个有重要意义的事实。重复性行为在正储蓄中比在负储蓄中更为常见,似乎集中在那些将收入的一小部分存起来的人身上”(《消费者行为的可变性与调查方法》,第70页)。正储蓄的重复频率大于负储蓄的重复频率,只不过反映了这样一个事实:每年分别有更多的正储蓄者而不是负储蓄者。考虑到在每一年内,都有大约三分之二的人是正储蓄者,三分之一的人是零储蓄者或负储蓄者,因此在不存在任何相关性的情况下,两年期内有九分之四的人是正储蓄者,而只有九分之一的人是负储蓄者。对于小储蓄者当中重复行为的集中性的解释也是一样的:小储蓄者在这两年期内人数最多;如果他们不是重复者中数量最多的,那才是令人吃惊的。

的类别，或者，要想很有把握地分离出仅有的那几枚略有偏差的硬币，每枚硬币都要抛远远多于两次的次数。

附录：连续两年的储蓄率之间的相关性

我们在本书中要处理的是消费与收入的比率，而不是储蓄与收入的比率。然而，这两个比率之间仅仅意味着坐标的改变，因此不会影响相关性。

让我们使用永久性收入假说的对数变体，并写出方程的完整形式，于是我们有

$$\lg c = \lg c_p + \lg c_t \tag{7.3}$$

$$\lg y = \lg y_p + \lg y_t \tag{7.4}$$

用(7.4)式去减(7.3)式，然后表示为算术形式：

$$\frac{c}{y} = \frac{c_p}{y_p}\frac{c_t}{y_t} = k\frac{c_t}{y_t} \tag{7.5}$$

假设对于这里考虑的所有“消费主体”，k 都是相同的。于是，这两年的 c/y 之间的相关性与这两年的 c_t/y_t 之间的相关性是相同的，因为唯一的区别只是测量单位上的区别。因此，我们的问题可以归结为 c_{t1}/y_{t1} 与 c_{t2}/y_{t2} 之间的相关性（其中，年份用下标来表示）。用对数形式来表述，我们的问题就变成了如何确定 $\lg c_{t1} - \lg y_{t1}$ 与 $\lg c_{t2} -$

$\lg y_{t2}$ 之间的关系,或者说,$C_{t1}-Y_{t1}$ 是 $C_{t2}-Y_{t2}$ 之间的关系。为了简便起见,再假设每一年的消费和收入的临时性分量的均值都等于 0。这样一来,我们就有:

$$r_{(C_{t1}-Y_{t1})(C_{t2}-Y_{t2})}=\frac{E(C_{t1}-Y_{t1})(C_{t2}-Y_{t2})}{[E(C_{t1}-Y_{t1})^2E(C_{t2}-Y_{t2})^2]^{\frac{1}{2}}} \tag{7.6}$$

根据我们的假说,

$$r_{C_{t1}Y_{t1}}=r_{C_{t2}Y_{t2}}=r_{C_{t1}Y_{t2}}=r_{C_{t2}Y_{t1}}=0 \tag{7.7}$$

为了简便起见,进一步假设

$$\begin{cases}\sigma_{C_{t1}}^2=\sigma_{C_{t2}}^2=\sigma_{C_t}^2\\ \sigma_{Y_{t1}}^2=\sigma_{Y_{t2}}^2=\sigma_{Y_t}^2\end{cases} \tag{7.8}$$

展开(7.6)式,并利用(7.7)式和(7.8)式,我们得到

$$r_{(C_{t1}-Y_{t1})(C_{t2}-Y_{t2})}=\frac{r_{C_{t1}C_{t2}}\sigma_{C_t}^2+r_{Y_{t1}Y_{t2}}\sigma_{Y_t}^2}{\sigma_{C_t}^2+\sigma_{Y_t}^2} \tag{7.9}$$

假设

$$r_{C_{t1}C_{t2}}=r_{Y_{t1}Y_{t2}} \tag{7.10}$$

从而我们有

$$r_{(C_{t1}-Y_{t1})(C_{t2}-Y_{t2})}=r_{Y_{t1}Y_{t2}} \tag{7.11}$$

如果时间期限为两年,那么消费和收入的临时性分量都将是不相关的;事实上,可以把这一点视为长度为两年的时间期限下的定义。在

这种情况下,(7.9)式以及作为特殊情况的(7.11)式都将等于0。

《独立职业的从业收入》的第七章的附录的第二节的分析中给出的方法可以用来估计 $r_{Y_{t1}Y_{t2}}$。这里所用的“临时性”指的是只影响一年的收入的分量,“准永久性”指的是影响一年以上的收入的分量。还有其他一些记号。在长度为三年的时间期限内,我们的方程包括 $Y_{t1}=t'_1+q'_{11}+q'_{12}$,以及 $Y_{t2}=t'_2+q'_{22}+q'_{23}$。其中,$t'_1$ 和 t'_2 分别指仅影响第一年和第二年的分量;q'_{11} 和 q'_{12} 是两年期的分量,它们影响第一年的收入,并且其影响分别在第一年和第二年结束;q'_{22} 和 q'_{23} 也是两年期的分量,不过它们影响的是第二年的收入,并且其影响分别在第二年和第三年结束(《独立职业的从业收入》,第353页)。如果我们扩展(7.8)式,并将其分别应用于 Y_{t1} 和 Y_{t2} 的每个分量,那么可以完成一个变换,使得 $q'_{12}=q'_{22}$,因为这些是由两年的一个共同的因素产生的准永久性分量。其他的分量在两年间都是不相关的。所以,Y_{t1} 与 Y_{t2} 之间的相关性,就是这个共同项的方差与共同总方差项之比,或者说

$$r_{Y_{t1}Y_{t2}}=\frac{\sigma^2_{q'_{22}}}{\sigma^2_{t'_2}+\sigma^2_{q'_{23}}+\sigma^2_{q'_{12}}} \qquad (7.12)$$

如果我们对分子和分母同时除以 σ^2_Y,同时不要忘记我们的假说就隐含了可行性假设,这样就可以将上式化简为

$$r_{Y_{t1}Y_{t2}}=\frac{Q^*_{22}}{1-P^*}=\frac{r_{12}-r_{13}}{1-r_{13}} \qquad (7.13)$$

其中，Q_{22}^{*} 表示 q_{22} 的比例贡献，P^{*} 表示持续超过两年的分量（都在可变性假设下估计）；r_{12} 是第 1 年和第 2 年（即连续两年）的收入之间的相关性；r_{13} 是第 1 年和第 3 年的收入之间的相关性，也就是说，两个不连续的年份，中间间隔了一年。从表 18 和表 19 可见，对于城市的“消费主体”（卡托纳的表中也是对于城市的“消费主体”的），r_{12} 大约为 0.85；r_{13} 大约为 0.80。将之代入到方程（7.13）中，我们就可以得到

$$r_{Y_{t1}Y_{t2}} = \frac{0.85 - 0.80}{1 - 0.80} = \frac{0.5}{0.20} = 0.25 \qquad (7.14)$$

从（7.11）可知，这也是对这两年的储蓄比率之间的相关性的估计。

这只是一个非常粗略的近似，这不仅是因为这种近似需要完成从（7.9）式到（7.11）式的跳转，而且还因为我使用了算术值之间的相关性去估计对数相关性。

第八章 | 补论：对若干问题的说明

本章分析几个虽然非常值得关注，但是却不适合放在前面各章讨论的问题。以下各节的共同特点是，它们主要是对未来可能推进的进一步研究的初步推测，而不是对已经完成的研究的描述；这也正是为什么前几章没有考虑它们的一个原因，也是为什么在我看来它们值得在这里讨论的原因。接下来将会涉及的问题包括：(1) 收入对消费的回归；(2) 将永久性收入假说扩展到特定类别的消费品上的支出；(3) 永久性假说与对收入分布的分析的相关性；(4) 永久性假说与观察到的财富分布之间的联系；(5) 对永久性假说的更多的检验。

第一节　收入对消费的回归

在前面的章节中，我们几乎一直都在讨论评定消费对评定收入的回归，而没有对评定收入对评定消费的回归予以足够的重视。然而,正如在理论讨论部分已经指出过的,这两个回归是对称的;对这个回归的任何论断,都对应着对另一个回归的"对偶式论断"(dual)。我们在前面各章之所以集中讨论消费对收入回归,原因在于,它是所有消费研究中考虑的主要回归,也是唯一可以从大多数已发表的预算研究数据中计算出来的回归。在公开发表的相关表格中,几乎总是根据评定收入阶层对"消费主体"进行分类,并给出收入的平均值、总消费支出以及这种类型的其他收入量值。它们几乎从来不提供按评定消费等级列示的可比数据。

这种数据的缺失,当然是一件非常令人遗憾的事情,因为它们无疑能够极大地增加我们对消费行为的实质性认识,并为永久性收入假说的可接受性提供更多的证据。根据我们的假说,正如消费相对于评定收入的弹性可以视为对 P_y 的一个度量(P_y 是收入的总方差中由收入的永久性分量"贡献"的比例),收入相对于评定消费的弹性也可以视为对 P_c 的一个度量(P_c 是消费的总方差中由消费的永久性分量"贡献"的比例)。[1] 也正如这种解释要求消费对评定收入的弹性小于1(如果观察到的消费弹性大于1,就会产生矛盾),它也要求收入对评定消费的弹性小于1(如果观察到的弹性大于1,就会产生矛盾)[2];或者,说得更明确一些,这种解释要求消费相对于收入

[1] 在这两种情况下,要使这些表述成立,必须满足如下相同的条件:对于算术线性回归,弹性必须在均值处计算,临时性分量的均值必须为0;对于对数线性回归,等式在更一般的情况下也成立。

[2] 对于算术线性回归,我们的假说的这个推论是,两个回归的截距都是正的。

的弹性在通过消费对收入的回归来计算时小于 1,而在通过收入对消费的回归来计算时大于 1。[1] 而且,正如将通过消费对收入的回归得到的 P_y 的估计值与观察到的收入的变化结合起来,就能给出收入的永久性分量和临时性分量的离散度的估计值,将通过收入对消费的回归得到的 P_c 的估计值与观察到的消费的变化结合起来,也能给出消费的永久性分量和临时性分量的离散度的估计值。此外,正如利用同一个"消费主体"在不同年份的收入之间的相关关系,可以构建出关于 P_y 的独立的估计值,利用同一个"消费主体"在不同年份的消费之间的相关关系,可以构建出关于 P_c 的独立的估计值。

在我在前面的章节考察到过的各个数据集中,只有一个是能够很容易地用来估算收入对评定消费的回归的,那就是 1947—1948 年消费者金融调查数据。摩根对这个数据集进行过深入分析,本书第四章第四节则将它作为收入变化的影响的证据。表 21 总结了利用这些数据进行的一系列关于收入和消费的比较的结果。这些比较都是极具启发性的。根据表中的第 1 行,从收入对评定消费的回归中估计出来的 P_c,[2] 虽然如我们的假说预测的一样是小于 1 的,但是

[1] 尽管我们有充分的直接证据表明,第一个条件几乎总是能够得到满足,但是我们现有的收入对消费的回归估计实在太少,以至于我们无法以同样的自信心断言,基于直接证据,第二个条件也同样如此。本节下面在正文和脚注中引用了一些直接证据。

[2] 各个收入变化群组的收入相对于消费的弹性都可以用计算表 21 中所列的弹性的方法加以计算。然而,这样计算出来的结果不能解释为 P_c 的估计值,因为不能认为临时性分量的均值为 0 这一条件对这些群组成立。在计算表 11 中的那些收入弹性时,我们通过以图形方式确定消费对收入的对数-对数回归直线的斜率避免了这个问题。我没有相应的关于收入对消费的回归直线的数据。对于下降了超过 25%、下降了 5%—25%、下降了 (转下页)

肯定比从消费对收入的回归中估计出来的要大。临时性因素显然只能解释评定消费的方差的 2%左右,但是却能够解释评定收入的方差的 18%左右。以与均值之间的比率来表示,临时性分量的估计标准偏差对于消费来说只有 9%,而对于收入来说则达到了 30%以上;对于收入的比率与针对 1935—1936 年和 1941 年所有城市或非农业家庭估计出来的相应比率非常接近(见表 4)。在表 4 中,对消费和收入估计的永久性分量的相对离散度只有一个数字,之所以如此,是因为永久性收入假说隐含了一个共同的相对离散度——断言永久性消费只是永久性收入的一个公倍数(k),而这就意味着两者必定具有相同的相对离散度;这个要求已经体现在了表 21 所列的各估计值的计算程序当中。[1]

(接上页) 5%至提高 5%、提高了 5%—25%,以及提高了超过 25%这五个群组,计算出来的收入相对于消费的弹性分别为 0.849、0.961、0.998、0.952 和 0.995。所有这些弹性都小于 1;但是,对非 0 均值的临时性分量的修正可能会使一个或多个弹性大于 1。对于收入变化情况未知的 123 个"支出主体",也可以计算出相应的弹性——计算出来的结果为 1.152。这与我们的假说矛盾,但是对这种矛盾不必给予过多的重视,这不仅是因为涉及的案例数量很少,而且也因为无法获得收入变化数据很可能意味着在其他方面也存在着异常情况。见下文第 312 页脚注 1。

[1] 表 21 中 P_y 和 P_c 的估计值,是由下式给出的

$$P_y = r_{cy} \cdot \frac{\sigma_c}{\sigma_y} \cdot \frac{\bar{y}}{\bar{c}}$$

$$P_c = r_{cy} \cdot \frac{\sigma_y}{\sigma_c} \cdot \frac{\bar{c}}{\bar{y}}$$

其中,r_{cy} 为收入与消费之间的相关系数,σ_y、σ_c 分别为收入与消费的标准偏差,$\bar{y}$ 和 $\bar{c}$ 分别为收入和消费的算术平均数。这样一来,收入和消费的永久性分量的相对离散度的估计值分别为:

$$\frac{\sigma_{y_p}}{\bar{y}} = \frac{1}{\bar{y}} \sqrt{P_y \cdot \sigma_y^2} = \sqrt{r_{cy} \cdot \frac{\sigma_c \sigma_y}{\bar{c}\bar{y}}}$$

$$\frac{\sigma_{c_p}}{\bar{c}} = \frac{1}{\bar{c}} \sqrt{P_c \cdot \sigma_c^2} = \sqrt{r_{cy} \cdot \frac{\sigma_c \sigma_y}{\bar{c}\bar{y}}}$$

表 21 评定收入和评定消费及其永久性分量和临时性分量的相对离散度，根据 1947 年和 1948 年的消费者金融调查数据

<table>
<tr><th></th><th>收入</th><th>消费</th></tr>
<tr><td>1. 总方差中可以归因于永久性分量的比例</td><td>0.82</td><td>0.98</td></tr>
<tr><td>相对离散度</td><td></td><td></td></tr>
<tr><td>2. 永久性分量</td><td colspan="2">0.68</td></tr>
<tr><td>3. 临时性分量</td><td>0.32</td><td>0.09</td></tr>
<tr><td>4. 总额</td><td>0.75</td><td>0.69</td></tr>
</table>

资料来源：

根据密歇根调查研究中心的詹姆斯·摩根为我提供的关于收入和储蓄的观察数据、观察数据的平方和交叉乘积的总和计算得出。

推导方法：

第 1 行：收入 = 消费相对于收入的弹性，根据均值收入处的评定消费对评定收入的最小二乘算术线性回归计算得出。消费 = 收入相对于消费的弹性，根据均值消费处的评定收入对评定消费的最小二乘算术线性回归计算得出。

第 2 行：第 1 行与相对应的原始观察值的方差的乘积的平方根，与相对应的均值之比。见正文的脚注 5，我在那里证明了，该结果对于收入和消费是相同的。

第 3 行：第 1 行的补数与相对应的原始观察值的方差的乘积的平方根，与相对应的均值之比。

第 4 行：原始观察值的标准偏差与均值之比。

临时性因素对总消费支出的影响比对收入的影响小得多,这个结论当然是有其合理性的。总评定消费是在大量的单个“消费项目”上的支出的总和。有一些临时性因素(例如,出国一年的决定)无疑会对所有或许多消费项目产生同样的影响;有一些临时性因素会对不同的项目产生方向相反的影响,例如,某些类型的疾病会同时增加医疗支出和降低服装或娱乐支出;还有一些临时性因素——它们也许是最重要的——则或多或少地独立影响着不同的项目,例如各种消费品的库存的偶然状态、天气的变化、相对价格的波动等等。不过,第三类临时性因素往往会彼此“平均化”;它们之和的方差是它们方差的和,因此它们之和的相对离散度要小于它们的相对离散度的(加权)平均值,这也就是所谓的“平均律”或“大数定律”。第二类临时性因素会在更大的程度上导致相对离散度降低,因为这些因素往往会系统地相互抵消,因此它们的和的方差小于它们的方差的和。只有第一类临时性因素会将其影响完全传递给总消费。评定收入也是若干个项目的总和;但是可以被视为独立的或能够相互抵消的临时性因素的收入来源的数量,却远远小于相应类别的消费来源的数量。同时,一般来说,家庭中的主要赚钱人的收入,是评定收入的主要来源,而且它本身是不能分解为多个分别受临时性因素独立影响的组成部分的。总而言之,影响评定收入的偶然性因素被“平均掉”的机会或可能性,要比影响评定消费的偶然因素的被平均掉的机会或可能性小得多。[1]

---

[1] 关于收入对消费的回归,以下两项研究也提供了一些证据,一是1934—1936年劳工统计局的工资收入者研究,二是1941年的一项研究。我之所以要把这些证据放 (转下页)

消费的临时性分量这种微小的离散度(如果它能够得到其他证

(接上页) 到这个脚注里,是因为在这两项研究中,根据消费水平进行分类的效应与根据家庭规模进行调整的效应被混杂到了一起:按消费等级开列的表格是针对按每“成人当量”(per equivalent adult)的消费水平分类的“消费主体”的。对于我们的目的来说,把不同规模的家庭分隔开来处理也许有更大的好处;我本人倾向于认为,用“当量”单位来表示数据会降低数据本身的价值。通常用于这一目的的比额表所带来的一个效应是,使得大家庭位于更低的收入阶层和更低的消费等级,同时使得小家庭位于更高的阶层或等级;而且这种效应的程度远远超过了收入随家庭规模增长的趋势对未经调整的数据产生的相反结果。只要大家庭的 k 值高于小家庭,这样做的结果就只能是在收入或消费尺度上引入了 k 值的系统性差异。

对于 1934—1936 年的数据,消费相对于收入的弹性(根据未按家庭规模调整的数据以图形方式估计得到)为 0.89,评定收入的相对离散度则为 0.34,收入的永久性分量的离散度为 0.32,收入的临时性分量的离散度为 0.11。利用根据“单位支出”确定的各个消费等级的平均家庭收入和支出以图形方式估计(支出按每“成人当量”计算),收入相对于消费的弹性为 0.94。如果我们假设,根据家庭支出确定消费等级时也具有同样的弹性,那么这就意味着消费的临时性分量的相对离散度大约为 0.08。然而,我们不难推测到,上一段中提到的 k 的系统性差异意味着根据家庭支出确定消费等级时的弹性将低于根据“成人当量”支出确定消费等级时的弹性,因此 0.08 这个数字一定是低估的。不进行这个调整,它接近于表 21 中给出的 0.09。从根据“单位支出”所确定的各阶层的平均数计算出的家庭总开支的相对离散度为 0.20,而这将意味着消费的永久性分量的相对离散度为 0.20,临时性分量的相对离散度为 0.05。正如我们可以预期到的那样,这些值明显低于其他分类方法所隐含的相应的值,因为根据用消费本身之外的某个变量来分类时形成的等级的平均消费计算出来的方差,必定小于根据用消费本身来分类时形成的等级计算出来的方差。从总体上看,这些结果与我们的假说吻合得非常好,同时给出的数值结果也与表 21 提供的关于 1947—1948 年数据的很相似。关于以上计算中使用的数据,请参见威廉姆斯(Williams)和汉森(Hanson),《货币支出、工资劳动者和办事员的货币支出》,第 12、22、52、56 页。

1941 年研究的证据来自威廉·维克里(William Vickrey)提供的一些特别的表格。这些数据结合了美国劳工统计局(Bureau of Labor Statistics)的城市社区数据和美国家庭经济局(Bureau of Home Economics)的农村非农业社区数据——两者的权重分别为 2 和 1。数据以交叉表格的形式提供,用来分类的变量是每“成人当量”的收入和每“成人当量”的支出。用图解法估算出来的每“成人当量”消费相对于每“成人当量”收入的弹性是 0.87,每“成人当量”收入相对于每“成人当量”支出的弹性则是 1.00;每“成人当量”的收入的相对离散度为 0.93,对应的永久性分量的离散度为 0.87,对应的临时性分量的离散度为 0.33。每“成人当量”的支出的变异系数是 0.78。因此很明显,这些数据既不符合我们的假说,也 (转下页)

据的证实的话)，为威廉·维克里的一个建议提供了经验上的理由。他的建议是，在家庭预算研究的报告结果的表格中，应该用评定消费取代评定收入，作为对家庭进行分类的主要依据。[1] 根据我们的假说，这种方法在原则上提出了与按评定收入分类相同的问题，因为这样做，只是“用”消费的临时性分量的干扰作用取代了收入的临时性分量的干扰作用。正如对消费-收入回归的比较不仅仅可以反映消费行为上的差异，还可以反映临时性因素冲击收入分配的力度上的差异，对收入-消费回归的比较，也不仅仅可以反映消费行为上的差异，而且可以反映临时性因素冲击消费分配的力度上的差异。但是这些影响都只是程度上的问题，如果消费的临时性分量足够小，那么它们的干扰作用可能就不会有多么严重，在这种情况下，尽可能按权责发生制进行调整后，评定消费就可以成为对永久性消费的一个相

(接上页) 不符合表21的结果。根据我们的假说，收入相对于消费的弹性应小于1，同时收入的永久性分量的相对离散度则应与消费的永久性分量的离散度相同。换句话说，上面这些数字意味着消费的临时性分量的相对离散度为0或负值，这是不可能的。我不知道这些结果是应该被视为与我们的假说冲突的一个重要的矛盾，还是仅仅反映了用于对“消费主体”进行分类的变量的缺陷。如前所述，我们一般应该会预期，利用未对家庭规模进行修正的数据计算出来的收入相对于消费的弹性小于利用每“成人当量”数据计算出来的弹性，而且两者之间的差别的方向是正确的，即能够用来解释上述结果的离散度为何高于预期。然而，不幸的是，我没有证据可以说明这种影响可能有多大。关于上述计算所依据的数据，见威廉·维克里，《资源分配模式与对家庭的分类》，《收入与财富研究》，第十卷，纽约：国家经济研究局，1947年，第276—277页。

[1] 出处同上，第266—297页；也请参见，爱丽丝·C. 汉森(Alice C. Hanson)、玛格丽特·G. 里德(Margaret G. Reid)、多萝西·S. 布雷迪(Dorothy S. Brady)和杰罗姆·康菲尔德(Jerome Cornfield)的评论，同上，第305—324页；以及维克里的回应，同上，第324—329页。

当不错的近似。

当然,如果能够消除这两种临时性分量的干扰作用,或进行适当的调整,那就更好了;而且,这也是很容易做到的,并且只需要付出很少的额外代价。但是,有时却可能会很困难,要付出很高的代价;或者甚至根本不可能做到这一点。在后面这种情况下,更接近于受消费行为的差异主导的应该是收入-消费回归的比较,而不是消费-收入回归的比较。

第二节 将永久性收入假说应用于各个消费类别

前面,我们一直只将永久性收入假说应用于总消费支出,但是它显然也适用于各个消费类别。比如说,某个“消费主体”计划用于食品方面的支出,应该可以通过该“消费主体”的口味和偏好,与它预计必须在食品和其他商品上支付的价格,以及它预期能够获得的收入(或收入的永久性分量)联系起来。由于在食品方面的支出的临时性分量的影响,该“消费主体”在食品上的评定支出会不同于计划支出,其评定收入不同于其长期收入,就像在收入的临时性分量的影响之下,他的评定收入会不同于他的永久性收入一样。当我们利用一组家庭的预算数据计算在食品上的评定支出对评定收入的回归时——这条回归曲线就是通常所称的“恩格尔曲线”——食品支出的临时性分量往往会趋于“平均掉”，但是收入的临时性分量却不会(原因在前文中已经强调过许多次了)。因此，评定支出相对于评定收入的弹性，不仅仅反映了“消费主体”的口味和偏好，而且也反映了收入的临时性分量的重要性。

接下来，令 c_f 表示给定评定收入水平的家庭的观察到的平均食品消费，并假设食品支出的临时性分量与收入的永久性分量和临时性分量都不相关，同时假设作为一个整体的群体的食品支出的临时性分量的均值为0。这样一来，就可以认为 c_f 代表了食品支出的永久性分量。从而，c_f 相对于评定收入的弹性就是

$$\eta_{c_f y} = \frac{dc_f}{dy} \cdot \frac{y}{c_f} = \frac{dc_f}{dy_p}\frac{dy_p}{dy} \cdot \frac{y}{y_p} \cdot \frac{y_p}{c_f}$$

$$= \frac{dc_f}{dy_p} \cdot \frac{y_p}{c_f} \cdot \frac{dy_p}{dy} \cdot \frac{y}{y_p} = \eta_{c_f y_p}\eta_{y_p y} \tag{8.1}$$

但是，根据我们的假说，$y_p = \frac{c_p}{k}$，而这又意味着

$$\eta_{y_p y} = \frac{dy_p}{dy} \cdot \frac{y}{y_p} = \frac{1}{k}\frac{dc_p}{dy} \cdot \frac{ky}{c_p} = \frac{dc_p}{dy} \cdot \frac{y}{c_p} = \eta_{c_p y} \tag{8.2}$$

从而，

$$\eta_{c_f y} = \eta_{c_f y_p} \cdot \eta_{c_p y} \tag{8.3}$$

(8.3)式右侧的第一个弹性，是永久性食品支出与永久性收入之间的弹性，反映了口味和偏好的影响；第二个弹性则反映了影响收入的各种短期因素的影响。

因此，不能把观察到的特定消费类别的收入弹性在家庭组别之

间的差异,解释为只是口味的差异、价格的差异或影响支出机会的类似因素的影响;这种差异可能反映了第三种因素的影响,那就是收入分布上的一个特定特点(即收入的临时性分量的重要性)之间的差异。

如果我们接受永久性收入假说,并且进一步地,如果认定永久性收入对不同类别的消费和总消费具有相同的含义,那么这第三种因素的影响就可以很容易地加以消除。由方程(8.3)式可知,观察到的某个特定消费类别上的支出对评定收入的弹性与相应的总消费弹性之比,是对该类别支出相对于永久性收入的弹性的估计。另一种方法是,根据评定收入对家庭进行分类,然后对每个收入等级的家庭计算出在单个消费类别上和所有此种类别上合并的平均支出。在关于消费的临时性分量的相关性和均值性质的适当假设下,这些均值就是对各个类别和总消费的永久性分量的均值的估计。然后,它们之间的关系就是对永久性分量之间的关系的估计。[1]

这种方法的一个可能的困难来源是,必须把永久性收入理解为对不同类别的消费全都意味着同样的东西。我们已经从"消费主体"的视界出发解释了永久性收入的确切含义,现在似乎没有理由说所有的消费类别的视界都应该是相同的——当然也没有理由说应该是系统性地不同的。例如,我们完全有理由说住房支出是按照更长远

[1] 需要注意的是,这不同于维克里所建议并在前一节中讨论过的那个方法(按消费总支出对家庭进行分类,然后将各个类别的支出与总支出联系起来)。请参见,里德,《收入概念对农业家庭支出的影响》,第170—174页。

的“视界”来规划的，因此隐含的永久性收入的概念与食品支出是不同的。[1] 如果事实证明，这是一个处理这个问题的有意义的方法，那么适用于总消费的永久性收入的概念就必须被视为适用于每个类别的永久性收入概念的“均值”；同时，我们粗略地估计出来的长度为三年的时间期限（视界），也要被视为多个更短或更长的时间限期的平均值。

我本人从来没有按单个类别研究过消费，所以我没有办法判断实践会不会证明上述困难确实很难克服——或者相反，只需对所有类别使用相同的永久性概念，就可以得到可以接受的结果。

虽然这些评论是针对预算数据的，但是它们显然同样适用于时间序列数据以及从这些数据中估算需求函数或价格和收入弹性的各种尝试。[2] 通常计算的弹性都是相对于各种评定量值的弹性；然而，它们却被解释为相对于永久性分量的弹性；结果是估计和结论出现系统性的偏差。

我们已经对这类需求研究的流行做法的另一个特点进行过评论（永久性收入假说引导我们对这种做法提出了一些质疑），那就是，将

---

[1] 这个方面的问题之所以给我留下了深刻的印象，主要是因为我与玛格丽特·里德就她正在进行的一项关于住房支出的决定因素的研究的谈话。

[2] 盖伊·H. 奥卡特（Guy H. Orcutt），《在国际贸易中价格弹性的测量》，《经济学和统计学评论》，第三十二卷，1950 年 5 月，第 117—132 页；以及，阿诺德·C. 弗拉伯格（Arnold C. Flarberge），《进口需求问题研究的结构性方法》，《美国经济评论》，第四十三卷，1953 年 5 月，第 148—159 页。这两篇论文的作者指出，可以认为这类估计中的偏差（尽管他们没有用我们这里的术语来描述它们），反映了临时性分量的影响，以及将评定价格或评定收入作为“永久价格”或“永久性收入”的直接估计的影响。

预算数据和时间序列数据结合起来，运用从预算数据中计算出来的弹性，认为它对时间序列数据同样有效，从而将预算数据与时间序列数据结合起来（见前文第五章第二节 c 小节）。之前的评论提出了或许可以将这两种数据有效地结合起来的一个方法：从预算数据计算相对于永久性分量的弹性，比如说利用方程（8.3）；再从时间序列数据中估计出临时性分量的相对重要性，比如说通过计算观测值的方差中可以由三年或四年移动平均值的偏差解释的那部分所占的比率；然后据此将预算数据弹性转换为时间序列弹性。虽然这个方法似乎是无偏的，但是我们最好还是再向前走上一步，重申需求函数的计算，必须从永久性分量和临时性分量入手。除了允许直接利用来自预算数据的信息之外，这种方法还有一个很大的优点，那就是，结果不会受到计算所用的特定的时间序列数据的时间跨度长短的限制，而且除了采样波动之外，得到的结果对时间序列的长度来说是不变的。

第三节　与收入分配研究的相关性

永久性收入假说将源自收入分配研究的信息与对消费行为的分析联系了起来。很显然，这种关系是相互的。如果接受了永久性收入假说，它就建立起源于消费行为研究的信息与对收入分配的分析的相关性。

下面这个例子应该可以表明,通过将两个以前看来非常不同的问题和数据集协调起来,上述方法为取得丰硕成果打开了大门。收入按大小的分布通常是基于一个时期内(一般是一年)单个收入主体的评定收入来分析的。这些分布反映了各个收入主体之间的差异的影响——不仅包括我们所说的收入的永久性分量之间的差异,也包括我们所说的临时性分量之间的差异。然而,这两种类型的差异并不是同等重要的;一种是根深蒂固的长期"不平等"的一个迹象,另一种只是动态变化和流动性的显现。因此,这种对不同国家或不同时期的收入分配的比较可能具有极大的误导性——当被比较的国家或时期之间的永久性差异和临时性差异的相对重要性并不相同的时候。对这个问题的考虑,正是我们在前述第七章中引述的那些研究只分析相同主体在不同时期的收入的其中一个动机。

根据我们的假说,消费支出的收入弹性是评定收入的总方差中可归结为永久性分量的那部分所占的比例。由此,那些覆盖了很长一个时间段和许多不同国家的预算研究数据,是可以成为只针对相同主体在不同年份的收入数据的补充和扩展的。相比之下,相同主体的收入数据受制于更有限的范围,而家庭预算则丰富得多。

一个明显的例子是与英美两国之间收入不平等的相对程度相关的数据。随机观察告诉我们,在英国,相对收入地位的可变性明显小于美国(这意味着英国的收入的临时性分量的重要性要低得多),从而使得以年收入的分配状况为基础来判断这两个国家之间潜在的不平等程度具有严重的误导性。但是,这种情况需要多大程度的修正呢？根据我们的假说，前文第四章第二节 b 小节对两国消费收入弹性的比较给出了一个衡量标准。从这个比较可知，在英国，方差中大约有 13%可以用临时性分量解释，而在美国，方差中大约有 18%可以用临时性分量解释。需要注意的是，这个比较所针对的只是“一对研究”，因此得出的估计结果必定是相当粗略的，尽管“这对”研究对于这个比较目的而言已经是非常好的一对了。当然，我们几乎可以肯定，会有更多的数据涌现出来，从而改进这些估计。

第四节 永久性收入假说和财富分布之间的联系

财富分布的离散度——这里指的只是非人力财富——通常比评定收入分布的离散度更高。乍一看，这种差异似乎与永久性收入假说不一致。[1] 如果对于所有的永久性收入水平上，有计划的储蓄（在这里我们指的仍然只是非人力财富所包含的储蓄）占永久性收入的比例是相同的，这难道不意味着财富的分配与收入的分配有着相似的趋势吗？虽然，在最初的某一点上可能存在着差异，但是储蓄占永久性收入比例不变的趋势难道不会消除这种差异吗？在所有的收入水平上，来自财产的收入占收入的比例难道不会趋于相同吗？

[1] 我要感谢西蒙·库兹涅茨，他提醒我注意到了这一点。

我认为，上面说的这些与永久性收入假说之间不存在不一致，或者说，无论如何都不会存在不一致。给出这个结论的一个次要原因是，k 的数值在不同的群组之间是不同的；这种差异可能不是由永久性收入的差异造成的，但它们可能是相关的。例如，非农业企业家的平均收入比非农业非企业家更高，同时 k 值也更低。k 值的这种差异的效应是累积性的。

必定不存在不一致的主要原因则恰恰在于评定收入和永久性收入之间的差异，这正是永久性收入假说的核心。永久性收入假说认为，在所有收入水平上，有计划的储蓄占永久性收入的比例都是相同的，并且与永久性收入具有相同的相对离散度。但是它同时还断言，任何主体的实际储蓄都等于有计划的储蓄再加上收入的临时性分量（正的或负的）减去消费的临时性分量（正的或负的）。由此而得到的结果是，只要收入的临时性分量可以“平均掉”，评定储蓄的绝对离散度就必定高于计划储蓄的绝对离散度，而平均储蓄则不受影响，因此评定储蓄的相对离散度也会更高。一些简单的数字就可以说明这里所涉及的各种量值。假设现在有一组“消费主体”，我们不妨将每一个“消费主体”的 k 的取为 0.9，假设他们的收入和消费各个分量的离散度的大小如表 21 所示。再假设作为一个整体，群体的临时性分量可以“平均掉”。这样一来，我们就可以将决定评定储蓄的相对离散度的各种因素总结如下：

储蓄的永久性分量的相对离散度　　0.68

（等于收入或消费的永久性分量的相对离散度）

收入的临时性分量与平均储蓄的比率的离散度	3.20
（等于收入的临时性分量的相对离散度的10倍，因为储蓄平均为收入的十分之一）	
消费的临时性分量与平均储蓄的比率的离散度	0.81
（等于消费的临时性分量的相对离散度的9倍，因为储蓄平均为消费的九分之一）	
评定储蓄的相对离散度的估计结果	3.37
（以上三个数字的平方和的平方根，因为我们假设这几个分量是不相关的）	
与表20所示的评定收入的相对离散度的估计值相比较	0.75

因此，给定这些估计值，我们的假说意味着，评定储蓄的相对离散度（337%）有时可以达到评定收入的相对离散度（75%）的4.5倍。[1]

财富是储蓄的积累。积累的过程可以发挥平均法则的作用。因此，在这种情况下，财富的相对离散度往往会低于储蓄的相对离散度。积累效应的大小主要取决于连续几年的临时性分量之间的相关性：很显然，如果第一年内的某个很大的正临时性分量与下一年的

[1] 为了避免混淆，在这里可能有必要明确指出，总储蓄的离散度可能大于每个分量的离散度，尽管这个结果乍一看似乎与“平均法则”背道而驰。原因在于，两个临时性分量的平均值分别为0，因此，将这些分量相加不会使相对离散度的分母变大，但是却会使分子的标准偏差变大。表中的临时性分量数字并不是它们自己的变异系数——在假定的条件下，这些变异系数是无限的——而是它们的标准偏差与第一项即永久性分量的平均值之比。这就是这个和后面的情况的区别。而不同年份的储蓄的积累，则既会加大定义变异系数的比率的分母，也会加大其分子。

一个很大的正临时性分量有系统性的关联，那么与连续年份之间不存在相关性的情况下相比，平均效应肯定会弱得多。正如我们前面已经看到的（第七章第四节），收入或消费在任何一年内的临时性分量和永久性分量之间的零相关性假设，并不意味着在连续年份中临时性分量之间的零相关性；年与年之间的相关性大小取决于“消费主体”的视界，而且“消费主体”视界越大，年与年之间的相关性就越高。

但是，这个积累的过程还有另一种效应，那就是，它会增加任何一个作为整体的人口群体的财富的方差；这也就是说，它会在积累年数上引入差异，从而在不同年龄的“消费主体”之间引入差异。这些差异并不存在于单一年份的储蓄的分布中。年龄差异是永久性收入的离散度和临时性分量之间的相关性的一个来源；同时也是造成非人力财富差异的一个更有力的原因。某个特定的人的人力资本耗尽的过程——请读者允许我暂且用如此“冷血”的言词来表达——在很大程度上就是用非人力资本取代它的过程。

为了说明这些影响，考虑如下这个简单的假想情形。假设收入的临时性分量的唯一来源就是收入的年龄周期，并假设消费的临时性分量为0。我们把个人作为基本的“消费主体”来处理。为了避免出现负财富，假设每个人都要等到满20岁时才会进入我们这个“世界”。从那一年开始，他每年可以获得4 500美元的收入，然后一直到60岁，他在接下来的40年里都可以得到相同的收入。他在60岁之后开始部分退休，每年获得2 000美元收入，他依靠这些收入和自己的储蓄生活,直到他在 70 岁时去世为止。当他去世时,所有储蓄都用光了。所有人都要过完这样完全相同的一生,同时人口作为一个整体由相同数量的每个年龄的人组成。为了避免繁琐的计算,假设利率为 0。再假设个人的视界就是他的一生(在这个奇怪的"世界"中,这似乎是一个合理的假设):他每年的永久性收入是 4 000 美元,他每年储蓄 500 美元;40 年下来积累起来的储蓄为 2 万美元,作为部分退休后每年 2 000 美元收入的补充,以支持每年 4 000 美元的消费,以过好 10 年的半退休生活。那么,永久性收入、评定收入和财富各自相应的分布和离散度是什么?对于永久性收入,离散度为零;每个人都有 4 000 美元的永久性收入。对于评定收入,其分布为:

80%的人得到的收入为 4 500 美元,

20%的人得到的收入为 2 000 美元

或者说,平均评定收入为 4 000 美元,标准偏差为 1 000 美元,变异系数为 0.25。对于财富,在每个会计年度结束后,包括在那一年去世的人但是不包括新进入者在内,财富分配的情况是:

80%的人在那一年内进行了储蓄,其中:

2%的人拥有财富 500 美元,

2%的人拥有财富 1 000 美元,

……

2%的人拥有财富 20 000 美元。

20%的人在那一年内提取了储蓄,其中:

2%的人拥有财富　18 000 美元，

2%的人拥有财富　16 000 美元，

……

2%的人拥有财富　0 美元。

财富的均值为 10 000 美元，财富的标准偏差为 5 788 美元，变异系数是 0.579(或者说，财富的变异系数超过了收入的变异系统的两倍)。不过，我要马上补充一句，这个结果依赖于这里所假设的特定数字——选择某个数字，使得到的收入的离散度大于财富的离散度，也是完全可能的。[1] 但是，这个例子确实说明，要将评定收入的分布与财富分配联系起来，会涉及一些复杂的问题。

还有一个复杂情况是这个例子不但未能说明反而可能是被这个例子遮蔽了的，尽管在举这个例子之前的一般性陈述中已经含蓄地谈到了这个情况。在这个例子中，每个个体的临时性分量在其生命周期中分别平均为 0。之所以如此，只是因为年龄-收入周期是要分析的临时性分量的唯一来源。而在更一般的情况下，在一个人的一生中，临时性分量不一定、通常也不会趋向于平均为 0。这一点很重要，因为不明确这一点，就容易将我们的假说与截然不同的另一个假说混淆起来，那就是有些人所称的“计划期间”假说(“planning

[1] 要举出这种情况的一个例子，不妨假设 p 是高收入的年数所占的比例，q 是低收入的年数所占的比例，r 是低收入的年数与高收入的年数之比，再假设人口按年龄连续分布。那么，在这样一个假想情况中的特殊假设下，财富的变异系数总是 0.578，评定收入的变异系数为 $\frac{(1-r)\sqrt{pq}}{p+qr}$，当 r 在 0 和 1 之间变化时，这个变异系数可以在 0 到无穷大之间变化。

period” hypothesis)：研究消费行为的适当的时间单位是个体的“视界”——无论那是他的一生的时间，还是一个更短的时间期限——而个人要为那个时期制定计划，更加重要的是，个人要在那个时期成功地实施计划。我们的假说与这个假说全然不同：“视界”只能决定个人认为是临时性的那些因素，他对永久性收入的估计不是针对某个确定的时间期限，而是针对某个时刻的某个比率的估计，这个比率估计会随着时间的推移而修正，而且可能永远不会与经验完全相同。对此，可以作这样一个类比：对一枚特定的硬币的公平性作出估计，我可以利用这个估计来判断，(比如说)抛硬币 100 次的结果。然而，这并不意味着，我预测抛 100 次硬币的情况下，正面向上的次数正好等于反面向上的次数；我们所能说的只是，对于抛 100 次硬币，如果有 52 次正面朝上，那么 50 次是“永久性分量”，2 次是“临时性分量”。我们的假说中永久性成分的概念与此相同。临时性分量不一定在每个个体或每个群组都是平均为 0 的。事实上，未能做到这一点，正是财富持有量变化的一个原因，前面的简单示例中没有考虑到这一点。

第五节 对永久性收入假说的进一步检验

前几章对永久性收入假说的各种检验，显然可以扩展到范围更加广泛的数据上去，并且可以在许多方面从细节上和精确度上加以改进。在以这种方式进行扩展时,有两种类型的检验是最有意思的,第一类是涉及收入变化的影响的检验(见前文第四章第四节),第二类是利用不同年份的数据进行的检验(见前文第七章),因为这两类检验在一定程度上是最透彻、最精确的,同时我们已有的能够用于这两类检验的数据又是不完整的。

对于这两类检验以及我们所做的其他尝试,有三种改进具有较高的重要性和一般性,值得在此专门讨论一下。也许最重要的是明确地将收入和消费的生命周期的影响考虑进来。在前面,我们已经一次又一次地以含蓄或明确的方式假设,永久性收入或相对收入状况从这一年到下一年的变化是可以忽略的。从我们得到的结果来看,这似乎是一个相当合理的近似方法;然而,如果能够对处于生命周期同一阶段的消费群体提出相应的假设,从而能够将“老龄化”的影响明确地考虑进来(而不是简单地忽视之),那么就肯定能够得到一个更好的近似,一个可以依赖于更好的时间跨度的近似。另一项同种类型的改进是,要用更令人满意的方式处理耐用消费品。虽然我们的理论分析要求将这类商品的购买当作资本交易来处理,并且在消费中只能把它们的使用价值包括进来,但是我们经常——特别是在面对预算数据时——被迫使用将在当前耐用消费品上的支出(除了住房之外)包括进来的消费概念。第三项改进是对抽样误差进行更令人满意的处理。在确定某个特定的差异是否可以被视为由抽样波动造成的时候,我们一次又一次不得不诉诸直觉判断。只要有可能,最好进行正式的统计显著性检验来补充这些判断。

除了这些检验之外(它们直接来自我们前面的讨论,几乎不需要更多的讨论),还有其他一些检验也值得予以更广泛的关注,事实已经证明了这样做的合理性。

在我们的假说中,一个关键因素是断言收入和消费的临时性分量之间是不相关的。下面列出的前两个检验似乎对我们的假说的这个关键因素的成败特别敏感。其他的检验则没有这种“特异性”。

a. 1950 年,政府向某些退伍军人支付了一笔特殊的人寿保险金。[1] 这种支付在很大程度上是出乎人们的意料之外的,因此似乎有资格被称为“意外之财”并被归类为明显的临时性因素。它只对部分退伍军人发放,而且似乎没有理由认为收到这笔钱的退伍军人与没有收到的其他退伍军人有系统的区别。美国劳工统计局对 1950 年的大量“消费主体”进行了广泛而深入的预算研究。如果有可能将退伍军人与其他人区分开来,并将他们进一步细分为收到了上述特殊保险金的退伍军人和未收到特殊保险金的退伍军人,那么对他们消费-收入行为的比较就相当于完成了一个近乎可控的“实验”。根据我们的假说,“意外之财”对消费的影响应该仅限于它所能带来的永久性收入;对于其余部分,则应将之视为临时性分量。如果消费的定义将用于重大耐用消费品的支出排除在外,那么我们的假说的预测是,不包括该笔特殊养老金支付的消费相对于收入的弹性,对收到了特殊养老金的退伍军人,与对没有收到特殊养老金的退伍军人是

[1] 对于接下来讨论的检验,我要感谢欧文·弗兰德(Irwin Friend)。

一样的；而且，前者的回归结果虽然比后者高，但是高出的数额将只相当于平均特殊养老金支付的一小部分——根据我们的估计，这些退伍军人的“视界”大约为3年，因此那部分将不到三分之一。如果不同的退伍军人得到的养老金都是一样的，那么我们所能做的很有限。然而，只要它的差异相当大，那么就可以进行其他检验。上述回归结果之间的偏差可能与支付的金额有关；相关系数较低，回归系数也较小，大约为0.3。

b. 到目前为止，我们一直直接把收入的永久性分量视为理所当然的，而没有考察会导致它的大小变动的各种因素。然而，很明显，收入的永久性分量本身也是许多因素共同作用的结果。在这些因素中，有一些是可明确指出的和可观察的，如地理位置、年龄、职业、受教育程度等等。[1]

假设，我们要对一个很大的“消费主体”群体计算回归，并计算相应的弹性估计值，比如说，对由美国所有的“消费主体”构成的样本。假设这个大型“消费主体”群体还要进一步划分为若干子群体，如根据他们居住的社区划分，并对每个社区单独计算回归。这样一来，各个社区的各种弹性在适当加权后的平均值，应该小于作为整体的整个群体的相应弹性，而且到底“小了多少”，也是可以从各个社区的收入数据计算出来的。按社区分类消除了永久性分量的一种变化来源，因此能够减少永久性分量的方差，从而减少弹性。

---

[1] 请参见，米尔顿·弗里德曼(Milton Friedman)和西蒙·库兹涅茨(Simon Kuznets)，《独立职业的从业收入》，第361—362页，他们在那里估计了这些因素的定量影响。

这个过程可以继续进行下去。在每一个社区内，这些群体可以进一步按职业分类；在同一个职业范围内再按受教育程度分类；在相同的受教育程度内再按年龄和家庭规模分类……在这种"分层分类结构"的每一个阶段，不同群体的平均弹性均应低于它们所属的更广泛的群体的弹性。随着群组的定义越来越严格，弹性应该逐渐趋近于0。

c. 前几章引述的研究所用的时间单位均为一年。现假设可以得到更短的时期期间上的数据，比如说季度数据。数据周期变短带来的一个结果是，会加大临时性分量的方差，而不会影响永久性分量的方差；而且根据我们的假说，这种数据会降低消费对评定收入的弹性。相反，如果采用较长的时间单位，比如说，使用两年期的数据，则会产生相反的效果。无论是利用家庭预算数据，还是利用时间序列数据，这种情况都会发生。

本书已经引用过按这个思路进行的一个检验提供的证据，那就是克莱因对消费者金融调查数据进行分析后得出的结论（见前文第四章第二节 f 小节）。另一个检验证据源于里德的一项比较研究。[1] 其中，我们前几章提到的 1941 年预算研究覆盖了 1941 年和 1942 年第一季度的数据。里德计算了 1941 年和 1942 年第一季度城市家庭、农村非农业家庭和农业家庭的弹性。在每一种情况下，弹性都明显高于年度数据的弹性。这两项证据都来自预算数据。如果能

[1] 源于玛格丽特·里德的一篇未发表的论文，《群体内部收入的临时性分量与家庭支出的收入弹性之间的关系》。

够从时间序列数据中获得类似的证据，那就更好了。

d. 在上面的第二节中，我曾建议利用关于特定消费类别的支出数据来进行检验。将一项家庭预算研究所覆盖的“消费主体”划分为若干个“消费主体”群体，群体的成员有相同的口味和偏好、要面对同样的价格，不过他们的收入的临时性分量的相对重要性不同——例如，同一个社区内部的不同职业群体，尤其是工资收入者和独立创业者群体；或者更好的是，农业家庭群体和非农业家庭群体。然后，对每一个群体计算各消费类别上的消费相对于收入的弹性，再将每一个弹性除以相应的总消费支出对评定收入的弹性；从(8.3)式可见，这样得到的结果就是特定类别上的消费相对于永久性收入的弹性的估计值。根据我们的假说，我们可以预测，与相对于评定收入的弹性相比，这些弹性在群体与群体之间的差异要更小。

也许，有可能就像我们在上面第二节中所指出的那样，不同消费类别，需要不同的“永久性”概念。在这种情况下，一个类别的消费对评定收入的弹性与总消费对评定收入弹性之间的比率，并不是对永久性分量之间的关系的令人满意的估计。尽管如此，按上面描述的方法计算出来的值在群体与群体之间的差异，要小于评定收入的弹性之间的差异，这种说法仍然是合理的。原因在于，我们应该可以预测，永久性分量的定义的改变会改变方差中可归因于永久性分量的比例，但是永久性分量定义不同的各个群体之间在这个比例上的差异是具有很高的相关性的。例如，如果“永久”指的是为期三年的时间期限，“企业家”群体的这个比例要小于其他群体，那么当“永久”

指的为期 10 年的时间期限时,同样的结果很可能也成立。当然,即便确实是这样,也不能保证调整后的弹性肯定比原来的弹性同质性更高。而且,"调整过度"的情况也可能会发生,并可能使得它们更加分散。

e. 像上面的检验中描述的那种"消费主体"群体的数据也可以用到其他方面上去。例如,选择一些有理由认为收入的临时性分量的相对重要性不同,但是消费的相对重要性大致相同的群体。利用消费对收入的回归,可以估计出 P_y;利用收入对消费的回归,可以估计出 P_c。根据我们的假说,我们不难预测,对于不同的群体,与对 P_y 的估计相比,对 P_c 的估计要更相近。

f. 另一种估计 P_c 的方法是,利用相同的"消费主体"在不同年份的消费数据。如果已经有了这些数据,以及至少一年的相同的"消费主体"的收入数据,我们当然就可以对 P_c 的不同估计结果进行比较了,就像第七章中对 P_y 的不同估计结果进行比较一样。此外,如果数据包括了两年的收入数据,那么就可以根据"年际"相关数据得到关于同一个群体的 P_y 和 P_c 的估计结果。要计算每一年的所谓的"相互回归"("mutual regression"),所需的信息就是这里隐含的临时性分量之间的关系 $\frac{1-P_c\sigma_c^2}{(1-P_y)\sigma_y^2}$,而"相互回归"在目前的语境下,指的就是永久性分量之间的关系。在计算这些回归时,如果使用的是算术形式的数据,那么还要包括一个常数项;如果使用的是对数形式的数据,则不必限制回归系数为 1。根据我们的假说,如果可以假设收入和消费的临时性分量的平均值为0，那么算术关系的常数项就不应该与0有显著差异，对数关系的斜率也不应该与1有显著差异。此外，计算出来的“误差项”可以生成对P_y和P_c的独立的估计值。

g. 运用上面第f点给出的方法，可以计算出某些家庭组的k的估计值。对于支出和收入的临时性分量的均值可以取为0的其他群体，k的估计值可以从平均收入与平均消费的比率中计算出来。根据我们的假说，这样计算出来的k的估计值与利率、财富与收入的比率以及收入的临时性分量的重要性等变量有关。后两个变量在不同的群组之间的差异可能是最大的，因此也是最有研究前途的。

h. 刚刚提到的这种检验的一种特殊情况是，将观察到的收入方差乘以消费的评定收入弹性的补数，再来估计任意家庭群组的收入的临时性分量的方差。临时性分量的相应指标的相对离散度越大，所需要的应急准备金数额就越大，因此k的值也就应该越低。如果收入和消费的临时性分量为0，那么k就由所考虑的家庭群组的平均消费与平均收入之比来给出。因此，根据我们的假说，我们的预测是，用前述方法计算出来的临时性分量的相对离散度与平均消费倾向或群体均值处的消费与收入之比之间，存在负相关关系。

如果对于很多家庭群组，都可以获得这些参数，那么根据我们的假说，无论收入和消费支出的临时性分量是否为0，无论群体之间是否还存在其他可能会影响k的差异，这种相关关系都应该会存在。因为没有理由认为所考虑的群体的这些特性本身是与临时性分量的大小相关的，因此，也就没有理由认为它们除了降低相关性的密切程度之外,还能够发挥更多的作用。

毫无疑问,上面这些只是在运用永久性收入假说的过程中发生的、经验证据与该假说的“冲撞”中的很小一部分。我们之所以把它们列在这里,并把它们称为“检验”,主要是为了让人们了解与这个假说相关的证据的广度,而不是因为我认为完成这些检验是在实质性的实证研究中使用该假说的先决条件。相反,在我看来,这个假说已经在足够广泛的数据范围内完成了足够深入细致的检验,并产生了足够好的结果,证明它确实是一个可行的假说。在运用它的过程中,肯定还会产生关于它的有效性的进一步的证据,涌现出更多对它进行改进的建议,同时作为一种副产品,可能应该进行上面列出的检验。

从这个角度来看,在上面被说成了“检验”的这种数据分析方法,同样可以被说成是使用永久性收入假说去发现经验规律、描述消费行为的基本特征以及有效地总结大量具体证据的方法。对于上面的b、d和g点,尤其如此;而且在某种程度上,这也适用于上面列出的每一点。

第九章 | 全书摘要及结论

本书的中心主题可以通过一个简单的假想例子来说明。现在考虑一个由很多人组成的社区,他们每个星期的收入都是 100 美元,每个星期的消费也是 100 美元。假设他们每个星期收到一次工资,不过工资日是有意错开的,使得七分之一的人在星期日领到工资、七分之一在星期一领到工资……以此类推。假设我们随机地在这些人当中选择了一个样本,收集他们某一天的预算数据,并将收入定义为当天的现金收入,将消费定义为当天的现金支出。这样一来,记录下来的收入情况是,七分之一的人收入为 100 美元,其余七分之六的人收入为 0 美元。很可能,这些人在发薪日花钱要比其他日子更多一些,但是他们应该也会在其他日子花一些钱,所以记录下来的储蓄情况是,七分之一的人(他们的收入为 100 美元)的储蓄为正,其余七分之六的人的储蓄为负。消费似乎会随着收入的增加而增加,但是增加的幅度不会与收入一样大,所以储蓄占收入的比例也会随着收入的增加而增加。这些结果没有告诉我们关于这些人的消费行为的任何有意义的事情;事实上,它们只是反映了这里运用了不恰当的收入和消费概念的事实。这些人没有根据现金收入状况适当地调整他们在消费上的现金支出;而且他们在消费上的现金支出,可能不是衡量他们所消费的服务的价值的良好指标——在我们举的这个简单例子中,星期日的消费支出很可能为0。

不过,只要将观察期从一天延长到一个星期,就可以完全消除由于使用了不恰当的收入和消费概念而引入我们这个简单的例子中的“误差”。由此,这个例子很好地反映了本书的中心主题:即便使用长达一年的时期,也不能使实际数据中的误差变得微不足道,更不必说完全消除它们了。从年度数据中得出的结果,与我们这个简单例子中的结果大体上一致:当记录下来的收入为0时,记录下来的消费平均为正,而且储蓄与收入比例随收入的增加而增大。如果本书的基本论点是正确的,那么这些结果都将以同样的方式得到解释。它们也反映了不恰当的收入和消费概念的使用。

因此,我们的分析要对记录下来的收入(我们称之为“评定收入”)与消费者调整自己的行为以适应之的收入水平(我们称之为“永久性收入”)进行严格的区分。同样地,对评定消费与永久性消费也要进行严格的区分。永久性收入的概念很容易用这些一般性的术语来表述,但是却很难精确地加以定义。永久性收入不能被直接观察到,它必须从“消费主体”的行为中被推断出来。这同样适用于永久性消费及其与永久性收入的关系。

现在已经证明,本书考察的广泛的实证材料,与纯粹理论分析得出的永久性消费和永久性收入之间的一个相当简单的关系是一致的，那就是，永久性消费和永久性收入之间的比率，对于所有永久性收入水平都是相同的，但是该比率的具体取值要取决于其他变量，如利率、财富与收入的比率等等。那种许多人坚持的流行观念——随着收入的增加，消费与收入之比会下降——完全可以用我们例子中强调的那些因素来解释。

不过，我们关于永久性收入的意义的结论则不能如此简单地表述。我们可以这样想象，影响消费者的收入的各种因素是有不同的时间维度的：一些因素只影响一天，另一些因素影响一个星期、一年、两年等等。但是，我们用二分法来近似地表示这个连续体。持续时间少于某个特定的时间期限的影响，就被认为是临时性的，而那些持续时间较长的影响则被认为是永久性的。这段时间的长度，我们称之为“消费主体”的“视界”（horizon）。许多不同的证据都支持我们给出的一个高度试探性的结论，即这样定义的视界的长度大约为三年。

根据我们对证据的解释，“消费主体”的收入的临时性分量对其消费没有任何影响，除非它们被转化成了超出其视界范围的其他影响。“消费主体”的消费是由对长期收入的考虑再加上直接影响消费的短期因素决定的。收入的临时性分量主要体现在“消费主体”的资产和负债的变化上，也就是说，体现在“消费主体”的评定储蓄上。

这种解读消费数据的方法和它所导致的特定假说具有深远的意义。本章的其余部分以更加正式的形式阐述了这个假说，总结了支持这个假说的证据,同时列出了从中得出的关于消费者的行为的一般性结论,并概述了这个假说对经济学研究、理解经济过程和经济政策的一些启示。

第一节　永久性收入假说概述

永久性收入假说可以概括为单个“消费主体”的一个由三个简单的方程构成的方程组:

$$c_p = k(i, w, u) y_p \quad (\alpha)$$

$$y = y_p + y_t \quad (\beta)$$

$$c = c_p + c_t \quad (\gamma)$$

方程(α)表明,计划消费或永久性消费(c_p)是计划收入或永久性收入(y_p)的一部分(k)。这个比例不取决于永久性收入的大小,而是依赖于其他变量,尤其是利率(i)、非人力财富与收入的比率(w),以及会影响“消费主体”对当期消费或是积累资产的“口味”的其他因素(u),比如说取得收入的不确定性程度、“消费主体”的年龄、构成,以及种族、民族等文化因素的客观指标。这是同前面第二章中讨论的消费者行为纯理论相一致的最简单的方程。

方程(β)和方程(γ)表明,评定收入(y)和评定消费(c)均可视为两个组成部分的总和:(1) 进入方程(α)的永久性分量;(2) 临时性分量。临时性分量反映了“消费主体”认为是偶然的或随机的因素的影响,以及测量误差。就目前而言,这些方程还没有任何实质内容;它们都只是纯粹的定义方程。

个人“消费主体”的收入和消费的永久性分量是永远无法直接观察到的;我们只能从事后观察到个人“消费主体”花掉了什么、收到了什么。然而,我们可以推断出永久性分量。如果我们接受了关于永久性分量和临时性分量之间的关系的特定假设,就可以从观察到的数据中推断出一组家庭的永久性分量。我作出的特定假设是,消费和收入的临时性分量与相应的永久性分量是不相关的,它们之间也是不相关的;这些假设是本书提出的永久性收入假说的重要组成部分。此外,我有时还会假设消费和收入的临时性分量的均值为0。这个假设对永久性收入假说本身来说不是必需的,它只是为了简便地应用而做的。

这些假设给方程(β)和(γ)注入了实质性内容。这样一来,方程(α)、(β)和(γ)就隐含了一个评定消费对评定收入的回归,当评定收入增加时,消费与收入的比例下降——正如我们前面给出的那个简单的介绍性例子中所表明的(而且原因也相同)。这些方程还意味着,可以计算出一个评定消费相对于评定收入的弹性[这个弹性与所考虑的群体的总收入方差中由永久性分量(P_y)贡献的份额成比例];以及回归曲线的高度(它依赖于收入和消费的永久性和临时性分量的平均水平,也依赖于影响 k 的各个变量)。回归曲线随永久性收入和 k 的上升而向上移动。因此,无论是弹性上的变化,还是观察到的回归曲线高度上的变化,都并不一定意味着消费者对当期消费或是财富积累的口味和偏好上的变化,也并不一定意味着用一种变化替代另一种变化的机会。相反,它们可能只是反映了收入分布的某些特征的变化。消费者行为变化的表象,可能只是收入结构变化的事实的一种变相反映。

为了便于阐述,上面阐述的假说是用其算术形式来表达的。一个变体是保留方程(α),并将方程(β)和方程(γ)用各项的更简单的对数形式来表示,同时假定收入和消费的对数临时性分量之间的相关性、与相应的对数永久性分量之间的相关性均为0。这个对数变体对经验证据的拟合程度似乎比算术变体更高,而且也是前几章描述的大多数经验研究中使用的变体。它的含义本质上与算术变体的含义是一样的,因为任何一个变化都可以被看作是对另一个变体的一阶近似。而且,关于这个假说的意义的所有最有力的结论都同样适用于这两个变体,对数变体的优势就在于,假说的这种意义在更广泛的范围内都成立。

总消费与总收入之间的关系不仅取决于个人"消费主体"的消费函数,而且还取决于个人"消费主体"的分布(其消费行为受多个变量的影响)。但是,在简化假设下,总量函数在形式上与单个个体的函数相同,也可以用方程(α)、(β)和(γ)来描述,只不过决定永久性消费与永久性收入之比(对于数据,这个比率用 k^* 来表示)的变量是不同的。它们现在是由 i、w 和 u 表示的"消费主体"的分布,或者是像这种分布的平均值和方差这样的概括性指标(summary measures)。

给定临时性分量和永久性分量之间以及消费和收入的临时性分量之间的零相关性假说,这个假说对于用总量数据计算的消费对收入回归也有与用个人“消费主体”数据计算出来的回归相同的意义。在这两种情况下,所观察到的回归的稳定性,都不一定是相对于选择消费或是储蓄的消费者行为的稳定性的必然结果。

除了已经指出过与评定消费对评定收入的回归有关的那些含义之外,永久性收入假说还有许多其他经验含义。例如,它可以用来将评定收入和评定消费的离散度都分解为可归结于临时性分量和永久性分量的部分。而这就意味着,如果按这一年与下一年之间的收入变化对“消费主体”进行分组,那么在适当的条件下,消费对收入的回归曲线在以这种方法分类的群组之间将会是平行的,只是在高度上有所差异(且这种差异是可以事先确定的);它们的共同斜率将比所有“消费主体”合并起来时的回归曲线的斜率要更陡峭,而且这种斜率之间的差额是可以从整个群体的收入分布特征中计算出来的。永久性收入假说还可以用来预测相同的“消费主体”在不同年份的评定储蓄与评定收入之比之间的相关关系。对于像美国这样长期增长的国家的总量数据,这就意味着,时间序列所覆盖的时间跨度越长,基本观察时间单位越长,利用时间序列数据计算出来的消费相对于评定收入的弹性越大;同时也意味着,用总消费和总收入数据计算出来的结果也将会高于用人均数据计算出来的结果,同时用当前价格数据计算出来的结果,则会高于用不变价格数据计算出来的结果。

第二节 关于永久性收入假说的可接受性的证据

永久性收入假说可以解释在如下情况下出现的一个明显的重大“异象”：如果观察到的评定消费与评定收入之间的回归曲线被解释为——事实上，它通常就是这样被解释的——永久性分量之间的一种稳定的关系（当然，这不是各评定量值所用的名字）。根据这样一种解释，对一个单个“消费主体”群体的观察到的消费对收入的回归曲线意味着：(a) 收入不平等将随着时间的推移而加剧，因为低收入者的消费超过了收入，而高收入者的消费则小于收入，因而很明显，穷人越来越穷，富人越来越富；(b) 在美国和类似的国家，储蓄占收入的比例必定会随时间的推移而越来越大——因为实际收入或多或少是稳步增加的；(c) 根据日期间隔很久的预算数据计算出来的回归结果不会有系统的差异。而且与此同时，也有充分的证据表明：(a) 在美国，收入不平等如果确实存在的话，其程度也是随着时间的推移而不断降低的；(b) 在美国，储蓄与收入的比率大体上不随时间的推移而改变；(c) 从计算出来的回归曲线来看，预算研究的日期越靠后，就越陡峭。这三个观察结果与本书提出的永久性收入假说完全一致。

事实上，如此广泛的事实都与永久性收入假说相一致，只是对它有利的证据中的一小部分。此外,这个假说与许多关于消费行为的具体发现也都是一致的,这些发现既是在对个人"消费主体"的预算数据的研究中积累起来的,也是通过对关于总消费和总收入的时间序列数据的分析而浮现出来的。特别是,上一节列举的永久性收入假说的每一个含义,都已经与观察结果进行了比较,而且没有任何定性的或定量的严重不符之处。这个假说最引人注目的两个证据可能是:首先,它成功地以定量方式预测了根据"消费主体"的评定收入的年际变化对他们进行分类的具体影响;其次,它与在此之前从来没有被用于分析消费行为,甚至没有被认为与消费行为相关的一组数据,即有关单个"消费主体"连续多年的评定收入的数据,也是完全一致的。对评定收入的方差中永久性分量(即 P_y)的"贡献"所占的比例的估计,也可以从这些数据中得到,所用的技术,即分析相对收入状况的稳定性,是我很早以前为了另一个研究目的而开发的。根据永久性收入假说,消费对评定收入的弹性也就是对这一比例的估计。[1] 这两项估计是由两组基本上相互独立的数据得出的。对各种各样的"消费主体"群体的这两项估计的比较表明,它们是高度相关的,并且可能具有相同的数量级。

在确定收入的永久性分量的确切意义上,这个假说留下了相当大的余地。最宽泛的定义是,这个分量可以归结为任何影响超

---

[1] 如果是根据一个算术线性回归来计算的,那么要在均值收入处进行且收入和消费的临时性分量的均值为 0。

过了一个基本时间单位的因素(在大多数研究中,基本时间单位是一年)。依次缩小的定义认为永久性分量只包括影响三年或三年以上收入的因素、四年或四年以上收入的因素……以此类推,直到最狭窄的定义将预期终生收入确定为永久性分量为止。前一段提到的那些比较以及很多其他证据表明,经验上恰当的定义是将永久性分量视为影响了三年或三年以上的时间期间的收入的各种因素的。但是,这仍然应该被视为一个高度试探性的结论。

近年来,针对现有证据与“消费支出是绝对收入的一个稳定的函数”这一猜测之间的矛盾,一些经济学家也提出了自己的假说来加以解释。在这类假说中,最主要的几种都可以看作是永久性收入假说在特定条件下的特例。有假说称,一个“消费主体”的消费与收入的比例取决于该“消费主体”的相对收入地位(或用该“消费主体”的收入与它所属群体的平均收入来衡量,或用该“消费主体”在收入分布中的百分位来衡量),这种说法是正确的。还有假说称,总消费不仅取决于当前的总收入,而且还取决于以往的峰值年的收入,这种说法也同样成立,这种假说可以认为是相对收入假说的一个特例。相对收入假说作为一种替代理论,它的实证含义要比永久性收入假说更少,其可预期的研究成果也更少;此外,当这两种假设的含义不同时,我在前面考察的所有经验证据都更倾向于永久性收入假说,而不是相对收入假说。

第三节　基于永久性收入假说提出的关于消费者行为的一般性结论

本书在给出经验证据时，主要考虑的是它们与永久性收入假说的一致性，而不是它们对理解消费者的行为能够做出什么样的贡献。然而，在使用经验证据来检验永久性收入假说的过程中，我们必然会运用这个假说去从经验证据中提取一般性结论；这其实是同一枚硬币的两面。我们只要在这里总结一下这方面的"副产品"，就可以阐明这些检验和这些证据的含义，前提是我们得同意，有充分证据可以证明把永久性收入假说暂且选择接受下来是合理的。此外还应该强调一点：下面列出的一般性结论都是关于个人消费和个人储蓄的，而不涉及企业储蓄或政府储蓄。

a. 至少在过去的60年里，我们没有发现可以证明美国的"消费主体"在消费和储蓄方面的行为发生了任何结构性变化的证据。这个时期的数据都符合我们的假说所定义的模式，不仅符合一般方程(α)、(β)和(γ)，而且还符合关于收入和消费的临时性分量之间、它们与各自相应的永久性分量之间都不存在相关性等更具体的假设。同时，它们不仅仅是在一般的函数关系都适用的意义上，而且是在这些函数关系的参数似乎在讨论的时期内没有发生改变这个意义上符合我们的假说的模式的。大约三年的时间期限似乎确实就是"消费主体”的视界的特点,尽管还应该补充指出,我们的结果对期限的长短其实并不是很敏感。

b. 在这个时期内,k(永久性消费与永久性收入的比率)对于工资收入者群体来说,要明显高于对“企业家”群体:对于工资收入者来说,它的值介于 0.90 到 0.95 之间,而对于“企业家”来说则介于 0.80 到 0.90 之间,这可能接近于非农业企业家的 k 的取值范围的底端,并接近农业家庭的 k 的取值范围的中高端。

“创业型”群体和“非创业型”群体之间在 k 值上的差异似乎比我们研究过的其他群体都更大,也更稳定。黑人的 k 值可能略高于白人;不过这种差异很小,还没有得到很好的证明,且与对数据的常规分析中推断出的差异方向相反。k 的值对于规模较大的家庭可能比小家庭要高,但是这一点也没有完全得到证明。

c. “创业型”群体的 k 值之所以低于“非创业型”群体,至少有部分原因在于“创业型”群体的收入前景的不确定性程度更高,这使得他们对于应对紧急情况所需的准备金的需求更大。

对于居住在中等规模以上的城市社区的非创业型“消费主体”来说,收入的临时性分量的离散度大约为他们的平均收入的 20%至 25%。这也就是说,在任何一年里,大约三分之二的人的收入将在他们所认为的永久性收入的正负 20%或 25%之间。

对于居住在小城市和乡村的非创业型群体来说,临时性分量的离散程度似乎更低,尽管支持这个结论的证据非常有限。

对于创业型“消费主体”(无论是农业的,还是非农业的),收入的临时性分量的相对离散度似乎普遍高于平均收入的40%，甚至也许会高出50%以上；或者说，其相对离散度达到了非创业型群体的两倍左右。

各种非农业群体合并到一起后（包括“企业家”群体和其他群体），临时性分量的平均相对离散度大约为30%。

d. “创业型”群体的 k 值之所以低于“非创业型”群体，还有部分原因在于“创业型”群体拥有通过积累起来的资本获得更高的回报率的能力。非农业企业家与农业企业家之间的类似差异，也可以解释为什么非农业企业家的 k 值更低。然而，这个结论是高度推测性的，还没有得到完全的证明。

e. 就永久性收入的状况而言，农业群体作为一个整体的离散度要比作为整体的非农业群体更低，尽管其离散度可能与非农工资收入者和办事员差不多。与农业群体或其他非农业群体相比，非农业创业型群体的离散度更高。我们对农业群体的这个离散度的估计值为从60%至70%不等，而对非农业创业型群体的估计结果则介于80%至90%之间。

f. 在美国，永久性收入状况的可变性大约可以解释非农业群体的年评定收入的可变性的80%至85%；而对于农业群体来说，永久性收入状况的可变性能够解释的年评定收入的可变性的比例就要小得多了。在英国和瑞典，这个比例明显高于美国。这意味着年收入的分布对长期收入地位的不平等的夸大作用，就农业群体而言，这种夸大作用要大于非农业群体，对美国要大于对英国和瑞典。

g. 有限的证据表明，临时性分量对消费的重要性远远小于对收入的重要性，其相对离散度，对于消费为大约 10%，而对于收入则大约为 30%。

h. 没有证据可以证明，消费者支出对环境变化的调整有任何滞后，这反映了以下观点：消费者将自己的消费支出调整为与用永久性收入来衡量的长期收入状况相适应，而不会根据短暂的收入调整自己的消费支出。评定收入的所有变化对消费者支出的影响都可以用这种方法来解释。

i. 在美国，半个多世纪以来，总消费与总收入之比（k^*）一直大体上保持不变——大约为 0.88。这里所采用的消费定义，不包括在重大耐用消费品上的支出，但是要将它们的估计使用价值包括进来。耐用消费品的积累在储蓄中所占的比例越来越大，因此消费与收入之比将略高。如果在衡量消费的时候把在耐用消费品上的支出也视为消费，那么消费-收入比将显示出一种长期的温和上升趋势。这些结论同时得到了预算数据和时间序列数据的支持。

j. 尽管 k^* 的数值与永久性收入假说相一致，但是永久性收入假说并不要求 k^* 的数值的恒常性，即便是在没有发生结构性变化的情况下，即便是在满足用（α）、（β）和（γ）这样的一般方程来描述总量函数的条件时，也是如此。k^* 的恒常性意味着决定 k 的变量和由这些变量决定的“消费主体”的分布是恒定的，或者它们的影响是可以相互抵消掉的。这里可能存在着两个主要的相互抵消的因素：（1）农业的相对重要性的下降——这将倾向于提高 k^*；（2）家庭规模的下降——这将倾向于降低 k^*。还有第三个重要因素，即国家在提供社会保障方面的作用的变化，从现有的统计数字来看，它本身会对 k^* 产生抵消作用。

k. 作为一个整体的社区（社会）的永久性收入，可以视为当前和过去的评定收入的加权平均数，它要根据一个稳定的长期趋势向上调整，同时权重随时间向过去追溯而降低。从评定收入要被平均那个时间点，到当前的永久性收入之间，平均时间跨度大约为 2.5 年。

对应的总消费函数是

$$c^*(T)=k^*\beta\int_{-\infty}^{T}e^{(\beta-\alpha)(t-T)}y^*(t)\,dt$$

其中，c^* 表示总消费或人均消费，y^* 表示总收入或人均收入，T 表示所考虑的时间单位，t 则指一般的时间，而且它只是一个积分变量，不会出现在最后的函数中，k^*、α 和 β 是函数的参数。对这些参数的解释是，k^* 为长期消费与长期收入之间的比率，α 为收入的长期增长率，β 为描述从当前和过去的评定收入中形成对预期收入或长期收入的估计的过程中的阻尼系数——β 的值越高，在时间上越向过去回溯，权重下降的速度越快，永久性收入与平均收入之间平均滞后期越短。对于从 1905 年到 1951 年这个时期，利用雷蒙德·戈德史密斯提供的平减后的关于人均储蓄和人均个人收入的数据得出的上述参数的估计值分别为：

$$k^*=0.88$$

$$\alpha = 0.02$$

$$\beta = 0.40$$

α 和 β 的值对使用的具体数据相当不敏感，但是 k^* 的值却相当敏感。上面引用的这些参数值是在这样一种消费概念下得到的：消费只包括主要耐用消费品的使用价值，而将耐用消费品库存的积累视为个人储蓄，并将社会保障储备的增加视为个人储蓄和收入。

第四节 永久性收入假说对未来研究的意义

接受永久性收入假说的更广泛的意义在于，它会对我们正在努力探索的两个非常不同的领域产生深远影响：(1) 对消费行为和收入结构的研究；(2) 对经济的理解和对政策的研究。

消费领域的主要努力方向——包括对总消费和对特定类别的消费支出的研究——在以前一直集中在了如何确定消费对收入的回归上。这种强调反映了这样一种信念，那就是，当期收入是当期消费支出的主要决定因素，同时对各种回归进行比较是消除收入的影响并分离出其他影响消费者行为的因素的影响的主要方法。这是一种“偏相关分析法”，构成了大部分数据收集和数据呈现工作的基础。它同样也解释了为什么消费者购买调查（它可能是有史以来规模最大、计划最周密的预算研究项目)所收集的支出数据来自受控制的样本,而不是来自有代表性的样本;以及为什么评定收入成了预算数据表格中用来划分“消费主体”类别的主要变量,而且往往是唯一的变量。这种偏相关方法还体现在了对消费者行为的大量分析性研究当中,从恩格尔最初对后来以他的名字命名的著名定律的阐述(这也使他的名字与消费对收入的回归联系在了一起),到当前正在有意识地推进的许多非常复杂的计量经济学研究;从对一小群“消费主体”的数据的考察,到将时间序列和预算数据结合起来,对整个国家以及多种多样的单个商品的需求函数的计算。复杂性递增的表现形式是,不断加入越来越多的变量、使用更加精确的统计技术来估计各变量的影响,并考虑到抽样误差和测量误差。但是,这些都没有改变研究的基本方向和根本取向。

接受永久性收入假说意味着,这个领域的许多研究,或者甚至可以说大部分研究,都被误导了。保持不变的不是与消费行为相关这个意义上的收入,而是这种意义上的收入与偶然因素的或多或少任意的混合物。那些原想用来反映消费者行为差异的影响的统计指标,实际上反映的是收入分布的特征。因此,将这种行为与收入分布的无关特征(尽管不是完全不相关的)混为一谈,阻碍了对消费者的行为规律的发现。由此导致的结果是,经济学家们试图在同一个一般框架内对数据给出合理解释,却使分析平添了复杂性。

然而,这个领域的研究者却经常满怀自豪地提起这种复杂性,将它作为他们的分析的微妙之处的证据。这些研究者忍不住要把“必要"说成是一种"美德";他们断言消费者是一群极度复杂的生物,受阳光之下的一切事物的影响,因此只有通过对大量变量的分析,才有希望从消费者的行为中提炼出一致的模式。事实上,引入许多变量的必要性,恰恰是失败而不是成功的标志;因为这意味着分析者还没有找到一个真正有效的方法去理解或解释他的主题。所有真正富有成果的理论在本质上都必定是简单的。因此我们可以说,这种"消费分析师"其实只不过是一直在为自己成功地增加了更多的"本轮"而感到自豪[1]。当然,这些多余的"本轮"是可以免去的。这个事实并不意味着这些分析师的经验发现是错误的,也不意味着他们发现的那些与消费者的行为相关的变量其实是不相关的;这就与接受哥白尼的观点并不意味着天体运动不复存在了一样——天体仍然在运行,只是现在不再需要引入更多的"本轮"才能加以解释了。这个事实的真正含义是,所有这些经验关系都可以从一个更简单的理论结构中推断出来,它们都可以被看作是少数几个更简单的因素的不同表现形式,而不是从根本上说不可简化的最终变量的结果。

接受永久性收入假说也意味着可以不必再过度强调消费对收入的回归了,在对总消费和总储蓄的分析中尤其是这样。这个领域现阶段的知识探索的主要任务是,找到决定 k 的主要因素,并测量它们的影响力。为了达到这个目的所需要的数据(或者说,对攻克这个问

[1] 在托勒密(Ptolemy)的宇宙模型里,行星沿着名为"本轮"的小圆(即周转圆)运行,而本轮的中心则沿着"均轮"的大圆绕地球运行。这种模型可以定性地解释行星为什么逆行——译者注。

题发起第一轮冲击所需要的数据)，是各种“消费主体”群组的平均消费和平均收入数据，这些群组的消费和收入的临时性分量在很大程度上是可以平均掉的，例如，城市内的各个社区的“消费主体”群体，或者城市内基本同质的职业群体等等。在我个人涉猎的范围之内，我只知道多萝西·布雷迪(Dorothy Brady)做过一项研究。这项研究以社区为观察单位，探究了各个平均量值之间的关系。[1] 现在，我们需要确定这些平均值之间的比率(即我们一直所称的平均消费倾向)，是不是以及怎样与永久性收入假说引导我们关注的其他变量相关联的。这些变量包括，利率、收入和消费的临时性分量的相对离散度、财富与收入的比率，“消费主体”的年龄和构成，等等。从现有的数据出发，在这些方向上我们可以完成很多工作，尽管由于取向不同，社区平均数据要么是不可得到的，要么是很难计算出来的。至于今后在数据的收集方面的问题，接受这种方法就能够从许多途径简化数据收集，因为它能够让我们几乎完全把重点放在能够对各平均值作出良好估计的样本上。只需要通过一个更小的样本和一个更简单的抽样设计就可以完成数据收集工作，并得出关于多元关系的良好的估计(其中，“消费主体”的当期收入作为一个主要变量)。

从永久性收入假说的角度来看，我们不仅应该停止在消费研究中只重视消费对收入的回归的做法，而且还可以用这种回归来实现不同的功能和用途。它的功能主要在于提供一种方法，将收入的总

[1] 见，多萝西·S. 布雷迪，《家庭储蓄与收入的水平和分布的变化的关系》。

变动分解为由永久性分量和临时性分量构成的部分。这方面的结果对消费研究很有帮助,因为它提供了一个可能影响 k 的变量的估计值,即临时性分量的相对离散度。然而,它的主要用途其实根本不是研究消费,而是分析收入分配。它使得大量的消费者预算数据能够被用来解释收入分配的数据,并能够将它们转换成对永久性收入状况分配的估计。

而且令人惊喜的是,永久性收入假说将消费对收入的回归转化成了分析收入分配的一个有力的工具的同时,也为收入对消费的回归提供了对消费研究的意义,尽管在此之前,收入对消费的回归几乎完全被忽视了。因为这种回归使得我们能够将消费的总变化分解为由永久性分量和临时性分量所贡献的不同部分,并且使我们能够估计出消费的临时性分量的相对离散度。我们必须对任何现有数据都进行收入对消费的回归的计算,而且在未来的研究中,消费对收入的回归和收入对消费的回归这两者应该得到对称的处理。

永久性收入假说对我们的研究的最后一个非常值得一提的意义是,它使相同"消费主体"在不同年份的消费或收入数据获得了很高的重要性,特别是那些同时给出了相同的"消费主体"的消费和收入状况的数据。这类数据有可能是广泛存在的,但是直到现在还没有得到什么利用,但是它们确实是在未来的数据收集工作中应该得到最高优先级处理的消费数据之一。

第五节　永久性收入假说对真实世界的意义

接受永久性收入假说必然会对我们理解经济事件和经济政策产生影响,因为决定储蓄的因素在各种经济问题中都起着重要作用。至少从最近几年来看,这方面的问题主要有两类:一是与经济发展进程有关的问题,特别是所谓的不发达经济体的问题;二是与经济波动有关的问题。

a. 经济发展

研究经济发展问题的学者通常倾向于认为资源的可得性在资本形成中发挥着主要作用。当然,其中一个来源是国内储蓄。反过来,国内储蓄的可得性又往往被认为一方面主要取决于实际收入水平,另一方面也取决于收入不平等的状况。

经济学家一直认为实际收入水平扮演了双重角色。首先,收入水平决定了可供消费和储蓄的总额;如果按照某种标准,这个总额很低,那么消费和储蓄这两种用途的潜在可用数额也肯定会很低。当然,这是一个纯粹算术意义上的"真理",不受关于确定消费和储蓄如何划分这个总额的任何假说的影响。其次,如果接受了绝对收入假说,那么人们就会认为更低的实际收入不利于储蓄,因为那会使储蓄占收入的比例也相对较低。

相对收入假说(relative income hypothesis)近年来被越来越多的人接受了,它消除了低实际收入与低储蓄率之间的直接联系,并以一种间接联系取而代之。事实上,相对收入假说认为,在一个孤立的社区里,实际收入水平对储蓄率没有影响;但是,在一个与世界其他地方相连的社区里,却会影响储蓄率。根据最多人接受的为相对收入假说辩护的理论理由(即杜森贝里给出的理由),相对收入在一个社区内是重要的,因为存在着模仿攀比效应和能够说明更优质商品的可得性和有用性的示范效应。但是,这些效应在不同社区之间也应该是同样有效的。有人声称,高收入国家的消费水平的“示范效应”,或者,居住在欠发达国家的高收入国家公民的“示范效应”,往往会诱导欠发达国家的公民将自己的低水平收入中过多的比例投入到当期消费中去,尤其是,收入一有任何增加,就会几乎全部用于消费。

接受永久性收入假说,不仅可以消除低实际收入与低储蓄率之间的直接联系,还可以消除如上所述的这种特殊的间接联系。根据永久性收入假说,储蓄率与收入水平无关。评定相对收入之所以在经验上是与某个国家的储蓄率相关的,并不是因为模仿攀比效应或示范效应,而是因为相对评定收入只是相对永久性收入状况的一个有偏的衡量指标。如果模仿攀比效应或示范效应在社区内部不存在,那么也就没有理由期望它们在社区之间会起作用。也许,在某个实际收入水平相对较低的国家或群体中,储蓄与收入的总比率也比较低;但是在这样的国家或群体中,这个比率也可能会很高。在任何一种情况下,我们都不能从收入水平本身去寻找解释,而只能是从其他因素去寻求解释。

虽然,根据永久性收入假说,较低的实际收入水平并不会导致较低的储蓄率,但是收入的快速提高(无论具体的收入水平如何),却是有可能导致储蓄率降低的。原因在于,预期收入持续增长,往往会提高相对于评定收入的永久性收入,从而提高相对于评定收入的消费水平。我的猜测是,这种效应能不能显现出来,可能关键取决于实际收入增长的来源。如果它反映的是所用资金至少部分源于国内资本的经济发展(在一个能够使得国内资本有较高的回报率的环境下),那么储蓄的高回报率就会成为对高永久性收入-当期收入比的一个抵消因素,而且还很可能有更加重要的作用。另一方面,如果收入增长反映的主要是外部刺激的结果,对国内资本的作用很小,甚至没有作用,那么可能就不会存在这种抵消作用,人们可能会预期储蓄率将持续下降。无论如何,如果能找到对应于这两种发展模式的一些例子,那么它们就有可能为目前的分析和永久性收入假说在不同国家的适用性提供一些相当好的检验。

由于一般的人不仅普遍接受绝对收入假说,而且还接受了它的一种非常特殊的变体,于是他们也就把收入分配不平等视为解释总储蓄率的一个主要因素了。[1] 据称,广泛的收入不平等有利于提高

[1] 如果消费是绝对收入的线性函数,那么只要消费函数的截距是正的,总储蓄率就会只取决于平均收入,而不取决于收入分配状况,尽管收入越高,储蓄占收入的比例越大。为了使正文中描述的关系成立,消费函数总体上必须是向下凹的。

储蓄率;而有助于实现收入平等的方法,则趋向于降低储蓄率。而且,这种推理往往会变成那些在其他方面主张平等主义的人为不平等辩护的主要论据:他们说,不平等在不发达的农村地区是一种“必要的罪恶”,因为在那些地方没有其他途径来积累起经济发展所需的储蓄。

根据永久性收入假说,收入不平等的影响主要取决于收入不平等的来源。只要这种不平等是由于永久性收入状况上的差异造成的,它就不会对储蓄率产生任何影响。不过,如果不平等可以归因于临时性分量的差异,那么它确实会对储蓄率产生影响,因为在这种情况下,不平等就意味着收入前景的不确定性,因此增加了对紧急情况下的准备金的需求。有利于高储蓄率的,并不是不平等本身,而是不确定性,条件是这种不确定性不会降低资本的平均回报率——加入这个条件,是为了允许财产安全上的不确定性的增加,那会产生明显不利于储蓄的影响,例如财产可能会被没收,或者因为政府的管制政策而受损。

在我看来,这种对不平等的来源的区分非常重要。如果允许我在目前这种完全不充分的知识基础上进行推测,并寄希望于激发更优秀的学者进行进一步的研究,那么在我看来,许多人口中所称的不发达国家所特有的不平等,恰恰是与储蓄率无关的那种不平等。这些国家往往有这样一些特点:社会制度非常严苛、阶级之间严重隔离、代内和代际的阶级成员高度稳定(即没有流动性)。这些特点简而言之都可以归结为永久性收入地位的巨大不平等。经济发展和工业化过程能够打破这些严格的阶级差别;从历史上看,经济发展不仅倾向于在评定收入中产生较小程度的不平等,而且,对我们的目的来说更重要的是,它还倾向于用临时性因素产生的不平等代替永久性收入地位的不平等。永久性收入地位不平等的减少,不论它在其他方面的重要性如何,在储蓄率方面则肯定是中性的。有趣的是,这种不平等通常恰恰是最令平等主义者反感的那种不平等,但是很显然,这种不平等是不能用"它是产生储蓄的必要条件"来辩护的。另一方面,将流动性引入相对收入状态中,从一个阶层进入另一个阶层的新机会的不断涌现,在很短的时间段获得巨额收益或蒙受巨额亏损的可能性……这些变化都有利于储蓄率的提高,而且也是平等主义者欢迎的,因为它们能够增进机会平等,尽管它们也可能会导致不平等的后果。

继续在我自己的专长领域之外"大胆推测,小心求证"。我想知道的是,人们有没有以对储蓄的形式视而不见为代价,过度关注储蓄率的大小。在中世纪,储蓄在收入中所占的比例很可能至少与现代相当;然而,当时的储蓄却在相当大的程度上——也许在非常大的程度上——采取了建造大教堂这样的形式;这些教堂虽然能够在不止一种意义上带给人们最终的满足和一定的社会保障,但是却不能带来世俗的财富。我也明白,印度的预算研究的结果乍一看似乎与美国的相对应的预算研究非常不同,但是如果把印度特有的那类"装饰品"解释为储蓄,或者采用预算研究的术语来说,解释为"净资产和负债的变化",这两个国家的结果在很大程度上就没有多少区别了。长期以来,东方一直被视为贵金属的“储藏地”,这无疑是大量储蓄的证据,也证明了那是储蓄的一种特殊形式。也许,在发展经济学领域,以往赋予储蓄率的关键作用,应该转而赋予决定财富积累形式的那些因素,转而赋予投资过程而不是储蓄过程本身。

b. 经济波动

近年来,人们普遍接受了这样一种关于经济波动的解释:经济波动主要是不稳定的投资和相对稳定的消费与当期收入之间的关系相互作用的结果。虽然我本人认为,这种收入-支出理论是对经验的一个有效的、经得起检验的解释,但是无论如何,接受永久性收入假说显然对它有重要的含义,值得在此加以讨论。

这种解释与如下信念——投资机会总是短缺的、储蓄-收入比会随着实际收入的提高而上升——的结合,导致人们(尤其是在 20 世纪 30 年代末的美国)非常害怕所谓的“长期停滞”。有人声称,在“成熟”的经济体中,充分就业时的投资机会非常有限,而储蓄率很高。如果接受永久性收入假说,“长期停滞”论的主要理论支柱就将不复存在,因为预期储蓄率没有理由会随着实际收入的长期增长而不断上升。此外,永久性收入假说还摧毁了拟议中的一种补救办法的理论基础。有人认为,要对抗长期停滞的风险,就需要在充分就业收入下提高平均消费倾向。接受某个特定版本的绝对收入假说,会导致人们相信要做到这一点的一个方法是减少收入的不平等,这样一来,对长期停滞的恐惧就变成了支持收入再分配政策的论据。相反,接受永久性收入假说则意味着,无论提高消费比率是好是坏,收入不平等的变化,至少是永久性收入的变化,都不可能产生这样的结果。很明显,永久性收入假说是"公平"的——它不仅消除了将维持或加大不平等作为得到所需储蓄的一种"必不可少的罪恶手段"的理由,而且也消除了将减少不平等作为减少储蓄的手段的理由。

第二次世界大战后的经济扩张和明显增多的投资机会,又让这种收入-支出理论的某些支持者担心起"长期的狂热"来了。尽管逻辑一致性要求他们支持旨在扩大不平等的政策措施,以便降低消费与充分就业收入之比,进而降低发生通货膨胀的风险。当然,就我所知的范围之内,没有任何人胆敢这样做。很显然,根据永久性收入假说,这种结论本身就是没有正当理由的。

正如我们在本书第一章中指出过的,永久性收入假说不仅对基于特定经验判断的关于不平等问题的论点有关,而且与这些论点背后潜在的凯恩斯主义理论结构有关——无论是其长期方面还是结构性方面,也无论是其短期因素还是周期性因素。

从长期来看,凯恩斯主义理论的主要分析性命题是,否定自由企业经济的长期均衡位置必定处于充分就业状态;凯恩斯主义者断言,可能根本就不存在货币均衡,除非引入某种"神器"(如严格的名义工资率)来生成一个货币均衡;而且"实际"均衡可能是处于不充分就业状态的。接受最一般形式的永久性收入假说,不会使这些命题无效,因为它们并不依赖于储蓄与收入的比例会随着收入的增加而提高这个命题；而且，即便储蓄是收入的一个恒定的比例，这些命题也仍然可能是有效的。那么，什么会使得这些分析性命题无效呢？是永久性收入假说的一个特殊的性质，即，w（财富与收入之间的比率），一个重要的变量，它影响着 k（永久性消费与永久性收入之比），而且 w 的增加往往会提高 k。

在短期方面，作为对周期性波动的一种解释，收入-支出理论的中心作用是由消费与当期收入之间的关系来发挥的。在我看来，永久性收入假说对于这种周期性波动的解释的经验有效性或可接受性没有太大的影响；要判断假说的有效性，必须通过对它所做的预测和其他理论的预测加以比较来确定。但是，它确实对消费函数的形式有重要影响，并因此对收入-支出理论对经济波动的解释所适用的经济的周期性特征有重要影响。永久性收入假说导致了一个总消费函数，它的形式如上文第三节第 k 点所示，其中当期消费在很大程度上是由过去的收入所决定的。当然，我们并不一定非要接受这种特定的函数形式不可，因为从如下观点就可以推导出一般的结果，那就是，当期的消费是适应某种衡量长期收入状况的指标的，而不是适应当前的所得的。几乎可以肯定的是，用当期收入得到的对边际消费倾向的估计，要比利用一个使得消费仅仅依赖当期收入的函数得出的估计小得多。或者换句话说，这就意味着，在当期消费中，很大一部分都要解释为自主消费；只有比较小的一部分消费可以解释为依赖当期收入，进而通过乘数过程依赖投资。结果是一个更小的投资乘数，以及一个内在周期上更稳定的系统。对于我们从数据中估算出来的特定消费函数，个人可支配收入相对于自主支出的乘数仅为1.4左右，而且这还没有考虑到累进个人税收结构、公司税、储蓄等因素的稳定效应。[1] 为了避免引起误解，我要赶紧重申：这些并不是针对我们的经济的实际经验特征的断言。它们都是一些有条件的断言，其有效性依赖于对收入-支出理论作为经济波动的解释的先验接受。

接受永久性收入假说这样一个全新的假说带来的影响，是永远不可能穷尽列举的。事实上，其中一个主要的意义恰恰就在于，它将刺激人们在全新的方向上以全新的方式思考问题，而这些都是不可能预先指定的。虽然我在这一节中"冒险"讨论的东西已经远远超出了我掌握的经验证据和我自己的能力范围，但是毫无疑问，我肯定还是漏掉了接受永久性收入假说的许多最终意义，它们当然比我已经提到的要多得多。这也正是我们"自吹自擂"地称之为"纯"研究的这一切的吸引力和正当性所在。

[1] 对这一点的进一步论述请参见：米尔顿·弗里德曼和加里·贝克尔，《判断凯恩斯模型的统计错觉》，《政治经济学期刊》，1957年2月。

译后记

对于这本书，以及它的作者，似乎没有必要专门介绍了。读者应该感谢的是将它引进出版的东方出版中心。

至于译者自己，最要感谢的是太太傅瑞蓉，她付出最多，对我帮助至大。同时还要感谢小儿贾岚晴，他的进步也是对我的鞭策。

感谢老板钟睒睒，给了我在工作之余读书、译书的空间。

译者水平所限，书中定有不足之处，敬请读者批评指正！

贾拥民

于杭州耑谷阁